WOLFGANG SCHRÖDTER

Die Wissenschaftsfreiheit des Beamten

Schriften zum Öffentlichen Recht

Band 258

Die Wissenschaftsfreiheit des Beamten

Dargestellt am Recht der wissenschaftlichen Nebentätigkeit

Von

Dr. Wolfgang Schrödter

DUNCKER & HUMBLOT / BERLIN

Gedruckt 1974 bei Buchdruckerei A. Sayffaerth - E. L. Krohn, Berlin 61
Printed in Germany

ISBN 3 428 03293 4

Vorwort

Diese Untersuchung lag der Rechtswissenschaftlichen Fakultät der Universität Freiburg im Breisgau im Wintersemester 1972/73 als Dissertation vor. Das Manuskript wurde im November 1972 abgeschlossen. Aufsätze und Entscheidungen aus späterer Zeit — insbesondere zur politischen Treuepflicht des Beamten — konnten nur noch in beschränktem Umfang in das Manuskript eingearbeitet werden. Das Hochschulurteil des Bundesverfassungsgerichts wurde allerdings noch in den Ausführungen zum Wissenschaftsbegriff berücksichtigt.

Der Verfasser dankt an dieser Stelle seinem verehrten Doktorvater, Herrn Prof. Dr. Werner von Simson, für die kritische Betreuung der Arbeit.

Herrn Ministerialrat a. D. Dr. J. Broermann sei dafür gedankt, daß er diese Untersuchung in seine Schriftenreihe aufgenommen hat. Dank schulde ich schließlich auch dem Herrn Bundesminister des Innern, der die Veröffentlichung dieser Arbeit durch die Gewährung eines Druckkostenzuschusses gefördert hat.

Ansbach, im Oktober 1974

Wolfgang Schrödter

Inhaltsübersicht

Einleitung 17

I. Das Problem 17

II. Methodische Bemerkungen zur Problemlösung 20

Erster Teil

Die verfassungsrechtliche Grundlegung des Rechts der wissenschaftlichen Nebentätigkeit 24

Erster Abschnitt

Der Begriff der Wissenschaft i. S. der Verfassung und des Beamtenrechts 24

A. Die Schwierigkeiten einer Bestimmung des verfassungsrechtlichen Wissenschaftsbegriffs 25

I. Wissenschaftstheorie und Verfassungsrecht 25

II. Wissenschaftsfreiheit und Meinungsfreiheit 28

B. Die Definitionsversuche der h. M. in Lehre und Rechtsprechung und ihre Kritik 29

I. Die einzelnen Spielarten einer inhaltlichen Bestimmung des Wissenschaftsbegriffs 29

1. Die immer noch akzeptierte Formel Smends 29

2. Methodik, Systematik und Voraussetzungslosigkeit als Essentialia der Wissenschaftlichkeit? 30

3. Die Vorschläge der Rechtsprechung 32

4. Die Auffassung des beamtenrechtlichen Schrifttums zum Begriff der wissenschaftlichen Nebentätigkeit i. S. des § 66 Abs. 1 Nr. 2 BBG 33

II. Kritik dieser inhaltlichen Definitionen 33

1. Keine Eignung für die Rechtspraxis 33

2. Die freiheitsbeschränkenden Wirkungen einer inhaltlichen Bestimmung des Wissenschaftsbegriffs 37

C. Art. 5 Abs. 3 GG als Grundlage eines „Definitionsverbotes"? 41

I. Der Tenor dieser Lehrmeinung 41

II. Die Einwände gegen ein Definitionsverbot 43

1. Definitionsverbot und „Wissenschaftspluralismus" 43

2. Eine modifizierte Fassung dieser Lehre als Ausweg aus dem Dilemma? 44

3. Die Wissenschaftstheorie erhält Verfassungsrang 46

D. Versuche einer formalen Bestimmung des Wissenschaftsbegriffs 47

I. Art. 5 Abs. 3 GG — ein Grundrecht allein der Hochschullehrer? 48

1. Eine enge Bestimmung der personalen Reichweite der Wissenschaftsfreiheit 48

2. Die Vorzüge dieser Interpretation der Wissenschaftsfreiheit .. 51

3. Das systematische Argument 51

4. Das Argument aus der Entstehungsgeschichte 52

a) § 152 der Paulskirchenverfassung 53

b) Art. 17, 20 der preußischen Verfassungen 55

c) Art. 142 WRV und Art. 5 Abs. 3 GG 57

II. Roelleckes Auslegung der Wissenschaftsfreiheit als „Staatsdienergrundrecht" 58

III. Knemeyers — angeblich — technisch formale Bestimmung des Wissenschaftsbegriffs 60

1. Die Formel Knemeyers 60

2. Kritik 60

IV. Zwischenergebnis 62

E. Die eigene formale Bestimmung des Wissenschaftsbegriffs 63

I. Methodische Überlegungen 63

II. Die Alternative „akademische Lehre" i. S. des Art. 5 Abs. 3 GG .. 65

1. Die stillschweigende Anerkennung eines formalen Begriffs der akademischen Lehre 65

2. Der rechtliche Hintergrund dieses formalen Lehrbegriffs 67

3. Politische Stellungnahmen, „Aufforderung zum Handeln“ und „wissenschaftliche Praxis“ als akademische Lehre? 68

4. Ausstrahlung dieses formalen Begriffs der akademischen Lehre auf das Recht der wissenschaftlichen Nebentätigkeit 73

III. Außeruniversitäre Formen der Wortlehre i. S. des Art. 5 Abs. 3 GG 74

1. Die Abgrenzung der Unterrichtsfreiheit von der Lehrfreiheit 74

2. Wissenschaftliche Lehre an wissenschaftsbezogenen Bildungseinrichtungen 76

3. Bedeutung dieses Lehrbegriffs für die Praxis des Rechts der wissenschaftlichen Nebentätigkeit 80

IV. Die wissenschaftliche Schriftlehre 82

1. Köttgens enge Auslegung des Lehrbegriffs 82

2. Die formale Umschreibung der Schriftlehre 83

V. Die Forschung 84

1. Allgemeines 84

2. Die wissenschaftliche Gutachtertätigkeit eines Beamten unter dem Blickwinkel des Art. 5 Abs. 3 GG und des § 66 Abs. 1 Nr. 2 und 3 BBG 86

a) Die beamtenrechtliche Argumentation der h. M. 86

b) Der Bereich der genehmigungsfreien wissenschaftlichen Gutachtertätigkeit i. S. des Art. 5 Abs. 3 GG und des § 66 Abs. 1 Nr. 2, 3 BBG 87

VI. Konfrontation des formalen Wissenschaftsbegriffs mit den Prämissen, denen jede Definition des Wissenschaftsbegriffs genügen muß 90

1. Die Position der Verfassung im Streit um den außerrechtlichen Wissenschaftsbegriff 91

2. Die Abgrenzung der Wissenschaftsfreiheit von der Meinungsfreiheit 92

3. Die Bedeutung der formalen Schrankenfreiheit des Art. 5 Abs. 3 GG für den Wissenschaftsbegriff 92

Zweiter Abschnitt

Die Konstruktion beamtenrechtlicher Begrenzungen der Wissenschaftsfreiheit 95

A. § 66 Abs. 2 BBG — eine gegen Art. 5 Abs. 3 GG verstoßende Eingriffsermächtigung? 95

I. Eine mögliche Auffassung zum Verhältnis von Wissenschaftsfreiheit und beamtenrechtlichem Sonderstatus 95

II. Grundrechte und beamtenrechtlicher Sonderstatus. Eine Skizze des Meinungsstandes ... 97

1. Die konservative Auffassung ... 98

2. Moderne Begründungen ... 99

3. Stellungnahme ... 99

B. Leitlinien für die Entscheidung des Konflikts zwischen der Wissenschaftsfreiheit und dem Beamtenrecht ... 101

I. Abwägung zwischen der Wissenschaftsfreiheit und dem Beamtenrecht i. S. „praktischer Konkordanz" ... 101

II. Zwei wichtige Grundsätze ... 103

1. Die verfassungsrechtliche Spitzenstellung der Wissenschaftsfreiheit ... 103

2. Die Bedeutung des wissenschaftlichen oder gesellschaftlichen Wertes einer wissenschaftlichen Erkenntnis für den Umfang des Art. 5 Abs. 3 GG im Sonderstatus des Beamten ... 104

Zweiter Teil

Der Konflikt zwischen der Wissenschaftsfreiheit und dem Beamtenrecht — Dargestellt am Recht der wissenschaftlichen Nebentätigkeit 106

Erster Abschnitt

Wissenschaftsfreiheit und „dienstliche Verantwortlichkeit" des Beamten 106

A. Wissenschaftsfreiheit und politische Treuepflicht ... 107

I. Das Problem. Zugleich eine Skizze des eigenen Lösungsansatzes 107

1. Die aktuelle Bedeutung des Problems ... 107

2. Eine nicht überzeugende Problemlösung ... 111

3. Der methodisch notwendige Umweg über die Treueklausel des Art. 5 Abs. 3 Satz 2 GG ... 114

II. Die Treueklausel des Art. 5 Abs. 3 Satz 2 GG — eine ungeklärte Verfassungsnorm ... 115

1. Die Prämissen jeder Interpretation der Treueklausel ... 115

2. Kritik der h. M. ... 118

3. Zwei widersprüchliche Deutungen 122
4. Die Pflicht zur Verfassungstreue — ein Moderationsgebot? .. 123
5. Die Treueklausel als Fremdkörper im System des verfassungsrechtlichen Verfassungsschutzes 125
a) Der Vorschlag von Köttgen und Schmitt Glaeser 125
b) Die gebotene enge Auslegung einer allgemeinen Pflicht zur Verfassungstreue 127
6. Zwischenergebnis 132
III. Die eigene beamtenrechtliche Auslegung der Treueklausel 133
1. Die Pflicht des Beamten zur Verfassungstreue als Gegenstand der Verweisung i. S. des Art. 5 Abs. 3 Satz 2 GG 133
2. Die Vorzüge dieser beamtenrechtlichen Interpretation der Treueklausel — Diskussion einzelner Einwände 134
IV. Die Pflicht des wissenschaftlich tätigen Beamten zur Verfassungstreue 137
1. Pflicht zur Verfassungstreue — ein mehrdeutiger Begriff 137
2. Die politische Treuepflicht i. S. des § 52 Abs. 2 BBG — ein hergebrachter Grundsatz des Berufsbeamtentums? 139
3. Der verfassungsrechtlich zulässige Inhalt einer Pflicht des Wissenschaftlers zur Verfassungtreue 141
4. Die Bedeutung der Art. 9 Abs. 2, 18 und 21 Abs. 2 GG für die disziplinarrechtliche Ahndung einer Treuepflichtverletzung .. 145
a) Keine Sperrwirkung des Art. 21 Abs. 2 GG 145
b) Keine Sperrwirkung der Art. 9 Abs. 2 GG, 18 GG 148
5. Die gebotene Differenzierung nach der Funktion des Beamten 149
B. Wissenschaftsfreiheit und beamtenrechtliche „Loyalitätspflicht“ 151
I. Das Problem 151
1. Zur Einführung: Die Fälle Seifert und Schnippenkötter 151
2. Die sporadische Behandlung des Problems im Schrifttum und in der Verwaltungspraxis 153
II. Der eigene Lösungsvorschlag 156
1. Die Einordnung der Loyalitätspflicht in den Kontext der Beamtenpflichten 156
2. Besteht aus Gründen der Loyalität eine Schweigepflicht des Wissenschaftlers? 157
3. Der Umfang einer Pflicht zur fairen, sachlichen Kritik 159
C. Wissenschaftsfreiheit und beamtenrechtliche Verschwiegenheitspflicht 162
I. Skizze des Problems 162

II. Wissenschaftsfreiheit und private Geheimhaltungsinteressen 163

III. Wissenschaftsfreiheit und öffentliche Geheimhaltungsinteressen 165

1. Das Schutzgut dieser Geheimhaltungsinteressen 165

2. Verschwiegenheitspflicht und Informationsanspruch der Öffentlichkeit 167

3. Bemerkungen zum Begriff des Amtsgeheimnisses i. S. des § 61 Abs. 1 Satz 2 BBG 171

Zweiter Abschnitt

Wissenschaftliche Nebentätigkeit und Mißbrauchsaufsicht (§ 66 Abs. 2 HS 2 BBG) 173

A. Die verfassungsrechtliche Problematik dieser Eingriffsermächtigung vor dem Hintergrund des Strafvollzugsbeschlusses 173

B. § 66 Abs. 2 HS 2 BBG — eine rechtsstaatlichen Grundsätzen widersprechende Eingriffsermächtigung? 175

I. Mißbrauchstatbestand und Rechtsstaatsprinzip 175

1. Der Meinungsstand zum Begriff des Mißbrauchs i. S. des § 66 Abs. 2 HS 2 BBG 175

2. Die Mehrdeutigkeit des Mißbrauchstatbestandes 176

II. Mißbrauchsaufsicht und Rechtsstaatsprinzip 179

1. Der Streit über den Inhalt der Mißbrauchsaufsicht 179

2. Das entscheidende Argument gegen die Verfassungsmäßigkeit des § 66 Abs. 2 HS 2 BBG 180

3. Die Folgen dieser Auslegung des § 66 Abs. 2 HS 2 BBG für die Praxis des Rechts der wissenschaftlichen Nebentätigkeit 183

Literaturverzeichnis 186

Abkürzungsverzeichnis

ABl.	Amtsblatt
Alt.	Alternative
Anm.	Anmerkung
AöR	Archiv des öffentlichen Rechts
AS	Amtliche Sammlung
Art.	Artikel
Az.	Aktenzeichen
BAG	Bundesarbeitsgericht
BaWüVBl.	Baden-Württembergisches Verwaltungsblatt
Bay.BG.	Bayerisches Beamtengesetz vom 18. 7. 1960 i. d. F. vom 9. 11. 1970 (GVBl. S. 569)
Bay.VBl.	Bayerische Verwaltungsblätter
Bay.VerfGH	Bayerischer Verfassungsgerichtshof
Bay.VGH	Sammlung von Entscheidungen des Bayerischen Verwaltungsgerichtshofes
BB	Der Betriebs-Berater
BBG	Bundesbeamtengesetz i. d. F. vom 17. 7. 1971 (BGBl. I S. 1181)
BBZ, Bay.BZ	Bayerische Beamtenzeitung
Bd.	Band
BDH	Bundesdisziplinarhof
BDHE	Entscheidungen des Bundesdisziplinarhofes
BDO	Bundesdisziplinarordnung i. d. F. vom 20. 7. 1967 (BGBl. I S. 751)
Berichte — Verfassungsausschuß	Berichte und Protokolle des 8. Ausschusses über den Entwurf einer Verfassung des Deutschen Reiches, Berlin 1920
BerlLBG	Berliner Landesbeamtengesetz vom 24. 7. 1952 i. d. F. vom 1. 1. 1972 (GVBl. S. 288)
BFH	Bundesfinanzhof
BGB	Bürgerliches Gesetzbuch
BGBl.	Bundesgesetzblatt
BGH	Bundesgerichtshof
BGHSt.	Entscheidungen des Bundesgerichtshofs in Strafsachen
BGHZ	Entscheidungen des Bundesgerichtshofs in Zivilsachen
BK	Kommentar zum Bonner Grundgesetz (Bonner Kommentar, Hamburg, 1950 ff.)
BNebtVO	VO über die Nebentätigkeit der Bundesbeamten, Berufssoldaten und Soldaten auf Zeit (Bundesnebentätigkeitsverordnung) vom 22. 4. 1964 (BGBl. I S. 299)

BRAO	Bundesrechtsanwaltsordnung vom 1. 8. 1959 i. d. F. vom 24. 10. 1972 (BGBl. I S. 2013)
BRÄG	Gesetz zur Änderung von Vorschriften auf dem Gebiete des allgemeinen Beamten-, des Besoldungs- und des Versorgungsrechts vom 30. 6. 1933 (RGBl. I. S. 433)
BreBG	Bremisches Beamtengesetz i. d. F. vom 20. 12. 1966 (GBl. S. 229)
BRRG	Rahmengesetz zur Vereinheitlichung des Beamtenrechts (Beamtenrechtsrahmengesetz) i. d. F. vom 17. 7. 1971 (BGBl. I S. 1025)
BStBl.	Bundessteuerblatt
BVerfG	Bundesverfassungsgericht
BVerfGE	Entscheidungen des Bundesverfassungsgerichts
BVerfGG	Gesetz über das Bundesverfassungsgericht i. d. F. der Bekanntmachung vom 3. 2. 1971 (BGBl. I S. 105)
BVerwG	Bundesverwaltungsgericht
BVerwGE	Entscheidungen des Bundesverwaltungsgerichts
BWLBG	Baden-Württembergisches Landesbeamtengesetz i. d. F. vom 27. 5. 1971 (GBl. S. 225)
DB	Der Betrieb
DBG	Deutsches Beamtengesetz vom 26. 1. 1937 (RGBl. I S. 39)
DDB	Der Deutsche Beamte. Zeitschrift des deutschen Gewerkschaftsbundes
Die Grundrechte	Neumann / Bettermann / Nipperdey / Scheuner u. a.: Die Grundrechte — Handbuch der Theorie und Praxis der Grundrechte, Berlin 1954 - 1966
Diss.	Dissertation
DJZ	Deutsche Juristenzeitung
DöD	Der öffentliche Dienst
DÖV	Die Öffentliche Verwaltung
DRiG	Deutsches Richtergesetz i. d. F. der Bekanntmachung vom 19. 4. 1972 (BGBl. I S. 713)
DV	Deutsche Verwaltung
DVBl.	Deutsches Verwaltungsblatt
DUZ	Deutsche Universitätszeitung
Einf.	Einführung
Einl.	Einleitung
EStG	Einkommensteuergesetz
f.	folgende
GA	Goltdammers Archiv für Strafrecht
GBl.	Gesetzblatt
GG	Grundgesetz für die Bundesrepublik Deutschland
GjS	Gesetz über die Verbreitung jugendgefährdender Schriften i. d. F. vom 23. 3. 1971 (BGBl. I S. 1000)
Gruchot	Beiträge zur Erläuterung des Deutschen Rechts, begr. von Gruchot
GS	Gesetzsammlung für den preußischen Staat

GV, GVBl.	Gesetz- und Verordnungsblatt
HBG	Hessisches Beamtengesetz i. d. F. vom 16. 2. 1970 (GVBl. I S. 109)
HCHE	Chiemsee-Entwurf (Verfassungsausschuß der Ministerpräsidentenkonferenz der westlichen Besatzungszonen. Bericht über den Verfassungskonvent auf Herrenchiemsee vom 10. bis 23. 8. 1948, München o. J.)
HdbDStR	Handbuch des deutschen Staatsrechts, herausgegeben von G. Anschütz und R. Thoma, Bd. I, 1930, Bd. II, 1931
Hess.DStH	Hessischer Dienststrafhof
Hmb.BG	Hamburgisches Beamtengesetz i. d. F. vom 6. 1. 1970 (GVBl. S. 9)
HS	Halbsatz
HUG	Hessisches Universitätsgesetz vom 12. 5. 1970 (GVBl. I S. 315 / II, 70 - 12)
JöR NF	Jahrbuch des öffentlichen Rechts der Gegenwart (neue Fassung)
JuS	Juristische Schulung
JZ	Juristenzeitung
LPG	Landespressegesetz
MBl.	Ministerialblatt
MDR	Monatsschrift für Deutsches Recht
MittHV	Mitteilungen des Hochschulverbandes
NBG	Niedersächsisches Beamtengesetz i. d. F. vom 20. 10. 1970 (GVBl. S. 393)
Nds. MBl.	Niedersächsisches Ministerialblatt
Nds. SchG	Gesetz über das öffentliche Schulwesen in Niedersachsen i. d. F. vom 24. 7. 1970 (GVBl. S. 237)
NF	neue Folge
NJW	Neue Juristische Wochenschrift
NRW, NW	Nordrhein-Westfalen
NWLBG	Beamtengesetz für das Land Nordrhein-Westfalen i. d. F. vom 6. 5. 1970 (GVBl. S. 344)
OFD	Oberfinanzdirektion
OVG	Oberverwaltungsgericht
OVGE	Entscheidungen der Oberverwaltungsgerichte für das Land Nordrhein-Westfalen in Münster sowie für die Länder Niedersachsen und Schleswig-Holstein in Lüneburg mit Entscheidungen des Verfassungsgerichtshofes Nordrhein-Westfalen und des Niedersächsischen Staatsgerichtshofes
PR	Parlamentarischer Rat
Pr.OVG	Preußisches Oberverwaltungsgericht
RBG 1873	Gesetz betr. die Rechtsverhältnisse der Reichsbeamten vom 31. 3. 1873 (RGBl. I S. 61)
RdA	Recht der Arbeit. Zeitschrift für die Wissenschaft und Praxis des gesamten Arbeitsrechts
RdJ	Recht der Jugend
Rdn.	Randnummer

RGBl.	Reichsgesetzblatt
RGSt.	Entscheidungen des Reichsgerichts in Strafsachen
RGZ	Entscheidungen des Reichsgerichts in Zivilsachen
RiA	Das Recht im Amt
RP	Rheinland-Pfalz
RPlBG	Landesbeamtengesetz Rheinland-Pfalz i. d. F. vom 14. 7. 1970 (GVBl. S. 242)
RuPrVBl.	Reichsverwaltungsblatt und Preußisches Verwaltungsblatt
SBG	Saarländisches Beamtengesetz i. d. F. vom 1. 9. 1971 (ABl. S. 613)
SHLBG	Beamtengesetz für das Land Schleswig-Holstein i. d. F. vom 10. 5. 1971 (GVOBl. S. 253)
SKV	Staats- und Kommunalverwaltung
SoldG	Soldatengesetz i. d. F. vom 21. 12. 1970 (BGBl. I. S. 1778)
Stellungnahmen	vgl. Literaturverzeichnis
Sten. Berichte	
1. Kammer	Stenographische Berichte über die Verhandlungen der durch das Allerhöchste Patent vom 5. 12. 1848 einberufenen Kammern, Erste Kammer, Dritter Band, Berlin 1849 (zit.: Sten. Berichte, 1. Kammer)
2. Kammer	Stenographische Berichte über die Verhandlungen der durch die Allerhöchste Verordnung vom 30. Mai 1848 einberufenen Zweiten Kammer, Dritter Band, Berlin 1849 (zit.: Sten. Berichte, 2. Kammer)
StGB	Strafgesetzbuch
Verw.Arch.	Verwaltungsarchiv, Zeitschrift für Verwaltungslehre, Verwaltungsrecht und Verwaltungspolitik
Verw.Rspr.	Verwaltungsrechtsprechung
VG	Verwaltungsgericht
VGH	Verwaltungsgerichtshof
VV	Verwaltungsvorschrift
VVDStRL	Veröffentlichungen der Vereinigung der deutschen Staatsrechtslehrer
Vorb.	Vorbemerkung
Vorgänge	Eine kulturpolitische Korrespondenz. Hrsg. v. Gerhard Szczesny i. V. mit der Humanistischen Union und der Humanistischen Studenten-Union (München: Szczesny-Verlag)
WissR	Wissenschaftsrecht, Wissenschaftsverwaltung, Wissenschaftsförderung, Zeitschrift für Recht und Verwaltung der wissenschaftlichen Hochschulen und der wissenschaftspflegenden und -fördernden Organisationen und Stiftungen
WRK	Westdeutsche Rektorenkonferenz
WRV	Weimarer Reichsverfassung
ZBR	Zeitschrift für Beamtenrecht
ZRP	Zeitschrift für Rechtspolitik

Einleitung

I. Das Problem

Nach seinem Wortlaut verbürgt Art. 5 Abs. 3 GG[1] jedem ein Grundrecht, der sich in Wissenschaft, Forschung und Lehre betätigt. Viele Interpreten dieses Grundrechts und seiner Vorläufer[2] sind dennoch der Versuchung erlegen, die Wissenschaftsfreiheit durch die Brille des Hochschullehrers als „aristokratisches" Grundrecht[3] der akademischen Forschungs- und Lehrfreiheit zu betrachten. Die meisten Autoren verkennen zwar nicht, daß die Wissenschaft kein Monopol der Hochschulen bildet; sie verzichten aber darauf, den Einfluß des Art. 5 Abs. 3 GG auf die Rechtsstellung des Wissenschaftlers zu untersuchen, der außerhalb einer Hochschulkorporation — als Privatgelehrter, als Industrieforscher, aber auch als Wissenschaftler an staatlichen Forschungseinrichtungen — wissenschaftlich wirkt. Dieser von *Bull* zu Recht beanstandete Befund[4] strahlt auf das beamtenrechtliche Schrifttum aus: es fehlt bisher — sieht man einmal von den Arbeiten zum beamtenrechtlichen Status des Hochschullehrers ab[5] — eine Untersuchung über die Wir-

[1] Art. 5 Abs. 3 GG lautet: „Kunst und Wissenschaft, Forschung und Lehre sind frei. Die Freiheit der Lehre entbindet nicht von der Treue zur Verfassung."

[2] Zur Geschichte der Wissenschaftsfreiheit: Dieses Grundrecht war erstmals in der Paulskirchenverfassung enthalten; § 152 der Paulskirchenverfassung lautete: „Die Wissenschaft und ihre Lehre ist frei." Von der Paulskirchenverfassung gelangte die Wissenschaftsfreiheit unverändert über die oktroyierte preußische Verfassung (vom 5. Dezember 1848, GS 375) (Art. 17) in die revidierte preußische Verfassung (vom 31. Januar 1850, GS 17) (Art. 20). Art. 142 WRV lautete: „Die Kunst, die Wissenschaft und ihre Lehre sind frei. Der Staat gewährt ihnen Schutz und nimmt an ihrer Pflege teil." Zur historischen Entwicklung der Wissenschaftsfreiheit etwa *Hans Thieme*, in: Thieme / Wehrhahn, Die Freiheit der Künste und Wissenschaften, 1 ff. und — ausführlich — *Schmidt*, Freiheit der Wissenschaft, passim, insbesondere 43 ff., 60 ff. Interessante Belege auch bei *Schwinge*, 178 ff. Zur Bedeutung der Entstehungsgeschichte der Wissenschaftsfreiheit im 19. Jahrhundert für die Auslegung des Art. 5 Abs. 3 GG *Zwirner*, AöR 98 (1973), 313 ff. Vgl. auch unten, 1. Teil, 1. Abschnitt, unter D I 4.

[3] *Bettermann*, Universitätstage 1963, 71.

[4] *Bull*, WissR 4 (1971), 35; Bull meint scherzhaft, der „Herr vom anderen Stern" müßte nach einem Studium des verfassungsrechtlichen Schrifttums zu Art. 5 Abs. 3 GG den Eindruck gewinnen, als gebe es außerhalb der Universitäten keine Probleme der Wissenschaftsfreiheit.

[5] Dazu etwa — unter Berücksichtigung der Mitbestimmungsproblematik — *Evers*, Weisungsrechte, 41 ff. und — immer noch aktuell und lesenswert — *Kitzingers* Auslegung des Art. 142 WRV.

kungskraft der Wissenschaftsfreiheit im Sonderstatus des Beamten[6]. Die vorliegende Arbeit will diese Lücke im beamtenrechtlichen Schrifttum teilweise ausfüllen: am Recht des Beamten auf Ausübung einer wissenschaftlichen Nebentätigkeit soll nachgewiesen werden, daß Art. 5 Abs. 3 GG auch außerhalb der Hochschulen eine durchaus eigenständige Bedeutung entfaltet.

Die gesetzliche Regelung des Rechts der wissenschaftlichen Nebentätigkeit läßt sich in wenigen Sätzen umschreiben. Nach § 65 Abs. 1 BBG[7] darf ein Beamter eine entgeltliche Nebentätigkeit — also ein Nebenamt oder eine Nebenbeschäftigung[8] — nur mit Genehmigung seiner obersten Dienstbehörde ausüben. Nach § 65 Abs. 2 BBG i. V. m. § 5 Abs. 2 BNebtVO kann diese Genehmigung versagt werden, wenn die Nebentätigkeit des Beamten einzelne dienstliche Interessen, insbesondere die Leistungen des Beamten, seine Unparteilichkeit oder auch Unbefangenheit beeinträchtigen könnte. In Abkehr von dieser Regel entbindet § 66 Abs. 1 BBG einzelne Nebentätigkeiten des Beamten von einer Genehmigungspflicht, so auch die „schriftstellerische, wissenschaftliche, künstlerische oder Vortragstätigkeit". Eine Schranke dieser privilegierten Nebentätigkeiten bildet § 66 Abs. 2 BBG, der lapidar bestimmt: „Die dienstliche Verantwortlichkeit des Beamten bleibt unberührt; es ist Pflicht des Dienstvorgesetzten, Mißbräuchen entgegenzutreten[9]."

Eine überzeugende Interpretation dieser Bestimmungen ist bisher nicht gelungen. Schon ein Blick in das beamtenrechtliche Schrifttum zum Recht der Nebentätigkeit offenbart zwei Problemfelder des § 66 BBG — Alt. wissenschaftliche Nebentätigkeit —, die neu bestellt werden müssen:

1. Streit herrscht über den Anwendungsbereich des Rechts der wissenschaftlichen Nebentätigkeit. Viele Autoren verfechten einen engen beamtenrechtlichen Wissenschaftsbegriff, der in die Praxis Eingang gefunden hat und dazu führt, daß § 66 Abs. 1 Nr. 2 BBG teilweise „leerläuft". Um nur zwei bedeutsame Beispiele zu nennen: Nach der h. M. ist die außerdienstliche *wissenschaftliche Lehrtätigkeit* eines Beamten genehmigungspflichtig, wenn sie gegen Entgelt oder auf längere Dauer ausgeübt wird[10]. Stößt diese enge Interpretation des § 66 Abs. 1 Nr. 2

[6] Ausdrücklich ausgeklammert bei *v. Münch*, Freie Meinungsäußerung, 11 Fußn. 2; *Böttcher*, 14; *Finger*, ZBR 1965, 225.

[7] Das Recht der wissenschaftlichen Nebentätigkeit wird im folgenden an der Regelung der §§ 65, 66 BBG dargestellt. Auf Besonderheiten des Landesrechts wird jeweils verwiesen. Eine übersichtliche Zusammenstellung des geltenden Rechts findet sich bei *Wilhelm*, BNebtVO, 111 ff.

[8] Zum Begriff der Nebentätigkeit vgl. § 1 BNebtVO.

[9] Zum Landesrecht unten 2. Teil, 2. Abschnitt, Fußn. 1.

[10] Statt vieler *Fischbach*, BBG, § 66 Anm. II 3 a Fußn. 5 für die nebenamtliche Vorlesungstätigkeit eines Studienrats an einer Universität; *Plog/*

BBG noch auf Widerstand[11], so herrscht im Schrifttum doch kein Streit darüber, daß ein Beamter für die Ausübung einer *wissenschaftlichen Gutachtertätigkeit* — sofern die Gutachtertätigkeit nicht nach § 5 Abs. 1 BNebtVO wegen ihres geringen Umfangs als genehmigt gilt — die Genehmigung der obersten Dienstbehörde benötigt[12]. Eine Ausnahme gilt nach § 66 Abs. 1 Nr. 3 BBG allein für eine „mit Lehr- oder Forschungsaufgaben zusammenhängende selbständige Gutachtertätigkeit von Beamten an wissenschaftlichen Instituten und Anstalten".

Die Begründung für diese den unbefangenen Interpreten der §§ 65, 66 BBG zumindest überraschende enge Bestimmung des Begriffs der wissenschaftlichen Nebentätigkeit kann man nur ahnen. Vielen Autoren scheint die Vorstellung vorzuschweben, eine wissenschaftliche Nebentätigkeit i. S. des § 66 Abs. 1 Nr. 2 BBG liege nicht mehr vor, wenn der Beamte aus finanziellen Gründen eine Lehrtätigkeit aufnimmt oder Gutachten erstattet[13].

2. Schwierigkeiten bereitet auch die Auslegung des § 66 Abs. 2 BBG. Die Formulierung: „Die dienstliche Verantwortlichkeit des Beamten bleibt unberührt", soll offensichtlich klarstellen, daß der Beamte bei Ausübung einer genehmigungsfreien Nebentätigkeit i. S. des § 66 Abs. 1 BBG — und damit auch als Wissenschaftler — an seine Dienstpflichten gebunden ist. Damit stellt sich dem Interpreten des Rechts der wissenschaftlichen Nebentätigkeit die bisher fast ausschließlich unter dem Blickwinkel des Hochschullehrerbeamtenrechts erörterte Frage nach dem Verhältnis der Wissenschaftsfreiheit zu den einzelnen Beamtenpflichten.

Heftiger Streit rankt sich schließlich um die in § 66 Abs. 2 HS 2 BBG konstituierte Pflicht des Dienstvorgesetzten zur „Mißbrauchsaufsicht"[14].

Wiedow / Beck, BBG, § 66 Rdn. 7. Typisch für die Verwaltungspraxis der Länder VV zu § 74 NBG (= 66 BBG) unter Nr. 1 Abs. 2: „Eine Lehrtätigkeit, auch wenn sie in Form einer Vortragsreihe ausgeübt wird, ist nicht genehmigungsfrei i. S. des § 74 Abs. 1 Nr. 3" (VV vom 4. Januar 1963, Nds. MBl. 42). Weitere Nachweise unten 1. Teil, 1. Abschnitt, Fußn. 43.

[11] So etwa *Ule*, BRRG, § 42 Rdn. 3. Weitere Nachweise unten 1. Teil, 1. Abschnitt, Fußn. 44.

[12] So etwa *Crisolli / Schwarz*, HBG, § 80 Rdn. 10; *Plog / Wiedow / Beck*, BBG, § 66 Rdn. 8. Weitere Nachweise unten 1. Teil, 1. Abschnitt, Fußn. 221.

[13] So wohl *Crisolli / Schwarz*, HBG, § 80 Rdn. 4; *Thiele*, DöD 1957, 8 meint, bei einer gewerblichen Nebenabsicht entfalle die Genehmigungsfreiheit. Da kein Autor eine wissenschaftliche Gutachtertätigkeit — mit Ausnahme des in § 66 Abs. 1 Nr. 3 BBG geregelten Falles — für genehmigungsfrei hält, deckt sich insoweit die heutige Auslegung des § 66 Abs. 1 Nr. 2 BBG mit der Verwaltungspraxis des Jahres 1933: In den Durchführungsbestimmungen zu Kapitel IV des BRÄG hieß es zu § 9 Nr. 1, jede Nebentätigkeit sei genehmigungspflichtig, „bei welcher durch Arbeitsleistung irgendwelcher Art eine Vergütung erzielt wird" (vom 28. August 1933, RGBl. I S. 612). Zur Geschichte des Nebentätigkeitsrechts *Schütz*, DöD 1959, 121 und *Wilhelm*, BNebtVO, Einführung, 17 ff.

Die Mahnung des Gesetzgebers, „es ist Pflicht des Dienstvorgesetzten, Mißbräuchen entgegenzutreten“, ist auf der Tatbestandsseite wie auch auf der Rechtsfolgeseite derart unbestimmt, daß dem Dienstvorgesetzten ein weites Bündel von Maßnahmen im Kampf gegen Mißbräuche zur Verfügung steht: von einer bloßen Mahnung bis zur generellen Untersagung wissenschaftlicher Nebentätigkeiten sind alle Anordnungen eines Dienstvorgesetzten vom Wortlaut des § 66 Abs. 2 HS 2 BBG gedeckt. Schon auf dem Boden des für die Auslegung aller besonderen Gewaltverhältnisse wegweisenden Strafvollzugsbeschlusses des BVerfG[15] sollte die in § 66 Abs. 2 HS 2 BBG enthaltene Ermächtigung des Dienstvorgesetzten zum Eingriff in die Grundrechte des Beamten — auch in die formal schrankenfrei verbürgte Wissenschaftsfreiheit — auf ihre Verfassungsmäßigkeit überprüft werden.

II. Methodische Bemerkungen zur Problemlösung

Nach der hier vertretenen Auffassung kann eine methodisch überzeugende Auslegung des Rechts der wissenschaftlichen Nebentätigkeit nur gelingen, wenn man § 66 Abs. 1 Nr. 2 BBG — Alt. wissenschaftliche Nebentätigkeit — als eine gesetzliche Ausformung des Grundrechts der Wissenschaftsfreiheit deutet. Diese insbesondere von *Wilhelm*[16] herausgearbeitete Verknüpfung des Rechts der wissenschaftlichen Nebentätigkeit mit dem Grundrecht der Wissenschaftsfreiheit hat zur Folge, daß Wissenschaft, Forschung und Lehre eines Beamten nach § 66 Abs. 1 Nr. 2 BBG *stets* genehmigungsfrei sind.

Zugunsten dieses verfassungsrechtlichen Verständnisses der wissenschaftlichen Nebentätigkeit lassen sich mehrere Argumente ins Feld führen.

Definierte man den beamtenrechtlichen Wissenschaftsbegriff *enger* als den verfassungsrechtlich umhegten Bereich von Forschung und Lehre, so unterlägen einzelne Formen wissenschaftlichen Wirkens im Sonderstatus des Beamten dem in § 65 Abs. 1 BBG begründeten Verbot mit Erlaubnisvorbehalt[17]. Diese Interpretation des § 66 Abs. 1 Nr. 2 BBG stünde im Widerspruch zu Art. 5 Abs. 3 GG. Das BVerfG hat in seinem Urteil zum Sammlungsgesetz[18] die Voraussetzungen eines Verbots mit

---

[14] Zu dieser Bestimmung neuerdings BVerwGE 40, 11 ff.

[15] BVerfGE 33, 1 mit Anm. von *Starck*, JZ 1972, 360, *Kempf*, JuS 1972, 701, *Müller-Dietz*, NJW 1972, 1161, *Rupprecht*, NJW 1972, 1345, *Erichsen*, Verw. Arch. 1972, 441.

[16] *Wilhelm*, Die freie Meinung, 32; *derselbe*, ZBR 1963, 368; wie Wilhelm *Konow*, ZBR 1972, 50.

[17] Zum Verbot mit Erlaubnisvorbehalt jetzt *Schwabe*, JuS 1973, 133 ff.

[18] BVerfGE 20, 150; dazu *Menger / Erichsen*, Verw. Arch. 1967, 278.

Erlaubnisvorbehalt umschrieben. Danach soll dieses Rechtsinstitut die Verwaltung „rechtzeitig zur vorbeugenden Prüfung bei solchen Umständen und Vorgängen einschalten, die erfahrungsgemäß häufig Ordnungswidrigkeiten mit sich bringen“[19]. Schon unter diesem Blickwinkel erscheint es problematisch, mit einem Teil des beamtenrechtlichen Schrifttums eine wissenschaftliche Lehrtätigkeit allein deshalb einer Genehmigungspflicht zu unterwerfen, weil der Beamte hierfür selbstverständlich eine Vergütung erhält. Die Entscheidung des Gesetzgebers für die Genehmigungsfreiheit einer wissenschaftlichen Nebentätigkeit läßt doch allein den Schluß zu, daß die oberste Dienstbehörde generell auf eine präventive Kontrolle einer wissenschaftlichen Nebentätigkeit i. S. des § 66 Abs. 1 Nr. 2 BBG verzichten soll.

Das Verbot, den Wissenschaftsbegriff des Beamtenrechts enger zu bestimmen als den verfassungsrechtlich geschützten Bereich von Wissenschaft, Forschung und Lehre, folgt insbesondere aber aus dem Grundrecht der Wissenschaftsfreiheit selbst. Das BVerfG hat jüngst wieder im Urteil zum Überwachungsgesetz entschieden, daß formal schrankenfrei verbürgte Grundrechte — und damit auch die Wissenschaftsfreiheit — nur durch „oberste Grundwerte der Verfassung“ begrenzt werden[20]. Diese Grundrechte genießen insoweit im Grundrechtskanon einen hohen Rang, wenn nicht eine „verfassungsrechtliche Spitzenstellung“. Würde man — so lautet das entscheidende Argument — das vom Gesetzgeber und von der Verfassung besonders privilegierte wissenschaftliche Wirken einem Verbot mit Erlaubnisvorbehalt unterwerfen, so stünde der hohe Rang der Wissenschaftsfreiheit im Sonderstatus des Beamten nur auf dem Papier. Angesichts dieses verfassungsrechtlichen Hintergrundes des Rechts der wissenschaftlichen Nebentätigkeit ist der Weg verschlossen, ein außerdienstliches Wirken des Beamten in Wissenschaft, Forschung und Lehre i. S. des Art. 5 Abs. 3 GG dem in § 65 Abs. 1 BBG enthaltenen Verbot mit Erlaubnisvorbehalt zu unterwerfen; *jede wissenschaftliche Betätigung eines Beamten ist nach § 66 Abs. 1 Nr. 2 BBG als wissenschaftliche Nebentätigkeit genehmigungsfrei*[21]. Damit ist es im Rahmen dieser Arbeit

---

[19] BVerfGE 20, 155.

[20] BVerfGE 33, 52, 71 unter Hinweis auf das Mephisto-Urteil, BVerfGE 30, 173.

[21] Wie hier wohl *Ule*, BRRG, § 42 Rdn. 3 und *Menger / Erichsen*, die formulieren: „Soweit die grundrechtliche Freiheit überhaupt nicht gesetzlich eingeschränkt oder einschränkbar ist, wird man schwerlich die Verfassungsmäßigkeit präventiver Kontrolle überhaupt bejahen können“ (Verw. Arch. 1967, 280). Für eine Identität zwischen Wissenschaft (Kunst) i. S. der Verfassung und des einfachen Gesetzes auch *Majewski*, 100 f. Anders aber *Lerche*, der hinsichtlich der genehmigungsfreien wissenschaftlichen Nebentätigkeit eines Soldaten (§ 20 Abs. 3 SoldG) feststellt, ein Zwang zu dieser Regelung habe nicht bestanden, Grundrechte des Soldaten, 495 Fußn. 166.

unumgänglich, die Konturen des verfassungsrechtlichen Wissenschaftsbegriffs herauszuarbeiten.

Diese Prämisse ist noch vor einem möglichen Einwand abzuschirmen. Da § 66 Abs. 1 Nr. 2 BBG — so könnte man argumentieren — neben der wissenschaftlichen Nebentätigkeit das schriftstellerische Wirken und die „Vortragstätigkeit" eines Beamten von einer Genehmigungspflicht entbinde, könne bei der Auslegung dieser Vorschrift auf eine Diskussion des verfassungsrechtlichen Wissenschaftsbegriffs verzichtet werden. Bestünden nämlich Zweifel über die Wissenschaftlichkeit einer Nebentätigkeit, so sei diese zumindest als schriftstellerische Betätigung oder als Vortragstätigkeit nach § 66 Abs. 1 Nr. 2 BBG genehmigungsfrei.

Diese Argumentation überzeugt jedoch nicht. Gerade eine bedeutsame Form einer wissenschaftlichen Nebentätigkeit — die außerdienstliche wissenschaftliche Lehrtätigkeit eines Beamten — könnte nur mit Schwierigkeiten in den Katalog der nach § 66 Abs. 1 Nr. 2 BBG privilegierten Nebentätigkeiten eingereiht werden. Zu Recht vertritt das Schrifttum daher die Auffassung, daß eine über einen längeren Zeitraum hinweg ausgeübte Lehrtätigkeit zumindest nicht unter den Begriff der Vortragstätigkeit i. S. des § 66 Abs. 1 Nr. 2 BBG fällt[22]. Schon aus diesem Grunde sollte in einer Untersuchung des Rechts der wissenschaftlichen Nebentätigkeit nicht darauf verzichtet werden, den Wissenschaftsbegriff der Verfassung und des Beamtenrechts zu umschreiben. Schließlich müßte auch untersucht werden, welche Merkmale eine wissenschaftliche Gutachtertätigkeit prägen und damit nach § 66 Abs. 1 Nr. 2 BBG von einer Genehmigungspflicht entbinden, denn eine Gutachtertätigkeit fällt sicherlich nicht unter die „schriftstellerische" Nebentätigkeit i. S. des § 66 Abs. 1 Nr. 2 BBG.

Ein weiteres Argument rechtfertigt die hier vorgeschlagene verfassungsrechtliche Grundlegung des Rechts der wissenschaftlichen Nebentätigkeit. Wie schon angedeutet wurde, ist im Rahmen dieser Arbeit darzustellen, in welchem Umfang der Beamte auch als Wissenschaftler an seine dienstlichen Pflichten gebunden ist. Das Spannungsverhältnis zwischen der wissenschaftlichen Nebentätigkeit des Beamten und einzelnen in seinem Sonderstatus angelegten Pflichten kann aber nur dann überzeugend gelöst werden, wenn die vom Verfassungsgeber durchgeführte Unterscheidung zwischen der Meinungsfreiheit des Art. 5 Abs. 1 GG und der Wissenschaftsfreiheit des Art. 5 Abs. 3 GG auch bei der Auslegung des § 66 Abs. 1 Nr. 2 BBG beachtet wird[23].

---

[22] *Lindgen*, Disziplinarrecht I, 658; *Crisolli / Schwarz*, HBG, § 80 Rdn. 8; *Weimar*, ZBR 1961, 70; *Plog / Wiedow / Beck*, BBG, § 66 Rdn. 7; *Wohlmacher*, DDB 1963, 68.

[23] So — zur Kunstfreiheit — *Knies*, 204 Fußn. 124. Auch jene Autoren, die dafür plädieren, die Beamtenpflichten „im Lichte" des jeweiligen Grund-

Die hier skizzierte Problematik des Rechts der wissenschaftlichen Nebentätigkeit und der aus Art. 5 Abs. 3 GG entwickelte methodische Ansatz bedingen den Aufbau dieser Untersuchung. Der 1. Teil — die verfassungsrechtliche Grundlegung des Rechts der wissenschaftlichen Nebentätigkeit — zerfällt in zwei Abschnitte: im 1. Abschnitt sind die — identischen — Wissenschaftsbegriffe des Art. 5 Abs. 3 GG und des § 66 Abs. 1 Nr. 2 BBG — Alt. wissenschaftliche Nebentätigkeit — zu entwickeln. Dabei wird sich zwar zeigen, daß jeder Versuch einer Bestimmung des Wissenschaftsbegriffs fast ein „Abenteuer" darstellt[24]. Dennoch will diese Arbeit nicht vor der Aufgabe kapitulieren, den neuerdings heftig umstrittenen verfassungsrechtlichen Wissenschaftsbegriff in einer für die Rechtspraxis tauglichen Weise zu umschreiben. Im 2. Abschnitt soll in der gebotenen Kürze dargelegt werden, daß auch das schrankenfrei verbriefte Grundrecht der Wissenschaftsfreiheit beamtenrechtlichen Sonderschranken unterworfen werden kann. Der 2. Teil der Arbeit gliedert sich in Anlehnung an den Aufbau des § 66 Abs. 2 BBG in zwei Abschnitte: im 1. Abschnitt soll das Verhältnis der Wissenschaftsfreiheit zu einzelnen Beamtenpflichten erörtert werden. Im Mittelpunkt dieses Abschnitts wird die Frage stehen, ob die etwa seit Anfang 1972 wieder zu aktueller Bedeutung aufgewertete politische Treuepflicht des Beamten (§ 52 Abs. 2 BBG) sich ausnahmsweise zu einer begrenzten Schweigepflicht des Beamten verdichten kann, der im Rahmen seiner wissenschaftlichen Nebentätigkeit — etwa als akademischer Lehrer oder als Verfasser von Aufsätzen — verfassungsrechtliche oder verfassungspolitische Fragen behandelt. Dabei wird es notwendig sein, die umstrittene Treueklausel des Art. 5 Abs. 3 Satz 2 GG in die Argumentationskette einzugliedern. Beachtung verdient auch der Konflikt zwischen der Wissenschaftsfreiheit und einer zwar allgemein anerkannten, nicht aber in rechtliche Formen gegossenen Pflicht des Beamten zur Loyalität. Im 2. Abschnitt des 2. Teils soll die Bedeutung der Mißbrauchsaufsicht des § 66 Abs. 2 HS 2 BBG dargestellt werden. Dabei wird diese Arbeit eine Auffassung vertreten, die wegen ihrer weitreichenden Bedeutung für die Praxis des Nebentätigkeitsrechts den Widerspruch des überwiegenden beamtenrechtlichen Schrifttums und der Rechtsprechung provozieren dürfte.

Das Nebentätigkeitsrecht der hauptamtlichen Hochschullehrer wird im folgenden ausgeklammert, da dieser Komplex wegen seiner Verzahnung von Beamtenrecht und Hochschulrecht einer besonderen Untersuchung bedarf.

---

rechts zu betrachten, müßten diesen methodischen Ansatz verfechten, so etwa *Böttcher*, 112; *Hesse*, Grundzüge, 136.

[24] *Roellecke*, JZ 1969, 730.

Erster Teil

Die verfassungsrechtliche Grundlegung des Rechts der wissenschaftlichen Nebentätigkeit

Erster Abschnitt

Der Begriff der Wissenschaft i. S. der Verfassung und des Beamtenrechts

Da sich die Wissenschaftsbegriffe des Art. 5 Abs. 3 GG und des § 66 Abs. 1 Nr. 2 BBG decken, sind in diesem Abschnitt im Wege einer umschreibenden Definition[1] die Konturen dieses Rechtsbegriffs aufzuzeichnen. Zunächst sollen die Schwierigkeiten skizziert werden, auf die jeder Versuch stößt, den umhegten Bereich von Wissenschaft, Forschung und Lehre[2] in einer für die Rechtspraxis tauglichen Weise zu umschreiben (A). Es schließt sich eine Kritik aller bisher vertretenen Auffassungen an. Die wohl h. M. definiert den Wissenschaftsbegriff inhaltlich in deutlicher Anlehnung an metajuristische Wissenschaftsauffassungen (B), während eine von Anhängern der „Neuen Linken" entworfene Lehrmeinung dem Interpreten des Art. 5 Abs. 3 GG das Recht verwehrt, einen „juristischen" Wissenschaftsbegriff zu prägen (C). Nach einer Darstellung einzelner formaler Wissenschaftsbegriffe (D) soll der eigene, ebenfalls formale Wissenschaftsbegriff präsentiert werden, der — soviel sei schon hier bemerkt — Art. 5 Abs. 3 GG endgültig aus dem Schattendasein führen will, das dieses Grundrecht bisher außerhalb der Hochschulen fristen mußte (E).

---

[1] Dazu *Erbel,* DVBl. 1969, 864.

[2] Außerhalb von wissenschaftlicher Forschung und Lehre gibt es keine Wissenschaft, so die h. M., etwa *v. Mangoldt / Klein,* GG, Art. 5 Anm. X 4 a (254); *Hamann / Lenz,* GG, Art. 5 Anm. B 14 (200) und wohl auch BVerfGE 35, 79, 113.

A. Die Schwierigkeiten einer Bestimmung des verfassungsrechtlichen Wissenschaftsbegriffs

I. Wissenschaftstheorie und Verfassungsrecht

Eine Umschreibung des verfassungsrechtlichen Wissenschaftsbegriffs stößt deshalb auf besondere Schwierigkeiten, weil das Grundrecht des Art. 5 Abs. 3 GG auf den metajuristischen Sachbereich „Wissenschaft“ verweist und der Verfassungsinterpret daher gezwungen ist, die Position der Verfassung im Streit um den außerrechtlichen Wissenschaftsbegriff aufzudecken. Diese Aufgabe erscheint deshalb kaum lösbar zu sein, weil in der analytischen Wissenschaftstheorie[3] eine kaum überschaubare Meinungsvielfalt über die Konturen des Wissenschaftsbegriffs herrscht[4]. Einige besonders einprägsame Beispiele sollen diese Feststellung veranschaulichen:

1. Die Werturteilsproblematik — also die Frage, ob sich Werturteile wissenschaftlich begründen lassen[5] — reicht auch in die Verfassungsauslegung hinein. Sie zwingt dazu, die „politischen Stellungnahmen“, ja den diffusen Begriff der „politischen Agitation“ eines Wissenschaftlers in den Kontext des Art. 5 Abs. 1 und 3 GG einzufügen.

---

[3] Die analytische Wissenschaftstheorie befaßt sich allein mit der Frage, was Wissenschaft ist, durch welche Merkmale sie sich auszeichnet, nicht aber mit der gesellschaftlichen Bedeutung der Wissenschaft; zu diesem Begriff der Wissenschaftstheorie etwa *Seiffert*, Wissenschaftstheorie, Band 1, 7 und *Lobkowicz*, Politische Studien 204/1972, 371.

[4] Dazu etwa die Darstellung von *Diemer*, Zur Grundlegung eines allgemeinen Wissenschaftsbegriffes, Zeitschrift für allgemeine Wissenschaftstheorie I, 1970, 209 ff., insbesondere 213 zum modernen Wissenschaftsbegriff.

[5] Eine Bemerkung zur Terminologie: In Anlehnung an *Topitsch*, 8 f., sollte scharf zwischen den Postulaten der Wertfreiheit und der Voraussetzungslosigkeit wissenschaftlichen Erkennens unterschieden werden: Das Prinzip der Wertfreiheit besagt, daß Werturteile als „Vergleichsurteile“ (*Diemer*, Was heißt Wissenschaft?, 65) nicht mit wissenschaftlichen Mitteln begründet werden können, nachwissenschaftliches Verhalten darstellen, „Denn praktisch-politische Stellungnahme und wissenschaftliche Analyse politischer Gebilde und Parteistellung ist zweierlei“ (*Max Weber*, Wissenschaft als Beruf, 601). Dagegen ist unter der Voraussetzungslosigkeit der Wissenschaft die Freiheit des Wissenschaftlers von politischen und religiösen Bindungen zu verstehen (*Topitsch*, ebd., 8); klassisch insoweit die Formulierung von *Huber*, Verfassungsgeschichte IV, 962: „Voraussetzungslosigkeit der Wissenschaft heißt jedoch, daß jeder Gelehrte bereit und entschlossen sein muß, sich in seiner Forschung und Lehre von solchen außerwissenschaftlichen Bindungen freizumachen, sofern sie der Erkenntnis oder der Bekundung der Wahrheit entgegenstehen.“ *Diemer* spricht insoweit treffend von der „Vorurteilslosigkeit“ (*Diemer*, Philosophie I, 476), während *Mommsen*, der den Begriff der voraussetzungslosen Wissenschaft geprägt hat, von der Pflicht des Wissenschaftlers zur „Ehrlichkeit und Wahrhaftigkeit“ spricht (in: „Münchener Neueste Nachrichten“ vom 15. November 1901, zitiert nach *Kitzinger*, 462). Zur Bedeutung der Voraussetzungslosigkeit — Vorurteilsfreiheit — wissenschaftlichen Erkennens für die Bestimmung des verfassungsrechtlichen Wissenschaftsbegriffs unten 1. Teil, 1. Abschnitt, B II 2.

2. Der Verfassungsinterpret muß sich auch mit dem Wissenschaftsbegriff der „Neuen Linken“ auseinandersetzen. Seine Anhänger spalten den Wissenschaftsbegriff in zwei Komponenten auf. Danach ist die Wissenschaft einmal durch die theoria, doctrina, das Erkennen, geprägt[6]. Die wohl wichtigste Aufgabe der Wissenschaft bestehe aber darin, den Menschen zu „emanzipieren“, ihn von gesellschaftlichen Zwängen zu befreien[7]. *Lobkowicz* und *Löwenthal* bemerken zu Recht, daß der Inhalt dieses emanzipatorischen Auftrages der Wissenschaft nur schwer zu fixieren ist[8]. Wenn etwa *Stuby* formuliert: „Demgegenüber versucht die hier geforderte wissenschaftliche Praxis die ökonomischen, sozialen und kulturellen Interessen bisher Unterprivilegierter zu artikulieren und einen Prozeß in Gang zu setzen, der zu einer besseren Befriedigung dieser Interessen führt“[9], so drängt sich zumindest dem Juristen die Frage auf, welche Maßnahmen dieser Wissenschaftsbegriff noch deckt und in welchem Umfang eine „wissenschaftliche Praxis“ Wissenschaft i. S. des Art. 5 Abs. 3 GG darstellt.

Drei aktuelle Fälle zeigen, wie tief diese hier nur skizzierte metajuristische Problematik in die Auslegung des Art. 5 Abs. 3 GG hineinwirkt:

Fall 1: Prof. *Seifert* — Ordinarius für politische Wissenschaften an der TU Hannover — hat in einem TEACH-IN die Prozeßführung im Kölner Ruhland-Prozeß mit Gestapo-Methoden verglichen und angebliche Parallelen zu den stalinistischen Terrorprozessen aufgezeigt[10]. In dem gegen ihn eingeleiteten, inzwischen eingestellten Disziplinarverfahren hat Prof. Seifert — unterstützt durch ein Gutachten von *Denninger* — die Ansicht vertreten, diese Stellungnahme werde durch das Grundrecht der Lehrfreiheit gedeckt, Art. 5 Abs. 3 GG verdränge insoweit die Beamtenpflichten.

Fall 2: Nach einer Pressemeldung sieht *Stuby* eine Aufgabe der emanzipatorischen Wissenschaft darin, den „Einfluß der Monopole“ zurückzudrängen[11]. Sollte etwa eine Demonstration, zumindest eine Aufforderung dazu, noch als Wissenschaft, „als Anleitung zur Praxis verstanden i. S. der Lösung real gesellschaftlicher Widersprüche, als politische Abschaffung von deren Ursachen“[12] und damit — möglicherweise — als Wissenschaft i. S. der Verfassung zu werten sein[13]?

---

[6] Diesen klassischen Wissenschaftsbegriff brachte *Kant* auf die folgende Formel: „Eine jede Lehre, wenn sie ein System, d. i. ein nach Prinzipien geordnetes Ganzes der Erkenntnis sein soll, heißt Wissenschaft.“ (Ges. Schriften, Band IV, 1900, 467 f.). Zur historischen Entwicklung des Wissenschaftsbegriffs etwa *Diemer*, Wissenschaftsbegriff, 3 ff.

[7] *Habermas*, 146 ff., 163; *Stuby*, 166. Zu diesem Wissenschaftsbegriff ausführlich *Apel*, Wissenschaft als Emanzipation: Eine Auseinandersetzung mit der Wissenschaftskonzeption der „Kritischen Theorie“, in: Zeitschrift für allgemeine Wissenschaftstheorie I, 1970, 172 ff.

[8] Politische Studien 204/1972, 380; *Löwenthal*, 51.

[9] *Stuby*, 166 f.

[10] Zu diesem Fall ausführlich unten 2. Teil, 1. Abschnitt, B II 3.

[11] Zitiert nach FAZ vom 30. August 1972.

[12] *Stuby*, 107.

Fall 3: *Däubler* — Professor für Sozialwissenschaften an der Universität Bremen — forderte in den „Gewerkschaftlichen Monatsheften" „geeignete Aktionen" zur Durchsetzung des Streikrechts der Beamten. Weiter empfiehlt er Arbeitsniederlegungen, „da sie in sehr hohem Maße weitere Lernprozesse in Gang setzen können ... Eine derart mobilisierte Basis gibt den Gewerkschaftsspitzen dann das notwendige Druckmittel in die Hand, um andere als systemstabilisierende Reformen zu erzwingen"[14]. Ist diese Stellungnahme noch vom Grundrecht der Lehrfreiheit gedeckt?

Der Interpret der Wissenschaftsfreiheit, der mit diesen unterschiedlichen Deutungen des außerrechtlichen Wissenschaftsbegriffs konfrontiert wird, kann nicht ohne weiteres zur Tagesordnung übergehen und feststellen, weder die Aufforderung zum Handeln[15] noch gar die politische Agitation würden als Wissenschaft i. S. des Art. 5 Abs. 3 GG geschützt[16]. Diese Auslegung des Wissenschaftsbegriffs — mag sie auch teilweise richtig sein — bedarf zumindest einer Begründung[17]. Methodisch bieten sich nämlich immerhin drei Wege an, das Verhältnis des verfassungsrechtlichen Wissenschaftsbegriffs zum metajuristischen Sachbereich der Wissenschaft aufzudecken:

1. Im Interesse der Freiheit der Wissenschaft könnte die Wissenschaftstheorie Verfassungsrang erhalten: danach würden alle irgendwie noch vertretbaren Wissenschaftsbegriffe an der Garantie des Art. 5 Abs. 3 GG partizipieren, eine wissenschaftliche Praxis i. S. von *Stuby* ebenso wie eine mit dem Nobelpreis der Physik ausgezeichnete naturwissenschaftliche Arbeit.

2. Der Verfassungsgeber könnte in Art. 5 Abs. 3 GG aber auch einen — oder mehrere — Wissenschaftsbegriffe mit verfassungsrechtlichem Schutz ausgestattet und damit abweichende Wissenschaftsauffassungen

---

[13] Unklar auch die Formulierung *Brückners* zur Aufgabe der Politischen Psychologie: „Zur Methode ihrer Erkenntnis gehört politische und psychologische Aktivität; sie erkennt Tatbestände, indem sie versucht, Tatbestände zu verändern" (in: *Johannes Agnoli / Peter Brückner*, Die Transformation der Demokratie, Berlin 1967, 95; zitiert nach: *Hans Mayer*, Professor Brückner und die Staatstreue, Frankfurter Hefte 27, 1972, 246, 250 Fußn. 8). Angesichts dieser These Brückners kann man *Löwenthal*, 51, nur zustimmen, der meint, der Begriff der emanzipatorischen Wissenschaft sei „der verschiedensten Auslegungen fähig, ... die von der Befreiung von unbegriffenen gesellschaftlichen Zwängen durch Aufklärung über ihre Bedingtheit bis zur Dienstleistung für ein vorgegebenes Programm des gewaltsamen Umsturzes reichen".

[14] Zitiert nach *Bernd Rüthers*, Propaganda für den Rechtsbruch?, JZ 1972, 636 (Glosse).

[15] So die völlig h. M., etwa BVerwGE 34, 69, 77; OVG Berlin, JZ 1973, 209 f. mit Anm. von *Frowein*, JZ 1973, 212. Nachweise unten Fußn. 165 zu diesem Abschnitt.

[16] OVG Berlin, JZ 1973, 209 f.

[17] Zu Recht rügt *Leibfried*, RdJ 1970, 180, die fehlende Bereitschaft von Lehre und Rechtsprechung, die wissenschaftstheoretische Position der „Neuen Linken" bei der Auslegung des Art. 5 Abs. 3 GG überhaupt zu erwähnen.

anderen Grundrechten — insbesondere der Meinungsfreiheit — zugeordnet haben.

3. Schließlich besteht auch die Möglichkeit, daß die Verfassung in Art. 5 Abs. 3 GG für einen Wissenschaftsbegriff optiert hat, der sich gar nicht oder nur in beschränktem Umfang in Anlehnung an metajuristische Formeln umschreiben läßt.

II. Wissenschaftsfreiheit und Meinungsfreiheit

Die folgende These mag provozieren: die ausdrückliche Gewährleistung der Wissenschaftsfreiheit neben der Meinungsfreiheit erschwert eine Bestimmung des verfassungsrechtlichen Wissenschaftsbegriffs. Diese Feststellung gilt in doppelter Hinsicht.

Die Existenz der Wissenschaftsfreiheit neben der Meinungsfreiheit verlangt eine Abgrenzung dieser beiden Grundrechte. Diese Aufgabe ist mit besonderen Schwierigkeiten verbunden, weil das ältere verfassungsrechtliche Schrifttum keine Bedenken hatte, wissenschaftliche Meinungen — „Lehrmeinungen" — unter den Meinungsbegriff zu subsumieren[18], ja *Rothenbücher* die wissenschaftliche Lehre sogar als Paradebeispiel einer Meinungsäußerung i. S. des Art. 118 WRV präsentierte[19]. Damit stellt sich bei jeder Bestimmung des Wissenschaftsbegriffs die Frage nach der zusätzlichen Bedeutung der Wissenschaftsfreiheit neben der Meinungsfreiheit. Die Feststellung, die Wissenschaftsfreiheit stelle eine Lex specialis[20] oder ein aliud[21] im Vergleich zur Meinungsfreiheit dar, ist zumindest nicht geeignet, die außeruniversitäre Lehre von einzelnen Betätigungsformen der Meinungsfreiheit abzugrenzen.

Diese nach dem Aufbau des Art. 5 GG notwendige Abgrenzung der Meinungsfreiheit von der Wissenschaftsfreiheit wird durch die formale Schrankenfreiheit der in Art. 5 Abs. 3 GG verbürgten Freiheiten zusätzlich erschwert. Solange sich nämlich die vom BVerfG im Mephisto-Beschluß[22] bestätigte h. M. weigert, den Vorbehalt des Art. 5 Abs. 2 GG auf die Kunst- und Wissenschaftsfreiheit zu übertragen[23] und viele

[18] *Anschütz*, Verfassungs-Urkunde, 373; weitere Nachweise bei *Frohberg*, Diss. 23.

[19] *Rothenbücher*, VVDStRL 4, 16.

[20] *Brinkmann*, GG, Art. 5 Anm. 5 b β; *Frohberg*, Diss. 77.

[21] *Friesenhahn*, 11 f.; *Schmitt Glaeser*, Mißbrauch, 119; *Voigt*, 262; *Knies*, 186.

[22] BVerfGE 30, 173, 191 mit Besprechung von *Schwabe*, DVBl. 1971, 689 und *Rupp*, DVBl. 1972, 66. Zum Problem auch der Bericht über die 34. Tagung des Studienkreises für Presserecht und Pressefreiheit („Schranken der Kunstfreiheit"), JZ 1974, 37 f.

[23] Umfassende Nachweise würden bibliographischen Umfang erreichen. Diese Auffassung wurde erstmals vom BVerwG im „Sünderin-Urteil"

Autoren die Schrankenfreiheit dieser Grundrechte sogar als Indiz einer verfassungsrechtlichen Spitzenstellung von Kunst und Wissenschaft werten[24], überzeugt eine Bestimmung des Wissenschaftsbegriffs allein, wenn sie den auch im Verhältnis zur Meinungsfreiheit durchgreifenden hohen Rang der Wissenschaftsfreiheit zumindest berücksichtigt.

B. Die Definitionsversuche der h. M. in Lehre und Rechtsprechung und ihre Kritik

I. Die einzelnen Spielarten einer inhaltlichen Bestimmung des Wissenschaftsbegriffs

1. *Die immer noch akzeptierte Formel Smends*

Um eine ausführliche Definition des verfassungsrechtlichen Wissenschaftsbegriffs hat sich erstmals *Rudolf Smend* bemüht. Er bestimmte in seinem bahnbrechenden Münchener Staatsrechtslehrerreferat[25] Wissenschaft i. S. des Art. 142 WRV als ernsthaften „Versuch zur Entwicklung oder zur Lehre der wissenschaftlichen Wahrheit"[26]. *Holstein* und

entwickelt (BVerwGE 1, 303), fand Eingang in das Schrifttum zur Wissenschaftsfreiheit (sorgfältig etwa die Argumentation bei *Thieme*, Hochschulrecht, 51 f.) und hat inzwischen — dem Wortlaut des Art. 5 Abs. 3 GG entsprechend — Verfassungsrang erreicht; Nachweise etwa bei *Knies*, 52 ff. und *Mayer-Tasch*, JZ 1969, 285 Fußn. 11. Hinsichtlich der Wissenschaftsfreiheit plädieren für eine Geltung des Art. 5 Abs. 2 GG etwa *Voigt*, 262 f., *Rüfner*, Der Staat 1968 (7), 54 f., *Bettermann*, Grenzen der Grundrechte, 27; Zweifel an der h. M. bei *Bachof*, Rechtsprechung — BVerwG I, 21. Differenzierend *Köttgen*, Freiheit der Wissenschaft, 299, 302, 313: Wissenschaftliche Druckwerke unterliegen als Presseerzeugnisse den Schranken des Art. 5 Abs. 2 GG. Für eine Ausweitung des Art. 5 Abs. 2 GG auf die Kunstfreiheit insbesondere *Knies*, passim.

[24] *Friesenhahn*, 14; *Wehrhahn*, in: Thieme / Wehrhahn, 43; *Berg*, 109; *Ridder-Stein*, DÖV 1962, 365; *Schmidt*, GA 1966, 101; *Dürig* (in: Maunz / Dürig / Herzog, GG, Art. 2 Abs. 1, Rdn. 69) deutet eine fehlende Beschränkungsmöglichkeit eines Grundrechts als „rechtserhebliche Aussage gegen die staatliche Verfügungsmacht und für den unentziehbaren Gehalt" eines Grundrechts; ähnlich derselbe, ebd. Rdn. 70 d: „beredtes Schweigen gegen staatliche Verfügungsmacht". Kritisch gegenüber dieser „Aufwertung" der Kunst- und Wissenschaftsfreiheit aber *Knies*, 232 und *Müller*, Freiheit der Kunst, 13, Fußn. 10, 16 f. Einen vermittelnden Standpunkt — zu dem in Art. 4 GG angesiedelten Parallelproblem — bezieht *Herzog*, in: Maunz / Dürig / Herzog, GG, Art. 4 Rdn. 88 f.; danach stellt Art. 5 Abs. 2 GG klar, welche Beschränkungen mit Art. 4 Abs. 1 GG unter keinen Umständen vereinbar sind. Gegen eine „Aufwertung" der Lehrfreiheit im Vergleich zur Meinungsfreiheit aber schon *Anschütz*, Verfassungs-Urkunde, 373 und WRV, Art. 142 Anm. 2 (659).

[25] *Smend*, VVDStRL 4, 44 ff. In diesem Referat entwickelte Smend sein Verständnis der allgemeinen Gesetze (ebd. 51 ff.).

[26] VVDStRL 4, 67.

Köttgen billigten diese Formel und plädierten dafür, den Umfang der Lehrfreiheit nicht nach formalen Kriterien zu umschreiben; entscheidend sei allein die „ernsthafte" Intention der Wahrheitserkenntnis[27].

Dieser Wissenschaftsbegriff fand Eingang in das Schrifttum zu Art. 5 Abs. 3 GG[28] und wurde noch im Jahre 1962 von *Ridder* und *Stein* als „allgemein akzeptiert" ohne Diskussion übernommen[29]. Widerspruch keimte wahrscheinlich deshalb nicht auf, weil das Grundrecht der Wissenschaftsfreiheit bis in die Mitte der sechziger Jahre hinein von der Verwaltungspraxis bis auf unbedeutsame Ausnahmen respektiert worden war[30].

Schließlich sollte noch erwähnt werden, daß einige Autoren Art. 5 Abs. 3 GG als eine allein das Wissenschaftsverständnis des deutschen Idealismus umgreifende „Bildungsnorm" deuten und auf diesem Wege das Feld der außeruniversitären Zweckforschung zumindest nicht als Wissenschaft i. S. des Art. 5 Abs. 3 GG anerkennen[31].

2. Methodik, Systematik und Voraussetzungslosigkeit als Essentialia der Wissenschaftlichkeit?

Andere Autoren präzisierten den *Smend*schen Wissenschaftsbegriff und benannten — in deutlicher Anlehnung an lexikalische Formeln — Methodik, Systematik und logisches Vorgehen als wissenschaftsinhä-

[27] *Holstein*, 134; *Köttgen*, Universitätsrecht, 112; kritisch aber *Kitzinger*, 508.

[28] *Frohberg*, Diss. 59; *Thieme*, Hochschulrecht, 49; *derselbe*, DUZ 1960, Heft XI, 6; *Knoke*, DÖV 1967, 544 f.; *Brinkmann*, GG, Art. 5 Abs. 3 Anm. 5 b α; *Friesenhahn*, 16; *Wehrhahn*, in: Thieme / Wehrhahn, 70 f.; *Scheuner*, VVDStRL 22, 8 f.

[29] DÖV 1962, 363 Fußn. 15.

[30] Als Beispiel eines Konflikts zwischen der Wissenschaftsfreiheit und der Staatsraison der DDR ist der Fall Havemann zu nennen: Prof. Havemann wurde wegen seiner wissenschaftlichen Kritik an der SED und dem von ihr verfochtenen orthodoxen Marxismus-Leninismus gemaßregelt und Anfang 1964 aus dem Hochschullehreramt entlassen.

Zum Fall Havemann etwa: *Robert Havemann*, Rückantworten an die Hauptverwaltung „Ewige Wahrheiten", München 1971 (Serie Piper 8); in diesem Buch sind alle beanstandeten Aufsätze Havemanns veröffentlicht. Zur Wissenschaftsfreiheit in der DDR-Verfassung unten 2. Teil, 1. Abschnitt, Fußn. 50.

[31] Eindeutig etwa *Köttgen*, Freiheit der Wissenschaft, 301: „Auch für das Grundgesetz bedeutet die Freiheit der Wissenschaft eben nicht eine Frage sozialer efficiency, sondern der Bildung ... Damit wird dann allerdings zugleich die zugespitzte Polarität dieser Bildungsnorm gegenüber politischen und sozialen Kräften evident." Noch schärfer *Smend*, VVDStRL 4, 61 und 62 f. Unklar bleibt die verfassungsrechtliche Stellung der Zweckforschung bei *Evers*, Diskussionsbeitrag, VVDStRL 27, 208 f., *Oppermann*, 413 Fußn. 5 und *Thieme*, Hochschulrecht, 55 f. Zum Problem noch *Köttgen*, Grundrecht, 25 Fußn. 15 a.

rente Merkmale[32]. Schließlich führten *Bettermann, Hesse, v. Simson* u. a. einen neuen Gesichtspunkt in die Diskussion des verfassungsrechtlichen Wissenschaftsbegriffs ein. Nach ihrer Auffassung ist die „Voraussetzungslosigkeit" oder die Freiheit von „weltanschaulichen Apriori" und „wissenschaftstranszendenten Zielen"[33] ein Essentiale wissenschaftlichen Erkennens auch i. S. der Verfassung. Die von vielen Wissenschaftstheoretikern geforderte „Voraussetzungslosigkeit"[34] prägt nach dieser Ansicht auch den Rechtsbegriff Wissenschaft.

In diesem Zusammenhang sei auf die praktische Auswirkung dieses Wissenschaftsbegriffs hingewiesen. Definierte man Wissenschaft als das voraussetzungslose Erkenntnisstreben, so bereitete es zumindest Schwierigkeiten, die Position des orthodoxen Marxismus-Leninismus als Wissenschaft i. S. der Verfassung zu respektieren. Dieses Wissenschaftsverständnis zeichnet sich nämlich gerade dadurch aus, daß es insbesondere die Geistes- und Sozialwissenschaften an das Axiom der Parteilichkeit kettet. So formuliert *Klaus Müller* in bemerkenswerter Offenheit: „Andererseits schließt natürlich die wissenschaftliche Objektivität bei der Erklärung gesellschaftlicher Erscheinungen die Parteilichkeit und den Klassenstandpunkt in sich ein, d. h. sie verpflichtet direkt, sowohl hinsichtlich der Bewertung der Tatsachen als auch der historisch-kritischen Wertung der Theorie den Standpunkt der Arbeiterklasse einzunehmen[35]."

---

[32] *v. Mangoldt / Klein*, GG, Art. 5 Anm. X 4 a (254 f.); *Maunz*, in: Maunz / Dürig / Herzog, GG, Art. 7 Rdn. 61; *Schmidt*, GA 1966, 105; *Frohberg*, RiA 1957, 118; so auch *Wehrhahn*, Lehrfreiheit und Verfassungstreue, 13: Wissenschaft als „Erkenntnis der Wirklichkeit, und zwar eine in rational aufgebauter und darum nachprüfbarer und überlieferbarer Methode vor sich gehende Erkenntnis der Wirklichkeit"; ähnlich *Löffler*, Presserecht I, 388: „Wissenschaft, Forschung und Lehre ist das Streben nach Erkenntnis mit den Mitteln des Verstandes und der Logik gemeinsam."

[33] *Hesse*, Grundzüge, 162 f.; *Bettermann*, Universitätstage 1963, 66, 69; ähnlich *Huber*, Verfassungsgeschichte IV, 962 f.; *Köttgen*, Universitätsrecht, 50, spricht von der „Preisgabe eines Wissenschaftsbegriffes, der von ein für allemal feststehenden, autoritativ bekräftigten wissenschaftlichen Grundeinsichten ausging, deren Überlieferung die eigentliche Aufgabe des wissenschaftlichen Forschers war"; *v. Simson*, VVDStRL 29, 9 f., klassifiziert die wissenschaftliche Aussage als eine prinzipiell widerlegbare Aussage; ähnlich *derselbe*, Die Souveränität im rechtlichen Verständnis der Gegenwart, 209 f. Zu diesem Postulat der Wissenschaft im Rechtssinn noch *Bluntschli*, 453 f. und — zu Art. 142 WRV — *Kitzinger*, 462.

[34] Zur Terminologie oben Fußn. 5 zu diesem Abschnitt.

[35] *Müller*, Wissenschaftliche Erkenntnis und sozialistische Ideologie, in: Deutsche Zeitschrift für Philosophie (DDR), 1970 (18), 931, 938; symptomatisch auch ein Beschluß des Politbüros des ZK der SED vom 22. Oktober 1968 (bei *Mampel*, 423). Die Freiheit der Wissenschaft hat nach Auffassung von *Wittich* (Kriterien des Kampfes für eine freie Wissenschaft, in: Deutsche Zeitschrift für Philosophie (DDR), 1968 (16), 1344, 1345 f.) die folgenden Voraussetzungen: „Kriterium für eine freie Wissenschaft kann demnach nicht sein, wie die bürgerliche Propaganda tagtäglich behauptet, ob in einer Gesellschaft jede beliebige bürgerlich-ideologische Konzeption verbreitet ist

3. Die Vorschläge der Rechtsprechung

Im Rahmen der skizzierten Lehrmeinungen bewegt sich auch die Rechtsprechung[36]. Das BVerwG präsentiert im 29. Band eine sorgfältige, fast eine Textseite umfassende Definition des verfassungsrechtlichen Wissenschaftsbegriffs, die systematisches und methodisches Erkennen als hervorstechende Kriterien der Wissenschaftlichkeit benennt[37]. Die bekannte Entscheidung zum politischen Mandat greift dagegen — fast resignierend — auf die *Smend*sche Formel zurück, nach der Forschung das Bemühen um Erkenntnis und Lehre die Verkündung der Wahrheit darstellen[38].

Das BVerfG hat sich bisher erst in zwei Urteilen zum verfassungsrechtlichen Wissenschaftsbegriff geäußert. Im KPD-Urteil stellte das BVerfG klar, daß auch die wissenschaftliche Position des Marxismus-Leninismus an der Wissenschaftsfreiheit partizipiere[39]. Insoweit scheint das Gericht zumindest nicht die Auffassung von *Bettermann, Hesse* und *von Simson* zu teilen, wonach Art. 5 Abs. 3 GG allein den Wissenschaftler schütze, der sich von „weltanschaulichen Apriori“ befreit habe. In seinem Urteil zum Niedersächsischen Vorschaltgesetz[40] hat das BVerfG schließlich die Gelegenheit versäumt, das Verhältnis des Art. 5 Abs. 3 GG zu den skizzierten metajuristischen Wissenschaftsbegriffen zu bestimmen. Zwar meint das BVerfG, daß Art. 5 Abs. 3 GG „nicht eine bestimmte Wissenschaftstheorie schützen will“[41]. Die weitere Feststellung, die Wissenschaftsfreiheit erstrecke sich „auf jede wissenschaftliche Tätigkeit, d. h. auf alles, was nach Inhalt und Form als ernsthafter „planmäßiger Versuch zur Ermittlung der Wahrheit anzusehen ist“[42], rechtfertigt aber den Schluß, daß auch das BVerfG der Smendschen inhaltlichen Definition des verfassungsrechtlichen Wissenschaftsbegriffs zuneigt. Es erscheint zumindest fraglich, ob das Gericht eine wie auch

---

oder gar ihr entsprechend gehandelt wird. Im Gegenteil, Freiheit der Wissenschaft ist notwendig an die Zerschlagung der bürgerlichen Ideologie gebunden. Wo diese herrscht, ist bestenfalls eine wissenschaftliche Teilerkenntnis des Verhältnisses von Wissenschaft und Gesellschaft möglich.“ Zum Wissenschaftsbegriff des Marxismus etwa *Ernst Bloch*, Der Wissenschaftsbegriff des Marxismus, in: Wissenschaft in kommunistischen Ländern (Hrsg.: Dietrich Geyer), Tübingen 1967, 9 ff. und die Ausführungen von *Lobkowicz*, Politische Studien, 204/1972, 372 m. w. N.

[36] Zur neuesten Rechtsprechung *Ossenbühl*, AöR 98 (1973), 403 ff.

[37] BVerwGE 29, 77 f.

[38] BVerwGE, 34, 39, 77. Zum politischen Mandat finden sich zahlreiche Nachweise bei *von Mutius*, Verw. Arch. 1972, 453 ff. und bei *Ossenbühl*, AöR 98 (1973), 361, 403 ff.

[39] BVerfGE 5, 85, 146.

[40] BVerfGE 35, 79 ff.

[41] BVerfGE 35, 113.

[42] BVerfGE 35, 113.

immer strukturierte „wissenschaftliche Praxis" als Wissenschaft i. S. des Art. 5 Abs. 3 GG akzeptieren würde.

Die wohl überwiegende Ansicht in Lehre und Rechtsprechung ist somit der Versuchung erlegen, den verfassungsrechtlichen Wissenschaftsbegriff mit einem bestimmten metajuristischen Wissenschaftsverständnis auszufüllen: außerrechtliche Begriffe wie das ernsthafte Streben nach Erkenntnis der Wahrheit, Methodik, Systematik, Logik und Voraussetzungslosigkeit bilden nach dieser Auffassung die Glieder des verfassungsrechtlichen Wissenschaftsbegriffs.

4. Die Auffassung des beamtenrechtlichen Schrifttums zum Begriff der wissenschaftlichen Nebentätigkeit i. S. des § 66 Abs. 1 Nr. 2 BBG

Wie schon eingangs angedeutet wurde, herrscht im beamtenrechtlichen Schrifttum ein heftiger Streit über den Begriff der wissenschaftlichen Nebentätigkeit. So versagt die weitaus h. M. einem Beamten das Privileg des § 66 Abs. 1 Nr. 2 BBG, wenn er — im Rahmen einer Nebenbeschäftigung (§ 1 Abs. 3 BNebtVO) oder eines Nebenamtes (§ 1 Abs. 2 BNebtVO) — „lehrt": an einer Universität, einer Fachhochschule, einer Volkshochschule, Verwaltungsakademie oder einer Verwaltungsschule[43]. Die insbesondere von *Ule* und *Weimar* vertretene Minderansicht, nach der diese Tätigkeiten wegen ihres wissenschaftlichen Charakters genehmigungsfrei sind, hat sich bisher nicht durchgesetzt[44].

Ob der hier skizzierte, auch für die Auslegung des § 66 Abs. 1 Nr. 2 BBG maßgebliche Wissenschaftsbegriff der h. M. die Aufgabe erleichtert, den Anwendungsbereich des Rechts der wissenschaftlichen Nebentätigkeit zu bestimmen, ist zumindest zweifelhaft: Ein Beamter würde im Streitfall seiner obersten Dienstbehörde gegenüber immer die Auffassung vertreten, sein außerdienstlicher Lehrvortrag beruhe auf der „ernsthaften" Intention der Wahrheitserkenntnis und erfülle das Gesetz methodischen Erkenntnisstrebens.

II. Kritik dieser inhaltlichen Definitionen

1. Keine Eignung für die Rechtspraxis

Die unterschiedlichen Formeln der h. M. widersprechen bereits einer der Prämissen, denen jede Bestimmung des verfassungsrechtlichen

[43] *Leusser / Gerner / Kruis*, Bay. BG., Art. 75 Rdn. 2; *Hefele / Schmidt*, Bay. BG., Art. 75 Rdn. 3; *Kümmel*, NBG, § 74 Rdn. 7; *Pillat / Claußen*, HBG, § 68 Rdn. 3; *Bernard / Hoffmann*, BWLBG, § 78 Rdn. 3; *Schütz*, DöD 1959, 126.

[44] *Ule*, BRRG, § 42 Rdn. 3; *Weimar*, ZBR 1961, 70 f.; *derselbe*, RiA 1956, 8.

Wissenschaftsbegriffs genügen muß: sie erlauben keine halbwegs praktikable Abgrenzung der Wissenschaftsfreiheit von der Meinungsfreiheit und belasten die Auslegung des Art. 5 GG mit einer unter dem Blickwinkel der Rechtsstaatlichkeit zumindest unbefriedigenden Rechtsunsicherheit[45].

Ist nämlich Wissenschaft — um zunächst die von vielen Interpreten des Art. 5 Abs. 3 GG übernommene Definition *Smends* zu diskutieren — das ernsthafte, von hoher *intentioneller* Wertung geprägte Bemühen um Erkenntnis der Wahrheit, so stellt sich notwendig die Frage, unter welchen Voraussetzungen eine Betätigung das Prädikat der Wissenschaftlichkeit verdient. Diesem Einwand kommt besondere Bedeutung zu, weil nach dem Urteil einzelner Verfechter dieses Wissenschaftsbegriffs formale Kriterien — so etwa der Phänotyp einer den Schutz des Art. 5 Abs. 3 GG fordernden Erkenntnis — gerade keine Aussage über die Ernsthaftigkeit dieser Wahrheitserkenntnis und damit über ihre Wissenschaftlichkeit i. S. der Verfassung erlauben[46]. Eine entscheidende Schwäche der Formel Smends besteht somit darin, daß sie die Anwendung des Grundrechts der Wissenschaftsfreiheit vom wissenschaftlichen Selbstverständnis des Bürgers abhängig macht, der sich auf das Grundrecht beruft: das staatliche Organ, das — als Richter oder im Fall der wissenschaftlichen Nebentätigkeit: als Dienstvorgesetzter des Beamten — über die Wissenschaftlichkeit urteilen müßte, hätte eine innere Haltung des Bürgers zu berücksichtigen, einen Umstand also, der sich einer praktikablen rechtlichen Wertung weitgehend verschließt[47].

Die hier vorgetragene Kritik an der Formel *Smends* und der h. M. ist jedoch vor einem möglichen Einwand abzuschirmen. Da Smend die ernsthafte Intention der Wahrheitserkenntnis als ein auch die Wissenschaftlichkeit im Rechtssinn indizierendes Essentiale ausweist, eröffne zumindest der Wahrheitsbegriff — so könnte argumentiert werden —

[45] Das Ziel einer praktikablen Umschreibung des Wissenschaftsbegriffs betonen insbesondere *Müller*, Freiheit der Kunst, 36, 40, 47 und *Köttgen*, Freiheit der Wissenschaft, 301, unter Hinweis auf den unbestimmten Rechtsbegriff „Wissenschaft"; ähnlich *Erbel*, DVBl. 1969, 864 zum Kunstbegriff.

[46] Nachweise in Fußn. 27 zu diesem Abschnitt.

[47] So *Leisner*, Diskussionsbeitrag, VVDStRL 28, 112 zu der entsprechenden Problematik bei der Bestimmung des Gewissensbegriffs i. S. des Art. 4 Abs. 1 GG: „Aber ich meine nicht, daß man Gewissensfreiheit so definieren kann, daß sie die Entscheidung zu ernsthaftem Handeln, zu jedem ernsthaften Tun betreffe. Gewissenstäter wäre ja dann etwa derjenige, ... welcher ernsthaft publizistisch tätig wird und sich auf Art. 5 berufen kann, oder aber derjenige, welcher ernsthaft eine politische Meinung äußert und auch durch Art. 5 geschützt ist — sie alle würden die Freiheit des Gewissens in Anspruch nehmen können." *Rothenbücher* stimmte zwar in seinem Schlußwort der Formel *Smends* zu, meinte aber einschränkend, „daß es immer unangenehm ist, wenn man auf ein Gesinnungsmerkmal abstellen muß", VVDStRL 4, 95.

einen Weg für eine Eingrenzung der von der Verfassung umhegten Formen wissenschaftlichen Wirkens. Diese mögliche Verteidigung des Smendschen Wissenschaftsbegriffs könnte jedoch nicht überzeugen. Zwar akzeptieren wohl alle wissenschaftstheoretischen Richtungen das Ziel der Wahrheitsfindung als eine conditio sine qua non wissenschaftlichen Erkennens[48]. Ein Blick in das außerrechtliche Schrifttum offenbart aber einen kaum überraschenden Befund: der Wahrheitsbegriff ist weiterhin so heftig umstritten[49], daß sich der Verfassungsinterpret, der sich um eine präzise Definition bemüht, davor hüten sollte, den Rechtsbegriff Wissenschaft mit Hilfe eines ungeklärten metajuristischen Begriffs zu verwässern, wenn nicht völlig aufzuweichen. Entschiede er sich nämlich für die Formel Smends, so müßte er auch den Wahrheitsbegriff in ein rechtliches Gewand kleiden, also im außerrechtlichen Streit um den Wahrheitsbegriff „Farbe bekennen". Noch schärfer formuliert: Determinierte er mit Smend u. a. Wissenschaft i. S. der Verfassung als ernsthaftes Bemühen um Erkenntnis der Wahrheit, so müßte er sich den Vorwurf gefallen lassen, das Problem des verfassungsrechtlichen Wissenschaftsbegriffs auf die Ebene des diffusen Wahrheitsbegriffs zu verlagern, ja letztlich das Problem durch den Gebrauch einer tautologischen Formel zu „lösen"[50].

Diese hier dargestellten Schwächen des von *Smend* vertretenen Wissenschaftsbegriffs scheint die insbesondere vom BVerwG im 29. Band und von *v. Mangoldt / Klein* vertretene Auffassung zu vermeiden, nach der systematisches und methodisches Vorgehen sowie eine logische Argumentation wissenschaftsinhärente Merkmale bilden. Doch diese Hoffnung täuscht. Auch die Bestimmung der metajuristischen Termini technici „Methode" und „Systematik" ist zumindest mit erheblichen Schwierigkeiten belastet[51]. Diese Unsicherheit sollte der Jurist nicht in

[48] *Diemer*, Was heißt Wissenschaft?, 53 ff.; *Wohlgenannt*, Über eine Untersuchung des Begriffs der Wissenschaft, 248 f.

[49] Dazu etwa *Zippelius*, Über die Wahrheit von Werturteilen, in: Festgabe für Theodor Maunz zum 70. Geburtstag am 1. September 1971 (Hrsg.: Hans Spanner u. a.), 507 ff. m. w. N. in Fußn. 3. Zum Wahrheitsbegriff der Rechtswissenschaft vgl. *Adomeit*, JuS 1972, 628 mit Erwiderung von *Meyer*, JuS 1973, 202 und *Schmidt*, JuS 1973, 204.

[50] So besonders scharf *Müller*, Freiheit der Kunst, 36, 40, 43, gegen die vielfältigen Versuche einer inhaltlichen Bestimmung des Kunstbegriffs; gegen eine Verwertung des Wahrheitsbegriffs bei der Definition des Wissenschaftsbegriffs auch *Knemeyer*, Lehrfreiheit, 29 Fußn. 61. Knemeyer hält dennoch die „Orientierung an der Wahrheit" für ein Merkmal der Wissenschaftlichkeit! (ebd. 25).

[51] Zum Kriterium des „methodischen Vorgehens" etwa *Wohlgenannt*, Was ist Wissenschaft?, 57, mit Hinweisen auf eine wissenschaftstheoretische Richtung, die „Wissenschaftlichkeit" schon bejaht, wenn „irgendwie" gewonnene Erkenntnisansprüche nachprüfbar sind. Nach überwiegender Ansicht ist Methode als „planmäßiges Verfahren zur Erreichung eines Zieles, als welches das Erkennen bzw. die theoretische Wahrheit fungiert" (*Diemer*, Philosophie I, 440). Diemer (ebd. 437) bezeichnet diese Formel selbst als „etwas" beliebig, da sie die speziellen wissenschaftlichen Methoden nicht umgreife.

die Exegese des Art. 5 Abs. 3 GG hineintragen. In welche Untiefen der Verfassungsinterpret dabei geraten kann, zeigt der Versuch des BVerwG, den Rechtsbegriff Wissenschaft abschließend zu definieren[52]. Angesichts der komplexen Formel des BVerwG[53] muß man jenen Autoren beipflichten, die nachdrücklich davor warnen, die in Art. 5 Abs. 3 GG angesiedelte Problematik mit Hilfe philosophischer oder gar wissenschaftstheoretischer Begriffsbestimmungen aufzuhellen[54] und damit der Philosophie oder der Wissenschaftstheorie Verfassungsrang zu verleihen.

Diese Überlegungen bestätigen die oben formulierte These, daß eine Übernahme metajuristischer Umschreibungen des Wissenschaftsbegriffs der Rechtsunsicherheit in einer mit dem Rechtsstaatsprinzip kollidierenden Weise Tür und Tor öffnete und außerdem eine Abgrenzung der Wissenschaftsfreiheit von der Meinungsfreiheit illusorisch machte.

Allein dieser Gedanke könnte noch nicht erfolgreich gegen die dritte Variante einer inhaltlichen Bestimmung des verfassungsrechtlichen Wissenschaftsbegriffs ins Feld geführt werden, nämlich gegen den Vorschlag von *Bettermann, Hesse* und *v. Simson,* unter Wissenschaft i. S. des Art. 5 Abs. 3 GG allein das von Vorurteilen jeglicher Art befreite Erkenntnisstreben zu verstehen. Dieser Wissenschaftsbegriff kann durchaus in einzelne für die Rechtspraxis taugliche Glieder zerlegt werden. Ob sich ein Wissenschaftler etwa freiwillig einem Axiom religiöser oder weltanschaulicher Art unterworfen hat, ist zumindest leichter nachzuweisen als die von ihm behauptete „ernsthafte" Intention der Wahrheitserkenntnis oder gar „systematisches" und „methodisches" Vorgehen. So fehlt einem vorurteilsbefangenen Wissenschaftler etwa die Bereitschaft, seine wissenschaftliche Erkenntnis — sie hat sich bei ihm zu einem wissenschaftlichen Bekenntnis verdichtet — zumindest in Frage zu stellen[55].

---

[52] BVerwGE 29, 77 f.

[53] Das BVerwG definiert Wissenschaft als „die Gesamtheit der Erkenntnisse auf einzelnen Wissensgebieten". Dieses Wissen werde unter den folgenden Voraussetzungen zur Wissenschaft: a) System, b) Methode und c) Objektivität und Systematik. Außerdem ließen sich die folgenden Stufen unterscheiden: a) Darstellen und Beschreiben, b) Erklären, c) Deuten, d) Verstehen und e) Beurteilen und Bewerten. Das BVerwG definiert auch diese immerhin neun Bestandteile des Wissenschaftsbegriffs und stellt mit dieser Formel die Rechtspraxis vor Schwierigkeiten, die kaum zu bewältigen sind.

[54] *Knemeyer,* Lehrfreiheit, 24; *Kitzinger,* 508; anders *Gebhard,* WRV, Art. 142 Anm. 2, der meint, die Abgrenzung der Begriffe Kunst und Wissenschaft i. S. der Verfassung obliege der Philosophie. Ähnlich die Rechtsprechung des BVerfG zum Gewissensbegriff, der nicht mit Hilfe philosophischer und theologischer Gewissensdeutungen zu bestimmen sei, BVerfGE 12, 45, 55; zustimmend *Majewski,* 95 f. und *Böckenförde,* VVDStRL 28, 66 f. mit dem Hinweis auf die Notwendigkeit, den Gewissensbegriff praktikabel zu umschreiben.

[55] Ein Beispiel findet sich bei *Wittich* (Kriterien des Kampfes für eine freie Wissenschaft, in: Deutsche Zeitschrift für Philosophie [DDR], 1968

2. *Die freiheitsbeschränkenden Wirkungen einer inhaltlichen Bestimmung des Wissenschaftsbegriffs*

Der wohl entscheidende Einwand gegen die von der h. M. in unterschiedlichen Spielarten vorgeschlagene inhaltliche Bestimmung des verfassungsrechtlichen Wissenschaftsbegriffs gründet sich aber auf das Telos der Wissenschaftsfreiheitsgarantie. Dieses Grundrecht ist nach überwiegender Ansicht eine Verfassungsnorm, die neben der Freiheit des einzelnen in seinem wissenschaftlichen Wirken auch den von der Verfassung vorausgesetzten kulturellen „Sachbereich" der Wissenschaft in seiner Eigengesetzlichkeit vor einer hoheitlichen Einmischung und Bevormundung abschirmen soll[56]. Dieser Aufgabe widerspricht — so möchte man argumentieren — jede inhaltliche Ausfüllung des Wissenschaftsbegriffs mit einem bestimmten außerrechtlichen Wissenschaftsverständnis. Das über die Geltung des Art. 5 Abs. 3 GG und seiner einfachgesetzlichen Ausformungen entscheidende staatliche Organ müßte bei der Subsumtion das Amt eines „Wissenschaftsrichters" ausüben: bei einer Bestimmung des Wissenschaftsbegriffs im Sinne der Formel *Smends* müßte es prüfen, ob ein Wissenschaftler, der sich auf das Grundrecht des Art. 5 Abs. 3 GG beruft, noch auf dem Boden des Idealismus steht[57]; die von *Bettermann, Hesse* und *v. Simson* gefor-

---

[16], 1344, 1346). Wittich stellt nach einer Skizze des Begriffs der zweckfreien Forschung fest: „Die genannte und ähnliche Meinungen über eine freie Wissenschaft verdienen aber nicht nur deshalb kritisiert zu werden, weil sie *falsch* sind." Eine Begründung für diese These sucht man vergebens.

[56] *Köttgen,* Freiheit der Wissenschaft, 302; *von Mangoldt / Klein,* GG, Art. 5 Anm. X 2 a (253); *Scheuner,* VVDStRL 22, 49 Fußn. 142; *Hesse,* Grundzüge, 162; *Knemeyer,* Lehrfreiheit, 19 f.; weitere Nachweise bei *Schmidt,* Fehldeutungen, 140 ff. Dieses Verständnis der Wissenschaftsfreiheit als eine institutionelle Garantie geht auf *Smend* zurück, nach dessen Ansicht Art. 142 WRV die „angemessene Rechtsstellung einer großen öffentlichen Institution" bedeutete, VVDStRL 4, 64; zustimmend *Kitzinger,* 459; *Anschütz,* WRV, Art. 142 Anm. 4 (660, 662), *Köttgen,* Universitätsrecht, 110. Etwa seit der Staatsrechtslehrertagung 1968 ist eine „Repersonalisierung" des Grundrechts zu beobachten, im Vordergrund steht wieder der einzelne Wissenschaftler, etwa bei *Geck,* VVDStRL 27, 160 Fußn. 56; *Weber,* Diskussionsbeitrag, VVDStRL 27, 194, 197; *Ipsen,* Dissussionsbeitrag, VVDStRL 27, 198 f.; *Rupp,* JZ 1970, 165 f. Gegen eine Vernachlässigung der individualrechtlichen Komponente der Wissenschaftsfreiheit schon *Dürig,* Grundrechtsverwirklichung, 91; *Wehrhahn,* Lehrfreiheit und Verfassungstreue, 46 f.; *Brinkmann,* GG, Art. 5 Abs. 3 Anm. 5 a, *α*. Vermittelnd formuliert das BVerfG im Hochschulurteil: „Art. 5 Abs. 3 Satz 1 GG erklärt Wissenschaft, Forschung und Lehre für frei. Damit ist nach Wortlaut und Sinngehalt eine objektive, das Verhältnis von Wissenschaft, Forschung und Lehre zum Staat regelnde wertentscheidende Grundsatznorm aufgestellt, die neben die in derselben Norm enthaltene Freiheitsverbürgung für den Bereich der Kunst tritt. Zugleich gewährt die Verfassungsbestimmung für jeden, der in diesen Bereichen tätig ist, ein individuelles Freiheitsrecht", (BVerfGE 35, 79, 112). Zu diesem Urteil Anm. von *Menger,* Verw. Arch. 1974, 75, *Schmidt,* BayVBl. 1974, 99, *Oppermann,* JZ 1973, 433, *Schlink,* DÖV 1973, 541.

[57] So gegen *Smends* Auslegung des Art. 142 WRV schon *Rothenbücher,* Diskussionsbeitrag, VVDStRL 4, 95.

derte Übernahme des Begriffs der voraussetzungslosen Wissenschaft führte dazu, jedem Wissenschaftler, der seine wissenschaftlichen Erkenntnisse zu einem politischen Axiom aufwertet, den Schutz des Art. 5 Abs. 3 GG zu versagen. Schon diese Beispiele indizieren deutlich die von *Köttgen* in bemerkenswerter Offenheit zugestandene freiheitsbeschränkende Wirkung jeder inhaltlichen Definition des verfassungsrechtlichen Wissenschaftsbegriffs[58].

Dennoch korrespondiert dem sachbezogenen Verständnis der Wissenschaftsfreiheit nicht *notwendig* ein Verbot, den Wissenschaftsbegriff mit einem außerrechtlichen Wissenschaftsverständnis auszufüllen. Die Verfassung hat nämlich in Art. 5 Abs. 3 GG den metajuristischen Begriff Wissenschaft zu einem Rechtsbegriff umgeformt[59] und sich damit möglicherweise für einen Wissenschaftsbegriff entschieden, der im allgemeinen oder im wissenschaftstheoretischen Sprachgebrauch zumindest umstritten ist[60]. Jede auf das Telos des Art. 5 Abs. 3 GG gestützte Kritik einer inhaltlichen Bestimmung des Wissenschaftsbegriffs muß sich daher fragen, ob nicht spezifisch verfassungsrechtliche Gründe — etwa der von der h. M. aus der formalen Schrankenfreiheit des Art. 5 Abs. 3 GG abgeleitete hohe Rang der Wissenschaftsfreiheit im Grundrechtskanon oder die Entstehungsgeschichte dieses fast nur dem deutschen Rechtskreis bekannten Grundrechts[61] — eine Eingrenzung des umhegten Sachbereichs auf bestimmte Formen wissenschaftlichen Erkennens verlangen.

Doch auch unter diesem kaum beachteten Blickwinkel[62] kann die h. M. nicht von dem Vorwurf befreit werden, sie etabliere mit ihren

---

[58] *Köttgen*, Freiheit der Wissenschaft, 301. Die freiheitsbeschränkende Wirkung besteht darin, daß nicht Art. 5 Abs. 3 GG, sondern Art. 5 Abs. 1 GG als sedes materiae derartiger Betätigungen eingreift.

[59] *Jesch*, AöR 82 (1957), 178 f.; *Radbruch*, 219: „Freilich übernimmt die Rechtswissenschaft keinen außerrechtswissenschaftlichen Begriff, ohne ihn zugleich umzuformen."

[60] Beispiel von *Jesch*, AöR 82 (1957), 179: „Weihnachtsmann im Sinne des Gesetzes ist auch der Osterhase."

[61] Ähnlich wie Art. 5 Abs. 3 S. 1 GG allerdings Art. 21 Abs. 1 der „Verfassung der Türkischen Republik" (vom 27. Mai 1961): „Jedermann hat das Recht, Wissenschaft und Kunst zu erlernen und zu lehren, sie auszuüben, mitzuteilen oder zu verbreiten und jegliche Art von Forschung auf diesen Gebieten zu betreiben." Diese Vorschrift befaßt sich im übrigen mit dem Erziehungswesen und lehnt sich insoweit an die Vorläufer des Art. 5 Abs. 3 S. 1 GG an (zitiert nach *Mayer-Tasch*, Die Verfassungen Europas, Stuttgart, 1966, 566). Zur Wissenschaftsfreiheit in Österreich vgl. *Binder*, Die verfassungsrechtliche Sicherung der Wissenschaftsfreiheit in Österreich, WissR 6 (1973), 1 ff.

[62] Richtig *Köttgen*, Freiheit der Wissenschaft, 301: „... die Möglichkeit, daß es vielleicht auch außerhalb dieses so abgegrenzten Bereiches ‚Wissenschaft' gibt, kann und soll dabei nicht bestritten werden. Nur daß das positive Recht diese sonstigen Erscheinungsformen der Wissenschaft nicht als solche, sondern als Meinung oder Bekenntnis werten muß." Auch *Kupfer*,

Spielarten einer inhaltlichen Definition des Wissenschaftsbegriffs ein verfassungswidriges „Wissenschaftsrichteramt“ der Verwaltung oder der Rechtsprechung.

Gegen die insbesondere von *Smend* und *Köttgen* vorgeschlagene Auslegung der Wissenschaftsfreiheit als „Bildungsnorm“ lassen sich zwei Argumente ins Feld führen. Zwar ist die Möglichkeit nicht auszuschließen, daß die Verfassungsgeber des 19. Jahrhunderts das Grundrecht der Wissenschaftsfreiheit mit einem Seitenblick auf das idealistische Wissenschaftsverständnis modelliert haben. Doch die Äußerungen einzelner Abgeordneter können zumindest als Indiz dafür gewertet werden, daß auch die Väter der historischen Wissenschaftsfreiheitsgarantie keinen bestimmten Wissenschaftsbegriff als allgemein-verbindlich „einfrieren“ wollten. Im Gegenteil, einige Stellungnahmen weisen das Grundrecht schon für das Stadium seiner Entstehung als eine verfassungsrechtliche Gewährleistung des „Wissenschaftspluralismus“ aus[63].

Der gegenwärtige Befund bestätigt dieses historische Argument gegen eine an das idealistische Wissenschaftsverständnis anknüpfende Interpretation des Art. 5 Abs. 3 GG als „Bildungsnorm“. Angesichts der Bedeutung der Wissenschaft als Motor des gesellschaftlich-technischen Fortschritts erschiene es unverständlich, das bedeutsame Feld der nicht vom Idealismus geprägten Industrie- und Auftragsforschung aus dem Bereich des Grundrechts der Wissenschaftsfreiheit auszugrenzen[64].

Ebenfalls abzulehnen ist der Vorschlag, die Wissenschaftsfreiheit auf das vorurteilsfreie — insbesondere von einer Bindung an weltanschauliche oder politische Axiomata befreite — Erkenntnisstreben zu beschränken. Zwar sollte die Wissenschaftsfreiheit nach ihrer inso-

WissR 4 (1971), 129 Fußn. 54 und *Scheuner*, VVDStRL 22, 8 f. gehen ohne Begründung davon aus, Art. 5 Abs. 3 GG tradiere einen bestimmten Wissenschaftsbegriff. Sie unterscheiden somit implicite zwischen der „Sache“ der Wissenschaft i. S. der Verfassung und i. S. des allgemeinen und/oder wissenschaftstheoretischen Sprachgebrauchs.

[63] So formulierte der Berichterstatter im Rahmen der Revision der oktroyierten Verfassung von 1848 vor der 1. preußischen Kammer im Herbst 1849: „... die Wissenschaft geht in konsequenter Untersuchung ihren eigenen Weg; sie elucidirt durch diejenigen, welche sich bei derselben betheiligen, die wissenschaftlichen Wahrheiten in Kampf und Widerspruch mit einander und kann es unmöglich der Gesetzgebung gestatten, auf diesen Kampfplatz hemmend eintreten zu wollen.“ (Sten. Berichte, 1. Kammer, 1038).

[64] *Schelsky*, 178, 183 f., meint ebenfalls, das GG habe sich deutlich vom humanistisch-idealistischen Wissenschaftsbegriff abgekehrt; noch schärfer *Roellecke*, der die These aufstellt, die Väter des GG hätten die Konzeption *Smends* nicht einmal diskutiert, JZ 1969, 728 unter Hinweis auf die in der Bibliothek des BVerfG vorhandenen vollständigen Materialien zum GG; gegen eine Auslegung des Kunstbegriffs in Anlehnung an idealistische Kunstvorstellungen zu Recht *Knies*, 148 ff., insbesondere 153. Gegen Smend neuerdings *Zwirner*, AöR 98 (1973), 330: „Doch eine ‚Forschungsfreiheit im Sinne des deutschen Idealismus‘ gibt es nicht.“

weit eindeutigen Entstehungsgeschichte den einzelnen Wissenschaftler vor einer Verpflichtung auf „absolute Wahrheiten" abschirmen[65], man denke etwa an die mit den berüchtigten Karlsbader Beschlüssen verknüpften Restriktionen der akademischen Lehrfreiheit[66]. Diese politische Funktion der Wissenschaftsfreiheit impliziert aber nicht als Korrelat eine Pflicht des Wissenschaftlers, auf eine Proklamation wissenschaftlicher Überzeugungen — Bekenntnisse — zu verzichten, um nicht den Schutz des Grundrechts der Wissenschaftsfreiheit zu verlieren[67]. Die fehlende Bereitschaft eines Wissenschaftlers, seine Erkenntnisse stets in Frage zu stellen und notfalls öffentlich zu korrigieren, dürfte zwar auf die Kritik vieler Wissenschaftler stoßen[68]. Den in Art. 5 Abs. 3 GG angelegten verfassungsrechtlichen Schutz sollten derartige Äußerungen jedoch erst verlieren, wenn der Vorurteilen verhaftete Wissenschaftler ein seinem Axiom widersprechendes Wissenschaftsver-

---

[65] So formulierte *Schierenberg* in der Paulskirche: „Wir alle sind einverstanden darin, daß die Wissenschaft frei sein muß, daß es künftig keinem Galilei mehr geboten werden solle, die Umdrehung der Erde zu leugnen, daß kein Ministerium Eichhorn wieder sich einmischen soll in die Lehrsätze der theologischen Wissenschaft" (bei *Wigard*, Sten. Bericht, Band 3, 2177). Der preußische Kultusminister v. Eichhorn (1779 - 1856) entzog 1842 dem Bonner Privatdozenten Bruno Bauer wegen dessen scharfer Evangelienkritik die venia legendi; zu diesem Vorfall *Huber*, Verfassungsgeschichte II, 278 Fußn. 38. Eichhorn ließ sich noch in einem anderen Fall zu einem Eingriff in die akademische Freiheit verleiten: F. C. Dahlmann hatte während eines Fackelzuges vor Bonner Studenten die Auffassung vertreten, „selbst England und Frankreich (müßten) Deutschland um seine Universitäten beneiden ... Mag man immerhin an uns zerren und zwacken, modeln und hofmeistern, der tiefe, freie Geist deutscher Hochschulen wird dennoch den Sieg davontragen". v. Eichhorn deutete diese Äußerungen als Hochverrat und warf Dahlmann vor, er fördere revolutionäre Tendenzen (zitiert nach *Schwinge*, 181).

[66] Nach § 1 des Universitätsgesetzes („Provisorischer Bundesbeschluß über die in Ansehung der Universitäten zu ergreifenden Maßregeln") vom 20. September 1819 sollte an jeder Universität ein „landesherrlicher Bevollmächtigter" eingesetzt werden. Weiter heißt es in § 1 dieses Gesetzes: „Das Amt dieses Bevollmächtigten soll sein, ... den Geist, in welchem die akademischen Lehrer bei ihren öffentlichen und Privatvorträgen verfahren, sorgfältig zu beobachten, und demselben, jedoch ohne unmittelbare Einmischung in das Wissenschaftliche und die Lehrmethoden, eine heilsame, auf die künftige Bestimmung der studierenden Jugend berechnete Richtung zu geben ..." (zitiert nach *Huber*, Dokumente 1, Nr. 31). In Baden erhielt dieser Bevollmächtigte das Recht, die Hefte der Studenten zu untersuchen und vom kirchlichen oder politischen Dogma abweichende Lehrer zurechtzuweisen. Der akademische Senat von Freiburg protestierte dagegen, allerdings ohne Erfolg (zitiert nach *v. Rönne*, Das Unterrichtswesen des Preußischen Staates, Band 2, Berlin 1855, 379 Fußn. 1).

[67] Richtig *Schmidt*, GA 1966, 105, der mit einem Blick auf den historischen und dialektischen Materialismus bemerkt, auch Wissenschaft i. S. der Verfassung könne „engagiert" sein; zu eng *Knemeyer*, der die „Orientierung" an der Wahrheit und nicht an einem geforderten oder gewünschten Ergebnis als wissenschaftsinhärentes Merkmal bezeichnet (Lehrfreiheit, 25).

[68] Zu diesem Kriterium der Wissenschaft etwa *Löwenthal*, 40, und *v. Simson*, VVDStRL 29, 10.

ständnis als „bürgerlich", unwissenschaftlich abkanzelt und damit das Gesetz des Wissenschaftspluralismus verwirft.

Um die bisherigen Überlegungen zusammenzufassen: Die von der wohl h. M. in Lehre und Rechtsprechung präsentierten inhaltlichen Definitionen des Wissenschaftsbegriffs sind abzulehnen, weil sie — wie der unübersichtliche Meinungsstand zum Begriff der wissenschaftlichen Nebentätigkeit i. S. des § 66 Abs. 1 Nr. 2 BBG belegt — den Richter oder Verwaltungsbeamten zur Subsumtion unter komplexe Glieder wissenschaftstheoretischer Begriffe zwingen und damit Zufallsergebnisse in die Auslegung des Art. 5 Abs. 3 GG hineintragen. Außerdem wirken diese Definitionen freiheitsbeschränkend, da ihre Verfechter divergierenden Wissenschaftsauffassungen den Schutz des Art. 5 Abs. 3 GG versagen, ohne hierfür eine überzeugende Begründung ins Feld zu führen.

Im folgenden wird sich zeigen, daß auch der verfassungsrechtliche Ableger der „Kritischen Theorie" — die Lehre vom Definitionsverbot — keinen Zauberstab für eine Problemlösung liefert.

C. Art. 5 Abs. 3 GG als Grundlage eines „Definitionsverbotes"?

I. Der Tenor dieser Lehrmeinung

In völliger Abkehr von den bisher diskutierten Positionen im Streit um den Wissenschaftsbegriff haben *Leibfried* und *Preuß* — zwei Vertreter der „Neuen Linken" — im Zusammenhang mit dem Streit über das politische Mandat eine Lehrmeinung entwickelt, die dem Juristen das Recht verwehrt, den verfassungsrechtlichen Wissenschaftsbegriff überhaupt zu definieren: „... Ein Rechtsbegriff ‚Wissenschaft', der von relevanten Gruppen forschender und lehrender Wissenschaftler nicht anerkannt wird, wäre, selbst wenn er auf dem Umweg über eine richterliche Entscheidung geprägt würde, ein durch Art. 5 Abs. 3 verbotener Eingriff in die Wissenschaftsfreiheit"[69]. Nach dieser Lehre korrespondiert somit einem dem staatlichen Organ — etwa dem Richter oder

---

[69] *Preuß,* 105; ähnlich *Leibfried,* RdJ 1970, 182; derselbe, Kritische Justiz 1968, 40 f. Fußn. 41; so — noch thesenartig — *Leibfried / Preuß,* 348; wie Leibfried und Preuß wohl auch *Havemann,* Gutachten, 126 f. und *Hofmann,* Gutachten, 129 f. und *Köttgen,* Grundrecht, 39: „... der Staat mag zwar wohl seine Verfassung, aber nicht mit dem gleichen Recht auch die von dieser verwandten Begriffe Wissenschaft oder gar Kirche zu interpretieren." Für das Verbot einer Definition des verfassungsrechtlichen Kunstbegriffs *Bettermann,* Universitätstage 1963, 69; allein der Künstler entscheide über das, was Kunst sei. Den Wissenschaftler verpflichtet Bettermann dagegen auf den Begriff der voraussetzungslosen Wissenschaft, Universitätstage 1963, 66, 69.

Verwaltungsbeamten — auferlegten Verbot einer Definition des Wissenschaftsbegriffs das Gebot, bei der Auslegung des Art. 5 Abs. 3 GG alle „relevanten" Wissenschaftsauffassungen mit dem in Art. 5 Abs. 3 GG vorgesehenen Schutz auszustatten. Damit entfällt — so scheint es zumindest — der Vorwurf, auch diese Lehrmeinung etabliere ein mit dem Telos des Art. 5 Abs. 3 GG unvereinbares „Wissenschaftsrichteramt".

Die Auffassung von *Leibfried* und *Preuß* besticht zunächst. Intendiert Art. 5 Abs. 3 GG nämlich den Schutz des eigengesetzlichen Sachbereichs Wissenschaft vor einer staatlichen Einmischung und Bevormundung, so liegt es nahe, die Entscheidung über die Wissenschaftlichkeit eines Erkenntnisprozesses auf Wissenschaftler zu übertragen, die das „eigene Gesetz" der Wissenschaft prägen.

Die Reichweite dieser Interpretation der Wissenschaftsfreiheit liegt auf der Hand. Neben dem an das Axiom der Parteilichkeit geketteten Wissenschaftsbegriff des Marxismus-Leninismus würde auch ein neu aufkeimendes faschistisches Wissenschaftsverständnis[70] als „relevant" an der Garantie des Art. 5 Abs. 3 GG partizipieren. Diese Auslegung dürfte kaum auf den Beifall der Verfechter der Lehre vom Definitionsverbot hoffen[71]. Schließlich würde diese Auffassung — und darin liegt ihre in das Recht der wissenschaftlichen Nebentätigkeit hineingreifende Bedeutung — die von der h. M. immer noch sorgfältig durchgeführte Unterscheidung[72] zwischen der nach Art. 5 Abs. 3 GG geschützten doctrina, der „objektiven Analyse — Wissenschaft im instrumentellen, engeren, restringierten Sinn"[73] — und einer diffusen „politischen actio", der „wissenschaftlichen Praxis"[74] einebnen: diese Betätigungen verdienten in gleicher Weise das Prädikat der Wissenschaftlichkeit im Sinne der Verfassung und des § 66 Abs. 1 Nr. 2 BBG. Sollte ein Beamter z. B. außerhalb seines Amtes in wissenschaftlich „relevanter" Weise die politische Arena betreten, so stünde ihm — etwa in einem Disziplinarverfahren — immerhin das mit einem besonderen Rang ausgestattete Grundrecht der Wissenschaftsfreiheit zur Seite.

---

[70] Zum Wissenschaftsverständnis des Nationalsozialismus etwa die Nachweise bei *Topitsch*, 11 ff. und *Rothenbücher*, Gruchot 72, 139 Fußn. 4. Zur Wissenschaft im Dritten Reich *Karl Jaspers*, Die Wissenschaft im Hitlerstaat, in: Konstanzer Blätter für Hochschulfragen, 1965, Heft 7, 5.

[71] Dazu die Feststellung von *Agnoli:* Diskussionsbeitrag, in: Das politische Studio, Was ist los an der FU Berlin? NDR III vom 27. März 1972: Der „Wissenschaftspluralismus" erstrecke sich nicht auf die faschistische Weltanschauung, da diese keinen eigenen methodischen Ansatz entwickelt habe.

[72] Nachweise in Fußn. 165 zu diesem Abschnitt.

[73] *Leibfried*, Kritische Justiz 1968, 40 Fußn. 40 m. w. N.

[74] *Stuby*, 166, zitiert bei Fußn. 9 zu diesem Abschnitt.

II. Die Einwände gegen ein Definitionsverbot

Angesichts des fast bahnbrechenden Charakters dieser neuen Lehrmeinung überrascht es, daß die verfassungsrechtliche Literatur und auch die Rechtsprechung von ihr bisher kaum Notiz genommen haben[75]. Die folgende Kritik der Lehre vom Definitionsverbot wird insbesondere das Argument in die Waagschale legen, allein ein Verbot einer Definition des Wissenschaftsbegriffs werde dem Telos der Garantie des Art. 5 Abs. 3 GG gerecht.

1. *Definitionsverbot und „Wissenschaftspluralismus"*

Wie oben [75a] dargestellt wurde, verbietet Art. 5 Abs. 3 GG ein staatliches Wissenschaftsrichteramt: Da dieses Grundrecht neben der Freiheit des einzelnen Wissenschaftlers auch die Freiheit des Sachbereiches Wissenschaft in seiner Eigengesetzlichkeit und damit die wissenschaftliche Meinungsvielfalt schützen soll, ist das über den Anwendungsbereich der Wissenschaftsfreiheit urteilende staatliche Organ von der Aufgabe zu entbinden, hoheitlich in den wissenschaftlichen Meinungsstreit einzugreifen und lediglich einzelnen Wissenschaftsauffassungen den Schutz des Art. 5 Abs. 3 GG zu gewähren. Gerade die Lehre vom Definitionsverbot könnte aber in der Praxis die Freiheit der Wissenschaft gefährden. Ist nämlich der Verfassungsinterpret verpflichtet, den ihm von „relevanten" Wissenschaftlern präsentierten Wissenschaftsbegriff — und nur diesen! — mit dem in Art. 5 Abs. 3 GG angelegten verfassungsrechtlichen Schutz auszustatten, so muß er sich als Jurist zumindest ein Urteil über die „Relevanz" einzelner Wissenschaftler und damit auch der von ihnen verfochtenen Wissenschaftsbegriffe

---

[75] *Lerche*, Politische Studien 202/1972, 115, erwähnt zwar als Beispiel eines „Stillen Verfassungswandels" die Lehre vom Definitionsverbot. Seine Behauptung, die Verfechter dieser Lehre hielten ihren Wissenschaftsbegriff auch im Rahmen des Art. 5 Abs. 3 GG für verbindlich, und „zwar mit dem Scheinargument, der Verfassungsanwender, letztlich das Verfassungsgericht, könne ja stets nur einen einzigen Begriff für richtig halten", wird jedoch nicht näher belegt. Kritisch zur Lehre vom Definitionsverbot auch *Schneider*, DUZ 1971, 381. Auch das BVerfG hat im Hochschulurteil (BVerfGE 35, 79 ff., dazu oben, 1. Teil, 1. Abschnitt, B I 3) diese Lehrmeinung nicht einmal erwähnt. Vor dem Hintergrund der Lehre vom Definitionsverbot ist die Feststellung des BVerfG, Art. 5 Abs. 3 GG schütze nicht „eine bestimmte Auffassung von der Wissenschaft oder eine bestimmte Wissenschaftstheorie" (BVerfGE 35, 113) zumindest mißverständlich. Da das BVerfG im gleichen Zusammenhang die Wissenschaft als einen nach „Inhalt und Form" ernsthaften „Versuch zur Ermittlung der Wahrheit" (BVerfG ebd.) bestimmt, optiert das Gericht nach der hier vertretenen Ansicht zum Smendschen Wissenschaftsbegriff. In der Rechtsprechung steht — wie *Ossenbühl* jüngst bemerkte (AöR 98 [1973], 404) die Definition des Wissenschaftsbegriffs, des „Angelpunkts der Rechtsfindung" im Hochschulrecht, (*Ossenbühl* ebd.) noch aus.

[75a] 1. Teil, 1. Abschnitt, B II 2.

bilden. Zumindest unter dem Blickwinkel eines nach Art. 5 Abs. 3 GG unzulässigen Wissenschaftsrichteramtes macht es keinen Unterschied, ob sich das staatliche Organ — wie die Anhänger der herrschenden Meinung fordern — ein Urteil über die ernsthafte Intention der Wahrheitserkenntnis oder die Voraussetzungslosigkeit der jeweils den Schutz des Art. 5 Abs. 3 GG begehrenden Erkenntnis bilden oder aber — wie *Leibfried* und *Preuß* meinen — die „Relevanz" eines Wissenschaftsbegriffs feststellen muß.

Auch die Lehre vom Definitionsverbot entpuppt sich somit nicht als das Ei des Kolumbus im Streit um den verfassungsrechtlichen Wissenschaftsbegriff, da sie unter Mißachtung ihrer Prämisse eine Wertung wissenschaftstheoretischer Streitfragen impliziert. Im Gegenteil, man kann gerade dieser Lehrmeinung vorwerfen, sie propagiere eine dem Sinn der Wissenschaftsfreiheit widersprechende „Definition" des Wissenschaftsbegriffs. Zumindest einige Anhänger des in die Verfassungsexegese hineingetragenen Begriffs der „emanzipatorischen" Wissenschaft äußern sich nicht eindeutig zu der Frage, ob ihr Wissenschaftsbegriff der einzige „relevante" ist[76] oder ob nur der Wissenschaftler in seinem Erkenntnisstreben geschützt ist, der zugleich die gesellschaftliche Relevanz seiner Erkenntnisse bedenkt[77]. Sollte sich mit Hilfe der Lehre vom Definitionsverbot ein derartiger Wissenschaftsbegriff in der Praxis des Hochschulrechts durchsetzen, so dürfte eine freie Wissenschaft zumindest im Hochschulbereich bald der Vergangenheit angehören.

2. Eine modifizierte Fassung dieser Lehre als Ausweg aus dem Dilemma?

In diesem Zusammenhang stellt sich jedoch die Frage, ob nicht eine modifizierte Fassung der Lehre vom Definitionsverbot einen tauglichen Ansatz für eine verfassungskonforme Bestimmung des Wissenschaftsbegriffs ermöglicht. Nach einer von *Schick* zum verfassungsrechtlichen

[76] Nicht eindeutig etwa *Hans Mayer*, Professor Brückner und die Staatstreue, Frankfurter Hefte 27/1972, 256, der — selbst ein Verfechter des Begriffs der emanzipatorischen Wissenschaft — meint, „praxislose Wissenschaft, interesseloses Wohlgefallen des Denkers am Denken" könne „gesellschaftlich nicht mehr toleriert werden".

[77] Als abschreckendes Beispiel dient etwa § 6 HUG: „Alle an Forschung und Lehre beteiligten Mitglieder und Angehörigen der Hochschulen haben die gesellschaftlichen Folgen wissenschaftlicher Erkenntnis mitzubedenken. Werden ihnen Ergebnisse der Forschung, auch außerhalb des Bereichs der Hochschulen, bekannt, die zu begründeten Bedenken Anlaß geben, sind sie verpflichtet, darüber öffentlich zu informieren." Kritisch zu dieser Bestimmung etwa *Kupfer*, WissR 4 (1971), 117 ff. Zum Problem auch *Kriele*, VVDStRL 29, 79, der zu Recht meint, ein institutionalisierter Zwang, die gesellschaftliche Relevanz einer wissenschaftlichen Problemstellung zu überdenken, verletzte den Wesensgehalt des Art. 5 Abs. 3 GG.

Kunstbegriff entwickelten Lehre[78] ist es einem Richter untersagt, in eigener Verantwortung die „Kunstwerkeigenschaft" zu bejahen. Vielmehr muß er hiermit — um nicht die Aufgaben eines staatlichen Kunstrichters wahrzunehmen — einen Kunstsachverständigen beauftragen. Hat dieser Sachverständige als Dritter den Kunstcharakter anerkannt, so müsse der Richter dieses Urteil übernehmen[79]. Diese Pflicht zur Übernahme des Sachverständigenurteils wird nach Meinung von Schick in ihrer die richterliche Unabhängigkeit beschneidenden Wirkung dadurch abgeschwächt, daß der Richter bei der Auswahl des Kunstsachverständigen einen erheblichen Einfluß auf den Inhalt der ihn bindenden „Drittanerkennung" nehmen kann[80]. Eine Ausweitung dieser Lehre auf den Wissenschaftsbegriff hat somit zur Folge, daß ein Richter bei der Prüfung der Wissenschaftlichkeit im Sinne des Art. 5 Abs. 3 GG nicht das Urteil relevanter Wissenschaftler aufzuspüren hat, sondern die *Entscheidung eines von ihm beauftragten Wissenschaftssachverständigen in sein richterliches Urteil einfließen lassen muß*.

Wegen der strukturellen Unterschiede zwischen Kunst und Wissenschaft ist es zwar unzulässig, eine zur Kunstfreiheit entwickelte Auffassung unbesehen auf die Wissenschaftsfreiheit zu übertragen, beide Grundrechte parallel zu schalten[81]. Doch selbst wenn man unterstellt, die „Drittanerkennungslehre" erlaube nach den von *Schick* ausgebreiteten Prämissen auch einen Ansatz für die Bestimmung des Wissenschaftsbegriffs[82], so weist auch diese Variante eines in Art. 5 Abs. 3 GG konstituierten Definitionsverbotes keinen Weg aus dem Dilemma des Wissenschaftsbegriffs. Zwar entbindet der Vorschlag Schicks den Richter von der Bürde, einen oder mehrere Wissenschafts- oder Kunstbegriffe für verbindlich zu erklären und damit implicite divergierende Wissenschaftsauffassungen im Normbereich anderer Grundrechte — insbesondere der Meinungsfreiheit — anzusiedeln. Doch auch die „Drittanerkennungslehre" erweist sich nicht als zuverlässiger Garant gegen ein staatliches Wissenschaftsrichtertum. Da nämlich der Richter an das Urteil des von ihm beauftragten Sachverständigen gebunden ist, steht es letztlich in seinem Ermessen, ob er als Wissenschaftsrichter walten wird. Hält er z. B. eine Untersuchung, deren Autor sich auf das Grundrecht der Wissenschaftsfreiheit beruft, für nicht relevant, so

[78] *Schick*, JZ 1970, 645 ff.

[79] *Schick*, JZ 1970, 646 f.

[80] *Schick*, JZ 1970, 647.

[81] *Köttgen*, Freiheit der Wissenschaft, 303; *von Mangoldt / Klein*, GG, Art. 5 Anm. X 3 (254).

[82] Der Argumentationsansatz von *Schick* schließt eine Übertragung der „Drittanerkennungslehre" auf die Wissenschaftsfreiheit nicht aus, da der metajuristische Kunstbegriff mindestens so umstritten ist wie der Wissenschaftsbegriff und auch Art. 5 Abs. 3 GG ein staatliches Kunstrichteramt verbietet.

kann er diese Auffassung in die Exegese des Art. 5 Abs. 3 GG mit Hilfe des Sachverständigenurteils einfließen lassen und auf diesem Wege das Amt eines Wissenschaftsrichters auf den Sachverständigen delegieren. Der Absolutheitsanspruch mancher Wissenschaftler rechtfertigt zumindest die These, daß der Richter vom Sachverständigen Schützenhilfe erwarten kann.

Auch eine mit Hilfe der Konzeption *Schicks* korrigierte Lehre vom Definitionsverbot erweist sich somit nicht als Schlüssel zum Verständnis des verfassungsrechtlichen Wissenschaftsbegriffs.

3. Die Wissenschaftstheorie erhält Verfassungsrang

Schließlich mißachten *Leibfried* und *Preuß* den Charakter des Wissenschaftsbegriffs als eines Rechtsbegriffs, dessen Auslegung die Regeln juristischer Hermeneutik — insbesondere die Grundsätze der Verfassungsinterpretation — beachten muß. Delegierte man mit beiden Autoren das Recht zur Bestimmung des Rechtsbegriffs Wissenschaft auf relevante Gruppen forschender und lehrender Wissenschaftler, so könnte ein Begriff Eingang in die Verfassung finden, der — um es vorsichtig zu formulieren — zumindest nicht nach den für die Exegese anderer Grundrechte geltenden Auslegungsgesetzen geprägt wurde, ja das Grundrecht der Wissenschaftsfreiheit erwiese sich als Hebel, mit dem Wissenschaftstheoretiker die Systematik des Grundrechtskanons aus den Angeln heben könnten[83].

Ein Beispiel soll diese These belegen: Sieht man mit *Stuby* eine Aufgabe der Wissenschaft darin, den „Einfluß der Monopole" zurückzudrängen[84], so wäre jedes Verhalten — auch eine Demonstration — qua Lehre vom Definitionsverbot als Wissenschaft nach Art. 5 Abs. 3 GG verfassungsrechtlich geschützt, sofern relevante Wissenschaftler ein derartiges Wissenschaftsverständnis propagierten. Art. 5 Abs. 3 GG wäre ein Grundrecht, dessen Begriff und Inhalt der einzelne selbst bestimmen könnte, relevante Wissenschaftler erhielten damit teilweise das „politische Monopol der Rechtsetzung"[85]. Der einprägsame Satz von *Quaritsch:* „Für eine Flucht aus den Grundrechten der Art. 5, 8 und 9

---

[83] So wohl auch *Schlink*, Der Staat 10 (1971), 251 Fußn. 11, der — ohne die Lehre vom Definitionsverbot zu erwähnen — davor warnt, die Wissenschaftstheorie zu Verfassungsrang zu erheben. Gegen ein Definitionsverbot auch *Schneider*, DUZ 1971, 382, unter Hinweis auf die wissenschaftstheoretische Meinungsvielfalt. Wie hier im Ergebnis auch *Klein*, Diskussionsbeitrag, VVDStRL 29, 121, der sich dagegen ausspricht, „das Maß der Wissenschaftsfreiheit des einzelnen nach dem Grade der öffentlichen demokratischen Relevanz einer wissenschaftlichen Überzeugung" zu bestimmen.

[84] Zitiert nach FAZ vom 30. August 1972; vgl. oben 1. Teil, 1. Abschnitt, A I (Fall 2).

[85] *Matz*, 409 f.

GG gewährt Art. 4 GG kein Asyl"[86], gilt daher entsprechend auch im Rahmen der Wissenschaftsfreiheit.

An dieser Stelle der Untersuchung ist einem möglichen Mißverständnis vorzubeugen. Wie oben[87] dargelegt wurde, muß sich der Interpret des Art. 5 Abs. 3 GG — will er nicht bedeutsame metajuristische Strömungen negieren — zu der Frage äußern, in welchem Umfang eine „wissenschaftliche Praxis" an der Garantie des Art. 5 Abs. 3 GG partizipiert: er muß begründen, unter welchen Voraussetzungen eine (tages)-politische Stellungnahme, eine Aufforderung zum Handeln, eine politische Agitation, ja eine unmittelbare politische Aktion nach Art. 5 Abs. 3 GG als Formen wissenschaftlichen Wirkens geschützt sind. Mit der Ablehnung der Lehre vom Definitionsverbot wurde diese Problematik des Art. 5 Abs. 3 GG nur teilweise gelöst, denn die bisherigen Überlegungen haben allein gezeigt, daß eine „wissenschaftliche Praxis" zumindest nicht schon dann das Prädikat der Wissenschaftlichkeit i. S. des Art. 5 Abs. 3 GG verdient, wenn relevante Wissenschaftler dieser Deutung zuneigen. Nicht entschieden ist damit aber die Frage, ob Art. 5 Abs. 3 GG nicht aus anderen Gründen die skizzierten Formen „wissenschaftlicher Praxis" grundrechtlich schützt. Ehe jedoch dieser Komplex der Wissenschaftsfreiheit erörtert werden soll, sind im folgenden die einzelnen Versuche einer formalen Bestimmung des verfassungsrechtlichen Wissenschaftsbegriffs zu würdigen.

D. Versuche einer formalen Bestimmung des Wissenschaftsbegriffs

Das Dickicht, das den verfassungsrechtlichen Wissenschaftsbegriff umwuchert, ist — so scheint es — noch undurchdringlicher geworden. Die von der h. M. präsentierten Spielarten einer inhaltlichen Definition des Wissenschaftsbegriffs konnten deshalb nicht überzeugen, weil sie unter Verletzung des Telos des Art. 5 Abs. 3 GG einen numerus clausus verfassungsrechtlich umhegter Wissenschaftsauffassungen aufstellen. Die Gegenposition — die Lehre vom Definitionsverbot — war deshalb abzulehnen, weil sie ein staatliches Wissenschaftsrichtertum ebenfalls nicht ausschließt und außerdem die Wissenschaftsfreiheit in ein Auffanggrundrecht für alle Betätigungen umdeutet, die von „relevanten" Wissenschaftlern als Wissenschaft verstanden werden. Angesichts dieses Befundes überrascht es kaum, daß sich das Schrifttum neuerdings um eine formale Bestimmung des Wissenschaftsbegriffs bemüht. Danach entscheidet — um den Tenor dieser Auffassungen vorwegzunehmen —

[86] *Quaritsch*, Diskussionsbeitrag, VVDStRL 28, 127.

[87] 1. Teil, 1. Abschnitt, A I mit Beispielen.

nicht die Wissenschaftstheorie, sondern insbesondere die formale Einbindung eines Wissenschaftlers in die staatliche Wissenschaftsorganisation über die verfassungsrechtliche Zuordnung seines Erkenntnisstrebens. Das Meinungsspektrum reicht von einer schon zu Art. 142 WRV vertretenen Auffassung, nach der die Wissenschaftsfreiheit allein die Freiheit der akademischen Forschung und Lehre verbürgt (I), über eine neuerdings von *Roellecke* entwickelte Auslegung der Wissenschaftsfreiheit als „Staatsdienergrundrecht" (II) bis zu einem vermittelnden Standpunkt von *Knemeyer*, der den Wissenschaftsbegriff zwar „formal-technisch" bestimmt, dabei aber auf inhaltliche Kriterien zurückgreift (III).

I. Art. 5 Abs. 3 GG — ein Grundrecht allein der Hochschullehrer?

1. *Eine enge Bestimmung der personalen Reichweite der Wissenschaftsfreiheit*

Die bisherige Untersuchung hat unterstellt, daß die Freiheit der Wissenschaft jedem verbürgt ist, der in den umhegten Bereichen Wissenschaft, Forschung und Lehre wirkt[88]. Streit herrscht insoweit allein darüber, ob dieses Grundrecht neben der akademischen Lehrfreiheit auch die „pädagogische Freiheit" verfassungsrechtlich gewährleistet[89]. Gerade dieses weite Verständnis der Wissenschaftsfreiheit als Grundrecht *aller* Wissenschaftler — ohne Rücksicht auf ihre Mitgliedschaft in einer Hochschulkorporation — begründet die Schwierigkeiten einer Bestimmung des Wissenschaftsbegriffes, da zumindest die formale Schrankenfreiheit des Art. 5 Abs. 3 GG eine inhaltliche Abgrenzung der durch dieses Grundrecht geschützten Betätigungen verlangt. Die meisten Autoren verzichten darauf, ihre Auslegung des Art. 5 Abs. 3 GG als Grundrecht jedes Wissenschaftlers zu begründen[90]. Der unbefangene Interpret des Art. 5 Abs. 3 GG dürfte hieran keinen Anstoß nehmen, da der Wortlaut der Wissenschaftsfreiheit wie auch ihr syste-

---

[88] So die weitaus h. M. in Lehre und Rechtsprechung, etwa: *Knemeyer*, Lehrfreiheit, 20; *Oppermann*, 412; *Thieme*, Hochschulrecht, 45; *von Mangoldt / Klein*, GG, Art. 5 Anm. X 4 b (255); *Rupp*, VVDStRL 27, 115; *Rupp*, JZ 1970, 166; *Wehrhahn* in: Thieme / Wehrhahn, Freiheit der Künste und Wissenschaften, 70 f.; *Mallmann / Strauch*, 5; *Zwirner*, AöR 98 (1973), 313 ff. Aus der Rechtsprechung: BVerfGE 15, 256, 263 f. und das Hochschulurteil, BVerfGE 35, 79, 112.

[89] Statt vieler *Knemeyer*, Lehrfreiheit, 41 f.

[90] Anders *Thieme*, Hochschulrecht, 49 f., der aus dem verfassungsrechtlichen Schutzgut „Sache der Wissenschaft" folgert, daß jeder Wissenschaftler Träger des Grundrechts ist. Diese Feststellung überrascht, da Thieme meint, die Wissenschaftsfreiheit sei als Grundrecht allein des akademischen Lehrers ins Leben getreten, Hochschulrecht, 45. Thieme hätte daher einen Bedeutungswandel belegen müssen.

matischer Standort als „Anhängsel“ der Meinungsfreiheit fast zu dem Schluß zwingen, daß dieses Grundrecht jedem verbürgt ist, der sich in seinem Erkenntnisstreben dem Gesetz der Wissenschaftlichkeit beugt.

Erste Zweifel an der herrschenden Meinung keimen aber auf, wenn man bei einem Studium des Schrifttums zur Wissenschaftsfreiheit feststellen muß, daß namhafte Autoren des Hochschulrechts dieses Freiheitsrecht allein als Grundrecht des akademischen Lehrers — als Privileg des Hochschullehrerstandes[91] — interpretieren und damit ausdrücklich[92] oder implicite alle außerhalb einer Hochschulkorporation wirkenden Wissenschaftler auf das Grundrecht der Meinungsfreiheit verweisen. Begründer dieser engen Auslegung der Wissenschaftsfreiheit ist *Rudolf Smend*. In seinem Münchener Staatsrechtslehrerreferat konnte er zwar die auch damals schon heftig umstrittene Wissenschaftsfreiheitsgarantie aus dem Schattendasein befreien, in das sie einige Staatsrechtslehrer verbannt hatten: Während *Anschütz* und *Thoma* Art. 142 WRV lediglich als Bestätigung des Prinzips der Gesetzmäßigkeit der Verwaltung deuteten und den in dieser Norm begründeten Schutz dem beamteten Hochschullehrer versagten[93], plädierte Smend für eine Anerkennung des Art. 142 WRV als Grundrecht der akademischen Forschungs- und Lehrfreiheit[94] und erzielte mit dieser Konzeption bald auch den Beifall seiner wissenschaftlichen Kontrahenten[95].

Smend stützte dieses Verständnis der Wissenschaftsfreiheit insbesondere auf die Entstehungsgeschichte ihrer historischen Vorbilder, des § 152 der Paulskirchenverfassung und der Art. 17, 20 der beiden preußischen Verfassungen[96]. Wie später *Thieme* und *Knemeyer*[97] entnahm

[91] *Bettermann*, Universitätstage 1963, 68, 71; *Friesenhahn*, 12 (beamteter Hochschullehrer als personaler Träger des Grundrechts); *Ossenbühl*, Verwaltungsvorschriften und Grundgesetz, 421; *Weber*, Diskussionsbeitrag, VVDStRL 27, 194, 214 f.; *Evers*, Weisungsrechte, 54; so auch das BVerwG, Urteil vom 27. Januar 1956 — II C 109.54 (nicht veröffentlicht). Andere Autoren deuten die Lehrfreiheit ausdrücklich als Grundrecht der akademischen Lehrfreiheit. Ihren Ausführungen ist jedoch nicht eindeutig zu entnehmen, ob sie allein klarstellen wollen, daß die Lehrfreiheit von der „pädagogischen Freiheit“ zu unterscheiden ist, so etwa *Ridder*, Meinungsfreiheit, 250 Fußn. 25; *Fuß*, VVDStRL 23, 226; *Waibel*, 120 und Fußn. 606; unklar *Köttgen*, Grundrecht, 26, der behauptet, nach dem Wortlaut (!) des Art. 5 Abs. 3 GG genössen allein die wissenschaftlichen Hochschulen den besonderen Schutz der Verfassung; auch das OVG Lüneburg (OVGE 3, 138, 144) versteht unter Lehre allein die akademische Lehre.

[92] *Maunz*, Staatsrecht, § 15 IV 4 (123).

[93] *Anschütz*, Verfassungs-Urkunde, 372; *Thoma*, Festgabe — Pr.OVG, 216 f.

[94] *Smend*, VVDStRL 4, 57 ff.

[95] *Anschütz* hat seine Auffassung bereits in der Auflage 1929 seines Kommentars zur WRV aufgegeben, ebd. 659.

[96] Wortlaut in Fußn. 2 zur Einleitung.

[97] *Thieme*, Hochschulrecht, 44; *Knemeyer*, Lehrfreiheit, 17 f.; ähnlich *Huber*, Verfassungsgeschichte III, 118 f. zur Wissenschaftsfreiheit in den beiden preußischen Verfassungen.

auch *Smend* den Materialien des § 152 der Paulskirchenverfassung, daß die Väter dieser Verfassung wie auch die Schöpfer der beiden preußischen Verfassungen die Wissenschaftsfreiheit als eine unmittelbare Reaktion des „Professorenparlaments" auf die Karlsbader Beschlüsse und damit — selbstverständlich — als Grundrecht der akademischen Forschungs- und Lehrfreiheit modelliert hatten[98].

Smend ging jedoch einen Schritt weiter. Für den außerhalb einer Hochschulkorporation forschenden Wissenschaftler — also insbesondere den „Privatgelehrten" — entfaltete die Wissenschaftsfreiheit nach seiner Auffassung nur insoweit Bedeutung, als sie die Verabschiedung von Gesetzen untersagte, die Methoden und Resultate wissenschaftlichen Erkennens antizipieren[99]. Smend folgte insoweit seinem Korreferenten *Rothenbücher,* der — ebenfalls unter Hinweis auf die Entstehungsgeschichte des § 152 der Paulskirchenverfassung — der Wissenschaftsfreiheit des Art. 142 WRV die Bedeutung einer „Transformationsnorm" verliehen hatte, welche die schon in Art. 118 WRV verbürgte wissenschaftliche Meinungsfreiheit des Privatforschers auf den Kreis der Hochschullehrer ausweitete[100] und diese insbesondere vor beamtenrechtlichen Weisungen hinsichtlich der Methoden und Inhalte ihres wissenschaftlichen Wirkens abschirmen sollte.

Die heutigen Verfechter dieser Konzeption verzichten zwar darauf, zu Gunsten ihrer restriktiven Auslegung des Art. 5 Abs. 3 GG als Grundrecht der akademischen Forschungs- und Lehrfreiheit eigene Argumente ins Feld zu führen. Angesichts der Bereitschaft, die von *Smend* entwickelte Auslegung des Art. 142 WRV mit allen Verästelungen auch in die Exegese des Art. 5 Abs. 3 GG hineinzutragen[101], kann der Verzicht auf eine eigene Begründung nur als stillschweigende Einwilligung in die von *Smend* zur personalen Reichweite der Wissenschaftsfreiheit vorgetragene Beweisführung gewertet werden.

---

[98] *Smend,* VVDStRL 4, 58 f.

[99] *Smend,* VVDStRL 4, 58 f.

[100] *Rothenbücher,* VVDStRL 4, 37.

[101] Diese Bindung der meisten Interpreten an die institutionelle Deutung der Wissenschaftsfreiheit durch *Smend* geht so weit, daß Kritiker dieser Interpretation der Wissenschaftsfreiheit mit polemischen Angriffen rechnen müssen; so disqualifizieren *von Mangoldt / Klein,* GG, Art. 5 Anm. X 2 a (253), die Gegenposition von *Wernicke* (BK, Art. 5 Anm. 3 a) als abwegig; *Rupp,* JZ 1970, 165 f. polemisiert gegen *Roelleckes* rein individualrechtliche Deutung der Wissenschaftsfreiheit (JZ 1969, 726 ff.), ohne sich mit der These Roelleckes auseinanderzusetzen, der Parlamentarische Rat habe die Konzeption Smends nicht einmal diskutiert! (Roellecke, JZ 1969, 728 Fußn. 13). Beispielhaft für den Meinungsstand noch die Feststellung von *Klein,* der Parlamentarische Rat sei sich bewußt gewesen, die zu Art. 142 WRV entwickelte Auffassung zu übernehmen, AöR 90 (1965), 137. Zur institutionellen Komponente der Wissenschaftsfreiheit jetzt *Schmidt,* BayVBl. 1974, 99 und *Zwirner,* AöR 98 (1973), 313.

2. *Die Vorzüge dieser Interpretation der Wissenschaftsfreiheit*

Der entscheidende, aber kaum erkannte Vorzug dieser Interpretation der Wissenschaftsfreiheit besteht darin, daß sie den Verfassungsinterpreten von der Aufgabe entbindet, die Wissenschaftsfreiheit von der Meinungsfreiheit inhaltlich abzugrenzen. Hat nämlich die Wissenschaftsfreiheit als Individualfreiheitsrecht allein die Aufgabe, den Hochschullehrer vor staatlichen — insbesondere beamtenrechtlichen — Weisungen hinsichtlich seines wissenschaftlichen Wirkens zu schützen[102], so gewährt ihm Art. 5 Abs. 3 GG lediglich den Rechtsstatus, den andere Wissenschaftler schon nach Art. 5 Abs. 1 GG besitzen. Art. 5 Abs. 3 GG wäre als Grundrecht der „wissenschaftlichen Meinungsfreiheit" der Hochschullehrer eine Lex specialis zu Art. 5 Abs. 1 GG, auf eine Abgrenzung der Begriffe Meinungsäußerung und Wissenschaft könnte mit gutem Gewissen verzichtet werden[103]. Diese vom Ergebnis her zunächst überzeugende Beschränkung der Wissenschaftsfreiheit auf die Hochschullehrer ist jedoch trotz ihrer Vorzüge für die Bestimmung des Wissenschaftsbegriffs abzulehnen. Schon der Wortlaut und die systematische Ausgestaltung des Art. 5 GG, insbesondere aber die insoweit eindeutige Entstehungsgeschichte der Wissenschaftsfreiheit weisen dieses Grundrecht eindeutig als Freiheitsrecht eines jeden Wissenschaftlers aus.

3. *Das systematische Argument*

Art. 142 WRV und Art. 5 Abs. 3 GG unterscheiden sich von ihren historischen Vorbildern dadurch, daß sie neben der Freiheit der Wissenschaft und ihrer Lehre auch die Freiheit der Kunst verbürgen. Schon diese textliche Verknüpfung der Wissenschaftsfreiheit mit der Kunstfreiheit verbietet eine Auslegung der Wissenschaftsfreiheit als Grundrecht allein der Hochschullehrer. Jede andere Auffassung führte nämlich zu dem systematisch unhaltbaren Ergebnis, daß die wissenschaftliche Betätigungsfreiheit des Privatforschers nach Art. 5 Abs. 1 GG, die Freiheit des Künstlers dagegen — ebenso wie die akademische Forschungs- und Lehrfreiheit des Hochschullehrers — nach Art. 5 Abs. 3 GG vor hoheitlichen Eingriffen abgeschirmt wären. Sollte man

---

[102] *Anschütz*, WRV, Art. 142 Anm. 4 (664); *Bettermann*, Universitätstage 1963, 64. Viele Autoren vergleichen die Rechtsstellung des Hochschullehrers mit dem verfassungsrechtlichen Status des Richters, vgl. etwa *Bettermann*, Universitätstage 1963, 64; *Schwinge*, 188; *Anschütz*, WRV, Art. 142 Anm. 4 (663); *Kitzinger*, 484 f.; kritisch dagegen *Voigt*, 261 Fußn. 7.

[103] Angesichts dieser unbestreitbaren Vorzüge einer rein beamtenrechtlichen oder hochschulrechtlichen Auslegung der Wissenschaftsfreiheit überrascht es kaum, daß die Bedeutung des Art. 5 Abs. 3 GG als „Staatsdienergrundrecht" neuerdings verstärkt hervorgehoben wird. Dazu unten 1. Teil, 1. Abschnitt, D II.

daher mit *Smend, Thieme, Knemeyer* u. a. der Ansicht zuneigen, die Wissenschaftsfreiheit sei im 19. Jahrhundert als Grundrecht der von der Meinungsfreiheit scharf zu unterscheidenden akademischen Forschungs- und Lehrfreiheit ins Leben getreten, so haben sich spätestens die Schöpfer der WRV von diesem Verständnis der Wissenschaftsfreiheit abgekehrt.

Diese Überlegungen werden durch die Schrankensystematik des Art. 5 Abs. 3 GG nur bestätigt. Sollte die Freiheit der Wissenschaft allein den akademischen Lehrern verbrieft sein, so gelangte man zu dem ungereimten Ergebnis, daß der Privatgelehrte die Schranken der allgemeinen Gesetze i. S. des Art. 5 Abs. 2 GG zu beachten hätte, während der akademische Lehrer in seinem Erkenntnisstreben allein an „oberste Grundwerte der Verfassung" gebunden wäre[104]. Diese Privilegierung wäre nicht zu rechtfertigen.

4. *Das Argument aus der Entstehungsgeschichte*

Nach den Grundsätzen der Gesetzesinterpretation darf die Auslegung einer Norm an die zu ihren Vorläufern anerkannten Auslegungsergebnisse anknüpfen[105]. Entgegen einer neuerdings von *Knemeyer* vertretenen Auffassung[106] bestehen daher keine Bedenken, die Materialien der historischen Wissenschaftsfreiheitsgarantie auch bei der Interpretation des Art. 5 Abs. 3 GG zu verwerten. Dieser Rückgriff auf die Entstehungsgeschichte der historischen Vorbilder des Art. 5 Abs. 3 GG bietet sich geradezu an, weil die Freiheit der Wissenschaft fast nur dem deutschen Rechtskreis bekannt ist und sich deshalb der Schluß aufdrängt, daß die Beratungen des § 152 der Paulskirchenverfassung und auch der Art. 17 und 20 der beiden preußischen Verfassungen aufschlußreiche Aussagen auch über die personale Reichweite dieses Freiheitsrechtes enthalten. Zu Recht und ohne Begründung widmen daher fast alle Interpreten der Wissenschaftsfreiheit dem verfassungsgeschichtlichen Hintergrund dieses Grundrechts einen breiten Raum[107].

---

[104] So die neueste Formulierung des BVerfG zu den Schranken der Kunstfreiheit, BVerfGE 33, 52, 71.

[105] Statt vieler *Larenz*, 311.

[106] *Knemeyer*, Lehrfreiheit, 17, meint, sowohl § 152 der Paulskirchenverfassung als auch die Wissenschaftsfreiheit der preußischen Verfassung von 1850 seien niemals in Kraft getreten und könnten daher — was alle Autoren übersähen — nicht für die Auslegung der Wissenschaftsfreiheit des Art. 5 Abs. 3 GG verwertet werden. (Ob Art. 20 der preußischen Verfassung von 1850 in Kraft getreten ist, war strittig. Art. 112 bestimmte, daß das „Unterrichtswesen" durch ein besonderes Gesetz geregelt werden sollte. Da dieses Unterrichtsgesetz niemals erlassen wurde, vertrat insbesondere *Anschütz* die Ansicht, auch die Wissenschaftsfreiheit des Art. 20 habe in Preußen keine Geltung erlangt, Verfassungs-Urkunde, 371).

[107] So insbesondere *Smend*, VVDStRL 4, 58 ff.; *Rothenbücher*, VVDStRL 4, 32 ff.; *Kitzinger*, 465 ff.; *Köttgen*, Universitätsrecht, 109; derselbe, Freiheit

a) § 152 der Paulskirchenverfassung

Auf dem Weg zur endgültigen Fassung des § 152 der Paulskirchenverfassung lassen sich die folgenden Stationen unterscheiden[108]: Die Freiheit der Wissenschaft tauchte als Grundrecht erstmals im „Entwurf eines Deutschen Reichsgrundgesetzes" (unter Art. IV, § 25 q) auf, den der vom Bundestag berufene „Ausschuß der 17 Männer des öffentlichen Vertrauens" dem Revisionsausschuß am 26. April 1848 und einen Tag später dem Bundestag zugeleitet hatte[109]. Auf welchen Überlegungen die Aufnahme dieses Grundrechts des „Deutschen Volkes" beruhte, läßt sich nicht mehr feststellen. Die Formulierung „Freiheit der Wissenschaft" scheint von Dahlmann zu stammen; auf die Frage Uhlands, was mit der ursprünglichen Formulierung „Lehrfreiheit" gemeint sei, verwies Dahlmann auf die Rede „eines Kultusministers", der behauptet habe, Lehrfreiheit gebe es allein in den Naturwissenschaften[110].

Eine vom Verfassungsausschuß des Bundestages mit dem Entwurf der Grundrechte beauftragte „Vorcommission" übernahm in ihrem „Entwurf der Grundrechte des Deutschen Volkes"[111] vom 1. Juni 1848 unter 3) die Freiheit der Wissenschaft als Grundrecht, erweiterte diese Formulierung aber durch den Zusatz „... und ihrer Verbreitung durch den Unterricht, unter Vorbehalt des gesetzlichen Befähigungsnachweises für Lehrer an öffentlichen Anstalten". Zumindest dieser Zusatz vermag kaum die These zu rechtfertigen, die „Vorcommission" habe mit diesem Grundrecht allein die Freiheit der akademischen Lehre gewährleisten wollen; im Gegenteil, die Verknüpfung der Wissenschaftsfreiheit mit der Unterrichtsfreiheit könnte eher zu dem Schluß verleiten, die Wissenschaftsfreiheit sei im Stadium ihrer Beratung zeitweise im populären Sinn als Grundrecht auch der Unterrichtsfreiheit gedeutet worden.

Die Freiheit der Wissenschaft wurde in erster Lesung am 4. und 5. Juni 1848 im Verfassungsausschuß des Bundestages erörtert und mit 12 zu 10 Stimmen in der auf einem Vorschlag Beselers beruhenden Fassung: „Die Wissenschaft und ihre Lehre ist frei" angenommen[112]. Von Interesse für das hier diskutierte Problem der personalen Reichweite der Wissenschaftsfreiheit dürfte auch die Feststellung Beselers

der Wissenschaft, 291 f. Ausführlich neuerdings *Zwirner*, AöR 98 (1973), 313, 314 ff.

[108] Dazu *Droysen*, Verhandlungen, 19 f.; *Droysen*, Aktenstücke, 76 ff. und *Wigard*, Sten. Bericht, Band 3, 2167 ff.

[109] Abgedruckt bei *Droysen*, Aktenstücke, 96 ff. und *Huber*, Dokumente Nr. 1, Nr. 91.

[110] *Droysen*, Aktenstücke, 76; er dachte offensichtlich an den Fall Eichhorn, vgl. oben Fußn. 65 zu diesem Abschnitt.

[111] Abgedruckt bei *Droysen*, Verhandlungen, 363 ff.

[112] *Droysen*, Verhandlungen, 19 f.

sein, „die Wissenschaft sei nicht Domaine von Wenigen, wie manche zu glauben scheinen, sondern ein Gemeingut des Volkes, und eines der wichtigsten"[113]. Diese Bemerkung des Vaters der endgültigen Fassung der Wissenschaftsfreiheit steht in einem bemerkenswerten Gegensatz zu den Worten *Smends*, der — unter Hinweis auf die angebliche Entstehungsgeschichte und den Willen der Väter der historischen Wissenschaftsfreiheit — § 152 der Paulskirchenverfassung und Art. 142 WRV in ein Privileg des Hochschullehrers umgedeutet hat. Schon an diesem Punkt bestätigt sich eine Bemerkung *Schlinks*[114], der zu Recht eine gewisse Lässigkeit bei der Deutung der Entstehungsgeschichte der Wissenschaftsfreiheit kritisiert.

Der von Beseler und Droysen redigierte „Entwurf der Grundrechte des Deutschen Volkes" wurde am 19. Juni 1848 der Nationalversammlung zugeleitet; er enthielt unter Art. IV § 17 das Grundrecht der Wissenschaftsfreiheit in der Beselerschen Fassung[115].

Diese hier skizzierte Entwicklung der Wissenschaftsfreiheit des § 152 der Paulskirchenverfassung bis zum Stadium der parlamentarischen Diskussion erlaubt zwar noch keine eindeutige Aussage darüber, wer nach dem Willen der Väter der Paulskirchenverfassung durch die Wissenschaftsfreiheit geschützt werden sollte. Die Bemerkungen der an der Ausarbeitung der Wissenschaftsfreiheit beteiligten Personen rechtfertigen aber auch nicht die Auffassung, die Verfassungsväter hätten bei der Modellierung der Wissenschaftsfreiheit allein die Freiheit der Hochschullehrer vor Augen gehabt.

Eindeutige Aussagen markieren dagegen die 1. Lesung der Wissenschaftsfreiheit im Plenum der Nationalversammlung. Nach der Auffassung des Berichterstatters des Ausschusses für Unterrichts- und Erziehungswesen, der den Art. IV des Entwurfes erläuterte, sollte § 17 „die unveräußerlichen Rechte auf die Wissenschaft und ihre Erfolge im *allgemeinsten* Sinne des Wortes" sichern. § 17 bestimmte nach der Ansicht des Berichterstatters das Verhältnis „des Gelehrten, insofern er die Wissenschaft an sich zum Gegenstand seiner Thätigkeit macht und durch Worte oder Schrift die Ergebnisse derselben verbreitet"[116]. Das Plenum hat sich dieser an die zitierte Formulierung Beselers anknüpfenden Interpretation angeschlossen, denn ein Antrag Schreiners, die Lehrfreiheit ausdrücklich auf die Universitäten zu beschränken, wurde mit großer Mehrheit abgelehnt[117].

---

[113] *Droysen*, Verhandlungen, 19 f.

[114] *Schlink*, Der Staat 10 (1971), 246.

[115] Abgedruckt bei *Droysen*, Verhandlungen, 373 und *Wigard*, Sten. Bericht, Band 3, 2167.

[116] Bei *Wigard*, Sten. Bericht, Band 3, 2167.

[117] *Wigard*, Sten. Bericht, Band 3, 2228.

Von Interesse dürfte in diesem Zusammenhang auch ein Beitrag Schierenbergs sein. Unter Hinweis auf Galilei und die repressive Wissenschaftspolitik des preußischen Ministers Eichhorn[118] sah Schierenberg in § 17 primär eine Garantie der „objective(n) Freiheit der Wissenschaft", die von der in § 18 verbürgten Unterrichtsfreiheit sorgfältig zu unterscheiden sei[119]. Schierenberg hat damit als erster den Gedanken vertreten, das Grundrecht der Wissenschaftsfreiheit solle auch und insbesondere die „Sache der Wissenschaft" vor einer staatlichen Einmischung und Bevormundung schützen[120].

Zusammenfassend ist somit festzustellen: Die Materialien des § 152 der Paulskirchenverfassung können entgegen einer verbreiteten Ansicht keineswegs als Beweis dafür dienen, daß die Väter der Paulskirchenverfassung die Freiheit von Wissenschaft und Lehre im Sinne der akademischen — auf forschende und lehrende Hochschullehrer beschränkten — Lehrfreiheit verstanden haben. Im Gegenteil, die Materialien zwingen eher zu dem Schluß, daß sowohl der wissenschaftlich interessierte Privatgelehrte als auch der Hochschullehrer durch § 152 der Paulskirchenverfassung vor einer hoheitlichen Bevormundung ihres Erkenntnisstrebens verfassungsrechtlich abgeschirmt werden sollten[120a].

b) Art. 17, 20 der preußischen Verfassungen

Die Entstehungsgeschichte des Art. 17 der preußischen Verfassung von 1848 erhärtet diesen Befund. Nachdem von Ladenberg — Minister der geistlichen Angelegenheiten — in der amtlichen Erläuterung[121] ausgeführt hatte, daß diese Vorschrift Bevormundungen der Lehrfreiheit, wie sie in der Vergangenheit aufgetreten seien, verhindern solle, spielte diese Zielsetzung auch bei den Beratungen des Art. 17 eine hervorragende Rolle[122]. Zwar beantragte zunächst der mit der Verfassungsrevision beauftragte Zentralausschuß der ersten Kammer mit 9 gegen 5 Stimmen, Art. 17 zu streichen, da die in dieser Bestimmung verbriefte Freiheit schon durch die Meinungs- und Pressefreiheit gewährleistet werde[123]. Diese Ansicht konnte sich aber — wie übrigens schon

[118] Dazu oben Fußn. 65 zu diesem Abschnitt.

[119] Bei *Wigard*, Sten. Bericht, Band 3, 2177.

[120] Das Grundrecht wurde in zweiter Lesung am 15. Dezember 1848 ohne weitere Diskussion angenommen (vgl. *Wigard*, Sten. Bericht, Band 6, 4160) und wurde als § 22 des Grundrechtsgesetzes (vom 27. Dezember 1848) vorübergehend Reichsgesetz.

[120a] Wie hier *Zwirner*, AöR 98 (1973), 324.

[121] Sten. Berichte 1. Kammer, 1039.

[122] Dazu Sten. Berichte 1. Kammer, 1037 ff. und Sten. Berichte 2. Kammer, 1195 ff.

[123] Sten. Berichte 1. Kammer, 1037; zustimmend *Nitzsch*, Sten. Berichte 1. Kammer, 1039 f.

vorher bei der Beratung des § 152 der Paulskirchenverfassung — nicht durchsetzen. Das Plenum ließ sich vielmehr von den Abgeordneten Burmeister, Ritter, Kisker und Minister von Ladenberg überzeugen, die dafür plädierten, die Freiheit von Wissenschaft und Lehre ungeachtet der Existenz der Meinungs- und Pressefreiheit zu verankern[124].

Obgleich gerade die Beratungen der ersten Kammer zeigen, daß die Wissenschaftsfreiheit als Reaktion auf frühere Beschneidungen der akademischen Lehrfreiheit verstanden wurde, ist dennoch nicht der Schluß geboten, diese Vorschrift sei allein als Garantie der *akademischen* Lehrfreiheit entstanden. Zwar hat sich das Plenum — anders als die Nationalversammlung, die einen entsprechenden Antrag Schreiners verworfen hatte, — nicht mehr ausdrücklich mit der hier diskutierten Frage befaßt, ob die Wissenschaftsfreiheit auch dem Privatgelehrten zustehen sollte. Ein Diskussionsbeitrag des Abgeordneten Kisker rechtfertigt indessen die hier vorgetragene Wertung der Entstehungsgeschichte des Art. 17 der preußischen Verfassung: „Erstens soll (sc. Art. 17) die Bedeutung haben, daß jeder Lehrer seine wissenschaftliche Überzeugung frei mittheilen kann und er deshalb im voraus nicht belästigt werden soll. Durch den Art. 17 wird dem Gelehrten vom Fach gegenüber dem wissenschaftlich strebenden Publikum, es wird dem Forscher der Wissenschaft das Recht der freien Lehre in schriftlichem und mündlichem Vortrag gesichert." Andererseits sollte nach Auffassung von Kisker ferner „das, was man auch wohl die akademische Freiheit ... nennt", durch den Artikel verfassungsrechtlich gewährleistet werden[125]. Aus dem Schweigen des Plenums zu dieser Deutung der Wissenschaftsfreiheit ist allein zu folgern, daß die Abgeordneten Art. 17 der preußischen Verfassung als Grundrecht des Privatgelehrten und des akademischen Lehrers verstanden haben. Die Vorschrift wurde mit dem Zusatz: „Die Bestimmungen gegen den Mißbrauch dieser Freiheit enthält das Unterrichts-Gesetz" angenommen[126].

Die Beratungen des Art. 17 in der zweiten Kammer enthalten zum Problem der personalen Reichweite der Wissenschaftsfreiheit keine Hinweise. Zwar betonten wiederum mehrere Abgeordnete, daß eine ausdrückliche Garantie der Wissenschaftsfreiheit als Reaktion auf die Karlsbader Beschlüsse geboten sei[127], die Bedeutung der Wissenschaftsfreiheit für den Privatgelehrten wurde jedoch nicht erörtert[127a]. Ange-

[124] Sten. Berichte 1. Kammer, Burmeister (1037), Ritter (1040), Kisker (1040).

[125] Sten. Berichte 1. Kammer, 1040.

[126] Sten. Berichte 1. Kammer, 1040.

[127] So besonders deutlich Eckstein, Sten. Berichte 2. Kammer, 1217 f.

[127a] Der von der ersten Kammer beschlossene Zusatz fand in der zweiten Kammer keine Zustimmung und wurde von der ersten Kammer nach einer erneuten Beschlußfassung gestrichen.

sichts dieser Deutung des § 152 der Paulskirchenverfassung und des Art. 17 der oktroyierten preußischen Verfassung in der ersten Kammer kann dieses Schweigen der Mitglieder der zweiten Kammer aber kaum als Indiz ausgelegt werden, sie hätten die Wissenschaftsfreiheit allein als Garantie der akademischen Forschungs- und Lehrfreiheit gewährleisten wollen. Diese Auffassung hätte zumindest in der Beratung vertreten werden müssen.

Die hier skizzierte Entstehungsgeschichte widerlegt daher die von *Smend, Thieme, Knemeyer* u. a. verfochtene Auffassung, das Grundrecht der Wissenschaftsfreiheit habe im 19. Jahrhundert allein als Freiheitsrecht des akademischen Lehrers das Licht der Welt erblickt. Die Materialien der historischen Wissenschaftsfreiheit indizieren genau das Gegenteil: Schon die Väter dieses Grundrechts waren sich darüber einig, daß dieses Freiheitsrecht neben der Freiheit des Hochschullehrers auch die Freiheit des Privatgelehrten vor einer staatlichen Bevormundung abschirmen sollte.

c) Art. 142 WRV und Art. 5 Abs. 3 GG

Ein Blick in die Materialien des Art. 142 WRV wie auch des Art. 5 Abs. 3 GG bestätigt diese Auffassung. Die Freiheit von Kunst und Wissenschaft war als Art. 31 Abs. 1 im „Entwurf einer Verfassung des Deutschen Reiches" in der Fassung des Art. 142 Satz 1 WRV enthalten. In der ersten Lesung dieses Entwurfes wies der Abgeordnete Dr. *Spahr* darauf hin, daß die Lehrfreiheit wie auch die Lernfreiheit als Grundrechte des „ganzen Deutschen Volkes" — also nicht nur der akademischen Lehrer! — garantiert werden sollten; im übrigen verzichtete das Plenum auf eine Diskussion der Lehrfreiheit[128]. Dieser Verfassungsentwurf wurde im März 1919 dem Verfassungsausschuß überwiesen[129]; dort wurde die Wissenschaftsfreiheit nach mehreren redaktionellen Änderungen als erste Bestimmung — Art. 139 — in den IV. Abschnitt der Grundrechte — Bildung und Schule — eingefügt, ohne daß ausdrücklich die Frage angeschnitten wurde, wer personaler Träger dieses Grundrechts werden sollte. *Schmidt* bemerkt allerdings zu Recht, daß die Mitglieder des Verfassungsausschusses auch die akademische Lehrfreiheit gewährleisten wollten[130], da sich mehrere Anträge mit dem „Wissenschaftspluralismus" an den Hochschulen befaßten[131]. Im Juli

[128] Nach *Heilfron*, Nationalversammlung, Band 2, 941.

[129] Berichte — Verfassungsausschuß, 171 ff. (hier zitiert nach *Schmidt*, Freiheit der Wissenschaft, 86 ff.).

[130] *Schmidt*, Freiheit der Wissenschaft, 88.

[131] So heißt es im Antrag Nr. 99 von Katzenstein u. a.: „Die Kunst, die Wissenschaft und ihre Lehre sind frei. Die deutschen Hochschulen sind als eine geistige Gemeinschaft zu behandeln, in der die verschiedenen wissenschaftlichen Richtungen zu Wort kommen, ...". (Berichte — Verfassungs-

1919 leitete der Verfassungsausschuß seinen Verfassungsentwurf der Nationalversammlung zu. In der 60. Sitzung vom 18. Juli 1919 hob der Berichterstatter zwar die Bedeutung dieses Grundrechts für den Universitätsbetrieb hervor[132]; im übrigen verzichtete das Plenum aber — wie auch in der dritten Lesung — auf eine Erörterung der Wissenschaftsfreiheit. Dieses Grundrecht wurde am 31. Juli 1919 mit 262 : 75 Stimmen angenommen[133]. Art. 142 WRV wurde somit nach seiner eindeutigen Entstehungsgeschichte als Grundrecht der akademischen Lehrfreiheit wie auch der Wissenschaftsfreiheit des Privatgelehrten ausgestaltet, seine Schöpfer haben sich — wie *Anschütz* richtig bemerkt — bei der Beratung dieses Grundrechts nichts „Besonderes und Neues" gedacht[134].

Angesichts dieser historischen Entwicklung der Wissenschaftsfreiheit als Grundrecht eines jeden Wissenschaftlers überrascht es kaum noch, daß im Parlamentarischen Rat gar nicht mehr die Frage angeschnitten wurde, wer als Wissenschaftler i. S. des Art. 5 Abs. 3 GG in seinem Erkenntnisstreben geschützt werden solle[135]. Daher ist — im Einklang mit der wohl herrschenden, aber kaum begründeten Auffassung — im folgenden davon auszugehen, daß Art. 5 Abs. 3 GG jedem verbürgt ist, der sich in den umhegten Bereichen von Wissenschaft, Forschung und Lehre betätigt.

II. Roelleckes Auslegung der Wissenschaftsfreiheit als „Staatsdienergrundrecht"

Diese Argumente gegen eine Auslegung der Wissenschaftsfreiheit als ein Grundrecht allein der akademischen Lehrer verbieten es auch, Art. 5 Abs. 3 GG mit *Roellecke* in ein „Staatsdienergrundrecht" umzudeuten[136]. Roellecke bekämpft zunächst die Interpretation der Wissenschaftsfreiheit als institutionelle Garantie. Nach seiner Auffassung indizieren der Wortlaut, der systematische Standort und insbesondere die Entstehung der Wissenschaftsfreiheit im Parlamentarischen Rat den rein individualrechtlichen Charakter der Kunst- und Wissenschaftsfreiheit.

---

ausschuß, 219). Ähnlich Antrag Nr. 117 (Berichte — Verfassungsausschuß, 223) „... Auf den deutschen Hochschulen müssen alle wissenschaftlichen Meinungen zur Geltung kommen ...".

132 Bei *Heilfron*, Nationalversammlung, Band 6, 4069.

133 Bei *Heilfron*, Nationalversammlung, Band 6, 4176.

134 *Anschütz*, WRV, Art. 142 Anm. 1 (658).

135 Im Vordergrund der Beratungen stand die Treueklausel, dazu unten 2. Teil, 1. Abschnitt, A II.

136 *Roellecke*, JZ 1969, 726 ff.

Erscheint diese Argumentation noch vertretbar[137], so ist zumindest der weitere Gedankengang *Roelleckes* abzulehnen. Der Sinn einer ausdrücklichen Garantie der Kunst- und Wissenschaftsfreiheit neben der — nach Auffassung von Roellecke — künstlerische und wissenschaftliche Meinungsäußerungen umgreifenden Meinungsfreiheit des Art. 5 Abs. 1 GG erschließe sich — so meint Roellecke — allein aus der Einbindung der Kunst- und Wissenschaftspflege in den staatlichen oder gemeindlichen Verwaltungsapparat. Die Funktion des Art. 5 Abs. 3 GG neben der Meinungsfreiheit bestehe nun darin, die in der staatlichen Kulturverwaltung wirkenden Künstler und Wissenschaftler vor beamtenrechtlichen und arbeitsrechtlichen Weisungen zu schützen: „Art. 5 Abs. 3 GG sichert die persönliche Meinungsfreiheit auch in der staatlichen Kulturverwaltung[138]."

Auch dieses Verständnis der Wissenschaftsfreiheit führte im Rahmen dieser Arbeit dazu, Art. 5 Abs. 3 GG als verfassungsrechtliche sedes materiae der in § 66 Abs. 1 Nr. 2 BBG verbürgten wissenschaftlichen Nebentätigkeit auszuscheiden, da *Roellecke* das Grundrecht der Wissenschaftsfreiheit allein jenen „Staatsdienern" gewähren will, die hauptamtlich forschen und lehren.

Wie schon die Verfechter einer Interpretation der Wissenschaftsfreiheit als Grundrecht allein der akademischen Lehrer übersieht auch *Roellecke,* daß die Wissenschaftsfreiheit als Grundrecht eines jeden Wissenschaftlers modelliert wurde, mithin jede Beschränkung der Wissenschaftsfreiheit auf eine exclusive Gruppe von Wissenschaftlern untersagt ist.

Gegen *Roelleckes* Konzeption ist indessen noch ein zusätzliches — systematisches — Argument ins Feld zu führen, das sich auf Art. 18 GG gründet. Roellecke hätte zumindest Schwierigkeiten, eine Auslegung des Art. 5 Abs. 3 GG als Grundrecht der (sc. wissenschaftlichen und künstlerischen) Meinungsfreiheit aller in der staatlichen Kulturpflege wirkenden Beamten und anderen öffentlichen Bediensteten mit Art. 18 GG in Einklang zu bringen. Da nämlich Art. 18 GG neben der Meinungsfreiheit auch die „Lehrfreiheit" als ein verwirkbares Grundrecht ausweist, liegt es immerhin nahe, Art. 18 GG insoweit als Bestätigung des schon deutlich in Art. 5 GG vorgezeichneten Befundes zu deuten: die Lehrfreiheit des Art. 5 Abs. 3 GG ist ein Grundrecht, das von der Meinungsfreiheit des Art. 5 Abs. 1 GG zu unterscheiden ist. Sollte man mit Roellecke die Lehrfreiheit des Art. 5 Abs. 3 GG als Grundrecht der wissenschaftlichen Meinungsfreiheit aller im öffentlichen Dienst

---

[137] Dagegen aber *Knemeyer,* JZ 1969, 780 ff. und — polemisch — *Rupp,* JZ 1970, 165 ff.

[138] *Roellecke,* JZ 1969, 729; ähnlich *Schlink,* Der Staat 10 (1971), 257.

wirkenden Wissenschaftler interpretieren, so wäre dieses Grundrecht schon nach Art. 18 GG — Alt. Meinungsfreiheit — verwirkbar. Die Aufnahme der Lehrfreiheit in den Katalog der verwirkbaren Grundrechte wäre daher — folgt man Roellecke — zumindest überflüssig.

III. Knemeyers — angeblich — technisch formale Bestimmung des Wissenschaftsbegriffs

1. Die Formel Knemeyers

In deutlicher Abkehr von den bisher skizzierten Versuchen einer inhaltlichen Bestimmung des Wissenschaftsbegriffs hat sich erstmals *Knemeyer* um eine — wie er es nennt — „technisch formale" und „wertfreie" Definition des Wissenschaftsbegriffs bemüht[139].

Knemeyer argumentiert noch im Einklang mit der hier vertretenen Auffassung, soweit er aus der Aufgabe des Art. 5 Abs. 3 GG, den Sachbereich der Wissenschaft in seiner Eigengesetzlichkeit vor staatlichen Eingriffen zu schützen, ein Verbot herleitet, einem staatlichen Organ auch nur faktisch das Amt eines „Wissenschaftsrichters" zu übertragen[140]. Knemeyer schlägt weiter vor, den Wissenschaftsbegriff i. S. der Verfassung nach bestimmten „allgemeinen Ausdrucks- oder Tätigkeitsformen" unter Verzicht auf jede Wertung — sc. wissenschaftstheoretischer Streitfragen — zu bestimmen. Zu diesen Formen wissenschaftlichen Wirkens gehöre „das Streben nach Erkenntnis, das seinerseits durch die kritische, in Frage stellende Untersuchung, die Orientierung an der Wahrheit und nicht an einem geforderten oder gewünschten Ergebnis gekennzeichnet ist". Daneben bilde das „weisungsunabhängige planmäßige Vorgehen" ein Merkmal der Wissenschaftlichkeit[141].

2. Kritik

Diese „technisch formale" Umschreibung des Wissenschaftsbegriffs stellt im Vergleich zu den unterschiedlichen Spielarten einer inhaltlichen Bestimmung der Wissenschaftlichkeit i. S. der Verfassung einen echten Fortschritt dar. Knemeyer kritisiert das freiheitsbeschränkende idealistische Verständnis des Rechtsbegriffs Wissenschaft als eine verfassungswidrige Interpretation des Art. 5 Abs. 3 GG. Auch verzichtet Knemeyer darauf, in Anlehnung an lexikalische Definitionen des Wissenschaftsbegriffs die komplexen Begriffe des methodischen und syste-

---

139 *Knemeyer*, Lehrfreiheit, 25.
140 *Knemeyer*, Lehrfreiheit, 24 f.
141 *Knemeyer*, Lehrfreiheit, 25.

matischen Vorgehens zu Minimalkriterien der Wissenschaftlichkeit i. S. der Verfassung aufzuwerten. Indessen mündet diese Feststellung schon in eine Kritik des von Knemeyer präsentierten Wissenschaftsbegriffs ein. Auch Knemeyer meint, die „Orientierung an der Wahrheit" sei eine conditio sine qua non der Wissenschaftlichkeit i. S. des Art. 5 Abs. 3 GG. Diese Auffassung überrascht zumindest deshalb, weil Knemeyer in einem anderen Zusammenhang die „Wahrheitssuche" als ein für die Bestimmung des Rechtsbegriffs Wissenschaft untaugliches Merkmal verwirft[142].

Der entscheidende Einwand gegen den Wissenschaftsbegriff Knemeyers gründet sich aber darauf, daß Knemeyer die eigene Prämisse einer „wertungsfreien" Definition mißachtet. Eine Subsumtion eines Sachverhaltes unter die einzelnen Glieder der von Knemeyer aufgezeichneten Formel verlangt nämlich eine verfassungswidrige Wertung wissenschaftstheoretischer Fragen. Diese These ist an Hand von zwei Beispielen zu belegen:

1. Knemeyer weist das „Streben nach Erkenntnis" als ein wissenschaftsinhärentes Merkmal aus. Bedeutet „das Erkennen" — wie Knemeyer meint — „Offenlegung neuer Zusammenhänge, neuer Komponenten, neuer Gesichtspunkte"[143], so stellt das „Streben nach Erkenntnis" einen Versuch dar, diese „neuen" Zusammenhänge aufzudecken. Mit diesem Definitionsvorschlag betritt Knemeyer — vielleicht unbewußt — die Ebene lexikalischer Begriffsbestimmungen. Außerdem zwingt er den Verfassungsinterpreten zu einer Wertung metajuristischer Probleme und damit zur Ausübung eines „Wissenschaftsrichteramtes". Nach der Formel Knemeyers muß er nämlich den Inhalt, die Zielsetzung einer den Schutz des Art. 5 Abs. 3 GG präsumierenden Betätigung mit dem bisherigen wissenschaftlichen Erkenntnisstand vergleichen, ehe das Urteil gefällt werden kann, es liege ein Streben nach „neuen Zusammenhängen" ... vor.

2. Ebenfalls nicht überzeugen kann der Vorschlag Knemeyers, „die kritische, in Frage stellende Untersuchung ... die Orientierung nicht an einem geforderten Ergebnis" als Eigenschaften der Wissenschaftlichkeit i. S. der Verfassung anzuerkennen. Auch dieses Glied des technisch formalen Wissenschaftsbegriffs widerspricht der Forderung Knemeyers nach einer formalen — wertungsfreien — Bestimmung: Knemeyer wandelt das metajuristische Postulat der „Voraussetzungslosigkeit" in ein wesentliches Merkmal des Rechtsbegriffs Wissenschaft um und verpflichtet damit den Verfassungsinterpreten, sich bei der Rechtsanwendung in den metajuristischen Streit um die „Voraussetzungslo-

[142] *Knemeyer*, Lehrfreiheit, 29 Fußn. 61.
[143] *Knemeyer*, Lehrfreiheit, 29 Fußn. 61.

sigkeit" einzumischen. Die Funktion der Wissenschaftsfreiheit besteht aber gerade nicht darin, wissenschaftlichen Überzeugungen den Schutz des Art. 5 Abs. 3 GG zu versagen.

IV. Zwischenergebnis

Die bisherigen Ausführungen zum verfassungsrechtlichen Wissenschaftsbegriff haben gezeigt, daß eine wirklich überzeugende Umschreibung von Wissenschaft, Forschung und Lehre bisher nicht gelungen ist. Die hier vorgetragene Kritik an den einzelnen Definitionsversuchen in Lehre und Rechtsprechung läßt sich wie folgt zusammenfassen:

1. Die von der wohl h. M. präsentierten, deutlich an lexikalische Formeln angelehnten inhaltlichen Umschreibungen des Wissenschaftsbegriffs zwingen den Richter oder Verwaltungsbeamten dazu, eine potentiell wissenschaftliche Betätigung unter komplexe Glieder metajuristischer Begriffe zu subsumieren. Dieses Vorgehen belastet die Anwendung des Grundrechts der Wissenschaftsfreiheit nicht nur mit einer erheblichen, im Hinblick auf das Rechtsstaatsprinzip höchst problematischen Rechtsunsicherheit. Vielmehr beschneidet die h. M. auch den Geltungsbereich des Grundrechts, da divergierende Wissenschaftsauffassungen nicht mehr das Prädikat der Wissenschaftlichkeit i. S. der Verfassung erhalten.

2. Versuche, das Grundrecht der Wissenschaftsfreiheit auf eine nach formalen Kriterien als Wissenschaftler ausgewiesene Personengruppe — etwa die akademischen Lehrer oder alle Beamten und Angestellten, die in der staatlichen Wissenschaftsorganisation forschen und lehren — zu beschränken, mithin Art. 5 Abs. 3 GG in ein „Staatsdienergrundrecht" umzudeuten, widersprechen eindeutig dem Wortlaut, dem systematischen Standort, insbesondere aber der Entstehungsgeschichte dieses Grundrechts.

3. Problematisch erscheint auch der Vorschlag, aus Art. 5 Abs. 3 GG ein „Definitionsverbot" herauszulesen und das Recht zur inhaltlichen Ausfüllung des verfassungsrechtlichen Wissenschaftsbegriffs auf metajuristische Gruppen „relevanter" Forscher und Lehrer zu delegieren.

Das Ziel einer eigenen Definition des Wissenschaftsbegriffs i. S. der Verfassung — aber auch des Beamtenrechts (§ 66 Abs. 1 Nr. 2 BBG — Alt. wissenschaftliche Nebentätigkeit) ist damit markiert: Der Wissenschaftsbegriff muß praktikabel sein, eine Exegese des Art. 5 Abs. 3 GG als „Standesprivileg" verhindern und das staatliche Organ, das über die Geltung dieses Grundrechts zu entscheiden hat, von der Aufgabe entbinden, als Wissenschaftsrichter eine Position im Streit um den metajuristischen Wissenschaftsbegriff zu beziehen.

E. Die eigene formale Bestimmung des Wissenschaftsbegriffs

I. Methodische Überlegungen

In der leidenschaftlich geführten Diskussion des verfassungsrechtlichen Kunstbegriffs[144] bestimmen einige Autoren neuerdings die „Kunst" nach formalen, phänotypischen Kriterien. So stellt *Knies*[145] nach einer bestechenden Beweisführung die These auf, das Telos des Art. 5 Abs. 3 GG fordere Freiheit des einzelnen Künstlers und verbiete aus diesem Grunde jede „inhaltliche Ausfüllung des grundrechtlichen Kunstbegriffs in einem material-qualitativen Sinne". Daher sei der Kunstbegriff der Verfassung nach dem „äußeren Erscheinungsbild" zu bestimmen: Kunst i. S. des Art. 5 Abs. 3 GG sei „das Malen, das Bildhauen, das Romanschreiben ... ohne Rücksicht auf die Qualität des jeweils Geschaffenen"[146]. *Müller* hat diese Lehre zumindest in wesentlichen Teilen übernommen[147]. Diese beiden Versuche einer praktikablen Umschreibung des geschützten Sachbereiches Kunst haben bisher keinen Eingang in Lehre und Rechtsprechung gefunden; das BVerfG hielt es im Mephisto-Beschluß[148] nicht einmal für notwendig, die Arbeiten von *Knies* und *Müller* zu erwähnen.

---

[144] Dazu etwa *Ropertz*, 34 ff.; *Erbel*, Kunstfreiheitsgarantie, 3 ff.; *Knies*, passim, insbesondere 128 ff. mit erschöpfenden Nachweisen und neuerdings *Müller*, Freiheit der Kunst, 35 ff.

[145] *Knies*, 217 f.

[146] *Knies*, 220. Kritisch etwa *Knemeyer / Greiffenhagen*, Der Staat 8 (1969), 249 f., die — am Beispiel der Meinungsfreiheit — nachweisen, daß zwischen dem *Gegenstand* der Freiheit — Kunst, Meinungsäußerung — und dem *Inhalt* der Freiheit scharf zu unterscheiden ist. Die entscheidende Schwäche des Kunstbegriffs von *Knies* besteht aber darin, daß er zwar keinen numerus clausus künstlerischer Betätigungen propagiert, zugleich aber die Konturen des Kunstbegriffs verwässert: ist etwa ein politischer Aufsatz schon deshalb Kunst, weil sein Autor — und nur er — diese Auffassung vertritt? Die oben (1. Teil, 1. Abschnitt, C II) gegen die Lehre vom Definitionsverbot vorgetragenen Einwände sind auch *Knies* entgegenzuhalten. *Preuß* und *Leibfried* — die Verfechter der Lehre vom Definitionsverbot — berufen sich beiläufig auf das von Knies präsentierte „material-qualitative" Definitionsverbot (*Preuß*, 105; *Leibfried*, Kritische Justiz 1968, 40 f. Fußn. 41). Der Unterschied zwischen den Konzeptionen von *Knies* und *Leibfried / Preuß* besteht aber darin, daß Knies das Recht zur Definition des Kunstbegriffs auf den *einzelnen Künstler* delegiert, während Leibfried / Preuß auf das Urteil „relevanter" Wissenschaftler verweisen, dem einzelnen Wissenschaftler damit implicite das Recht der Selbstdefinition des Wissenschaftsbegriffs absprechen. Gegen *Knies* auch *Erbel*, DVBl. 1969, 863, der Knies vorwirft, er löse die Konturen des Kunstbegriffs auf (864) und fördere Zufallsergebnisse (866). Ob indessen die von *Erbel* vorgeschlagene Beschränkung der Kunstfreiheit auf die „schöpferischen" Künste weiterführt, ist äußerst zweifelhaft. Zum Kunstbegriff neuerdings *Lerche*, BayVBl. 1974, 177.

[147] *Müller*, Freiheit der Kunst, 42 Fußn. 93, konzediert weitgehende Übereinstimmung mit *Knies*. Scharfe Kritik an Müllers Kunstbegriff bei *Düwel*, DVBl. 1970, 750 f. (Besprechung von *Müller*, Freiheit der Kunst).

[148] BVerfGE 30, 173 ff. Das Gericht orientiert sich allerdings an dem von Müller geprägten Begriff des „Wirkbereiches" (BVerfGE 30, 189).

Trotz des Verbotes, ein zur Alternative Kunst i. S. des Art. 5 Abs. 3 GG entwickeltes Auslegungsergebnis auf die Komponente Wissenschaft unbesehen zu übertragen[149], sollte sich auch der Interpret des Art. 5 Abs. 3 GG — nicht zuletzt wegen der kaum überzeugenden bisherigen Versuche einer inhaltlichen Definition des Wissenschaftsbegriffs — zumindest fragen, ob nicht bestimmte Erkenntnis- und Kommunikationsprozesse schon nach ihrem äußeren Erscheinungsbild, ihrer Form, eindeutig als Wissenschaft, Forschung oder Lehre zu qualifizieren sind.

Die Antwort fällt nicht schwer. Zumindest die akademische Lehre — verstanden als „Kathederlehre" des Hochschullehrers — ist immer noch eine im Kernbereich des Wissenschaftsbegriffs angesiedelte Form wissenschaftlichen Wirkens. Diese Feststellung gilt für das Stadium der historischen Entwicklung der Wissenschaftsfreiheit, mit gleicher Schärfe aber auch für die Gegenwart. Wie oben dargelegt wurde, konzentrierten sich nämlich die Beratungen der historischen Wissenschaftsfreiheit primär auf die akademische Lehre, die auch verfassungsrechtlich vor Eingriffen der Staatsgewalt abgeschirmt werden sollte. Dieses Bewußtsein von der Bedeutung der akademischen Lehrfreiheit wirkt bis in die Gegenwart hinein. Auch der allgemeine Sprachgebrauch versteht unter der wissenschaftlichen Lehre insbesondere die akademische Kathederlehre, diese bedeutsame, immer noch von hoheitlicher Bevormundung bedrohte Form wissenschaftlicher Kommunikation.

Dieser eindeutige Befund markiert den methodischen Ausgangspunkt der hier intendierten formalen Bestimmung des Wissenschaftsbegriffs. Sollten sich nämlich die begrifflichen Essentialia der akademischen Lehre — Kathederlehre — nach formalen Gesichtspunkten abstecken lassen, so stellt sich doch fast zwingend die Frage, ob die Argumente, die diese formale Umschreibung der akademischen Lehre verlangen, nicht auch den Weg zu einer formalen Definition außeruniversitärer Spielarten einer wissenschaftlichen „Wortlehre" eröffnen.

Eine Stütze findet dieser methodische Ansatz bei *Maunz*[150]. Auch Maunz weigert sich zwar, dem Schulunterricht das Merkmal der wissenschaftlichen Lehre i. S. des Art. 5 Abs. 3 GG zu verleihen. Insoweit argumentiert Maunz noch auf der Linie der h. M., die scharf zwischen der Lehrfreiheit und einer anders strukturierten Unterrichtsfreiheit — der pädagogischen Freiheit — unterscheidet[151]. Beachtlich erscheint aber der Vorschlag von Maunz, angesichts des wissenschaftlichen Anspruchs des Oberschulunterrichts den „verfassungsrechtlichen Gedan-

---

[149] *Köttgen*, Freiheit der Wissenschaft, 303.

[150] In: *Maunz / Dürig / Herzog*, GG, Art. 7 Rdn. 61, 62.

[151] Nachweise in Fußn. 181 zu diesem Abschnitt.

ken" des Art. 5 Abs. 3 GG zu beachten: zumindest ein den Lehrern der Oberklassen auferlegtes Verbot, im Unterricht eigene wissenschaftliche Erkenntnisse vorzutragen, wäre mit diesem „Gedanken" des Art. 5 Abs. 3 GG nicht vereinbar.

Diese methodischen Überlegungen bedingen den weiteren Gang der Untersuchung. Zunächst soll versucht werden, die Elemente des Begriffs der akademischen Lehre — verstanden als Kathederlehre — nach formalen Kriterien aufzuspüren (unter II). Aus dieser Komponente des Wissenschaftsbegriffs lassen sich Aussagen über die Essentialia der außeruniversitären Lehre, und zwar der Wortlehre (III) wie auch der Schriftlehre (IV), gewinnen. Es schließen sich Bemerkungen zum kaum problematischen Begriff der wissenschaftlichen Forschung i. S. des Art. 5 Abs. 3 GG an (V). Dabei wird sich zeigen, daß dieser auch für die Auslegung des Rechts der wissenschaftlichen Nebentätigkeit maßgebliche verfassungsrechtliche Wissenschaftsbegriff den Anwendungsbereich des § 66 Abs. 1 Nr. 2 BBG auf Nebentätigkeiten ausweitet, die nach bisher h. M. genehmigungspflichtig waren[152].

II. Die Alternative „akademische Lehre" i. S. des Art. 5 Abs. 3 GG

1. Die stillschweigende Anerkennung eines formalen Begriffs der akademischen Lehre

Im Schrifttum herrscht zwar seit der Münchener Staatsrechtslehrertagung des Jahres 1927 kein Streit mehr darüber, daß die Wissenschaftsfreiheit auch die akademische Lehrfreiheit vor staatlichen Eingriffen schützen soll. Keine Einigkeit konnte dagegen bisher über den Kreis der akademischen Lehrer wie auch über die qualitativen Merkmale der akademischen Lehre erzielt werden. So versagen einige Autoren lehrenden Assistenten das Grundrecht der Lehrfreiheit[153]. Andere Schriftsteller sind der Auffassung, Art. 5 Abs. 3 GG schütze allein die auf *eigener* wissenschaftlicher Forschung beruhende Lehre. Eine reine

---

[152] Zu beachten ist folgendes: Nach § 5 Abs. 1 BNebtVO gilt eine *Nebenbeschäftigung* bei geringerem Umfang als genehmigt. Eine — möglicherweise wissenschaftliche — Vorlesungstätigkeit an einer Universität, Fachhochschule, Verwaltungsschule oder auch Volkshochschule wird aber fast stets in der Form eines *Nebenamtes* (§ 1 Abs. 2 BNebtVO) ausgeübt und ist daher zumindest nicht schon nach § 5 Abs. 1 BNebtVO genehmigungsfrei. Auch aus diesem Grund kann die Frage nach der „Wissenschaftlichkeit" einer außerdienstlichen Vorlesungstätigkeit nicht offenbleiben.

[153] *Evers*, Weisungsrechte, 47; *Weber*, Diskussionsbeitrag, VVDStRL 27, 194; einschränkend auch *Oppermann*, 382 f. und *Thieme*, Hochschulrecht, 298 f. Für eine Auslegung der Wissenschaftsfreiheit als Grundrecht auch der lehrenden Assistenten dagegen *Knemeyer*, Lehrfreiheit, 43 f.; VG Berlin, JZ 1971, 615, 617 mit Anmerkung von *Roellecke*, 620; OVG Berlin, JZ 1973, 211 f. mit Anm. von *Frowein*, 212.

Wissensvermittlung partizipiere daher nicht am Grundrecht der Lehrfreiheit[154].

Erinnert man sich in diesem Zusammenhang an den von der h. M. immer noch verfochtenen inhaltlichen Wissenschaftsbegriff, nach dem Methodik, Systematik, die „ernsthafte Intention" der Wahrheitserkenntnis und die Vorurteilsfreiheit unverzichtbare Merkmale der Wissenschaftlichkeit bilden, so führte eine strenge Anwendung dieses Wissenschaftsbegriffs im Hochschulbereich zu ungereimten, wenn nicht unhaltbaren Ergebnissen: an jeden Lehrvortrag wäre der inhaltliche Maßstab der Wissenschaftlichkeit anzulegen[155]. Diese Forderung hat bisher jedoch — was verständlich erscheint — kein Hochschullehrer erhoben. Am prägnantesten dürfte sich der Standpunkt der h. M. bei *von Mangoldt / Klein* widerspiegeln, die — im Einklang mit der von den meisten Autoren akzeptierten Formel *Smends* — betonen, daß man „im Zweifel die Willensrichtung des Handelnden beachten" müsse, um dann fortzufahren: „Jeder ernsthafte Wissenschaftler forscht jedenfalls auch dann, wenn er nach außen als Lehrer auftritt[156]." Ein Indiz entscheidet somit beim akademischen Lehrer — auf ihn ist diese Stellungnahme zugeschnitten — über die Geltung der Lehrfreiheit! Anders formuliert: obgleich die h. M. für eine *inhaltliche* Definition des Wissenschaftsbegriffs plädiert, bestimmt sie die Essentialia der akademischen Lehre — also der wohl bedeutsamsten Ausformung des Grundrechts der Wissenschaftsfreiheit — nach überwiegend *formalen* Kriterien. Danach partizipiert der Lehrvortrag eines akademischen Lehrers stets an der verfassungsrechtlichen Wissenschaftsfreiheitsgarantie, also ohne Rücksicht darauf, ob der Wissenschaftler im Einzelfall das metajuristische Gesetz der Wissenschaftlichkeit beachtet. Eine Schwelle bildet nach h. M. allein die Vorlesung, die eine „Aufforderung zum Handeln" enthält, oder die politische Aktion[157].

Zumindest im Fall der akademischen Lehre duldet die h. M. somit einen formalen Wissenschaftsbegriff. Eine Bestimmung dieser bedeutsamen Komponente des Wissenschaftsbegriffs verlagert sich somit auf zwei präzise Fragestellungen, nämlich

1. welche Mitglieder der Hochschule gehören zum Kreis der akademischen Lehrer und

---

[154] *Hesse*, Grundzüge, 163; *Bettermann*, Universitätstage 1963, 67; *Dürig*, Grundrechtsverwirklichung, 92; *von Mangoldt / Klein*, GG, Art. 5 Anm. X 5 b (257 f.); *Schwinge*, 186; *Rupp*, Demokratie und Wissenschaftsverwaltung, 624 f.; *Kimminich*, DVBl. 1968, 683. Gegen eine Beschränkung der Lehrfreiheit auf die Verbreitung eigener Forschungsergebnisse zu Recht *Brinkmann*, GG, Art. 5 Abs. 3 Anm. 5 b β.

[155] Hierauf weist allein *Knemeyer*, Lehrfreiheit, 35 f., hin.

[156] *v. Mangoldt / Klein*, GG, Art. 5 Anm. X 5 b (258).

[157] Dazu ausführlich 1. Teil, 1. Abschnitt, E II 3.

2. unter welchen Voraussetzungen hält sich ein Lehrvortrag im Rahmen des amtlichen Lehrauftrages?

2. Der rechtliche Hintergrund dieses formalen Lehrbegriffs

Dieser Begriff der akademischen Lehre, der allein auf das äußere Erscheinungsbild, den Phänotyp einer akademischen Wissensvermittlung abstellt, markiert eine bedeutsame Station auf dem Weg zu einer formalen Bestimmung des Wissenschaftsbegriffs. Da nämlich die Wissenschaftsfreiheit eindeutig kein Privileg der akademischen Lehrer verbrieft, ist nach dem eingangs entwickelten methodischen Ansatz zu prüfen, ob die Erwägungen, die eine formale Bestimmung der akademischen Lehre erlauben, nicht auch eine formale Definition der außerakademischen Lehre rechtfertigen.

Für die von der h. M. implicite vertretene formale Auslegung der akademischen Lehre lassen sich immerhin drei insgesamt gleichwertige Argumente ins Feld führen.

Knemeyer weist zu Recht darauf hin, daß jeder Versuch auf unüberwindbare Schwierigkeiten stieße, zwischen wissenschaftlichen und unwissenschaftlichen Vorlesungen zu differenzieren[158]. Hielte man sich etwa streng an die Forderung vieler Autoren, die wissenschaftliche Lehre i. S. des Art. 5 Abs. 3 GG tradiere stets eigene Forschungsergebnisse in den Prozeß der wissenschaftlichen Kommunikation, so verdienten auch Vorlesungen eines Hochschullehrers oft nicht mehr das Prädikat der Wissenschaftlichkeit i. S. des Art. 5 Abs. 3 GG. Eine Weitergabe fremder Erkenntnisse — etwa die Durchführung eines Repetitoriums für Studenten der ersten Semester — könnte nur mit Hilfe eines Kunstgriffes unter den inhaltlichen Lehrbegriff der h. M. subsumiert werden, etwa mit der Behauptung, ein akademischer Lehrer trage auch fremde Erkenntnisse stets nach eigener kritischer Prüfung vor.

Eine großzügige Auslegung des Wissenschaftsbegriffs ist aber auch deshalb geboten, weil Art. 5 Abs. 3 GG den kulturellen Sachbereich der Wissenschaft vor hoheitlicher Einmischung und Bevormundung schützen soll. Der Forderung des BVerfG, jede Verfassungsbestimmung so auszulegen, daß der ihr inhärente Gedanke besonders effektiv zur Geltung kommt[159], kann im Fall der Wissenschaftsfreiheit nur dadurch entsprochen werden, daß jede Lehrtätigkeit an einer wissenschaftlichen Hochschule das Prädikat der wissenschaftlichen Lehre erhält, soweit sie sich noch im weiteren Sinn als Beitrag zum Sachbereich der Wissenschaft darstellt.

[158] *Knemeyer*, Lehrfreiheit, 35 f.; ähnlich *Salzwedel / Erbel* in: Peters, Geschichtliche Entwicklung und Grundfragen der Verfassung, 293 Fußn. 226 und wohl auch *Roellecke*, Urteilsanmerkung, JZ 1971, 620.

[159] Zu diesem Auslegungsgrundsatz etwa BVerfGE 6, 55, 72.

Der jüngst wieder betonte individualrechtliche Charakter der Wissenschaftsfreiheit[160] erhärtet diese Beweisführung. Da dieses Grundrecht nach seiner historischen Entstehung den Wissenschaftler vor hoheitlich verordneten Wahrheiten abschirmen sollte, ist es geboten, diesen Schutz überall dort besonders wirksam auszugestalten, wo dem Wissenschaftler hoheitliche Eingriffe drohen. Gerade der ambivalente Status des akademischen Lehrers bildet eine besonders gefährliche Einbruchstelle in das Grundrecht der Wissenschaftsfreiheit: Soweit der akademische Lehrer Beamter ist, muß er wegen des Inhalts seiner wissenschaftlichen Lehre, Weisungen, wenn nicht sogar — die Fälle *Havemann* und *Seifert* mögen als Beleg dienen[161] — disziplinarische Maßnahmen befürchten, die sich insgesamt lähmend auf die vom Verfassungsgeber so hoch bewertete Freiheit der Wissenschaft auswirken könnten. Daneben hat der akademische Lehrer als Mitglied einer Körperschaft des öffentlichen Rechts[162] von deren Selbstverwaltungsgremien Restriktionen seiner Lehrfreiheit zu befürchten[162a]. Schon um eine dem historischen Hintergrund der Wissenschaftsfreiheit entsprechende Bereinigung des im Status des akademischen Lehrers angelegten Konflikts zwischen seinem Erkenntnisstreben und der Staatsraison oder dem Egoismus von Hochschulgremien zu ermöglichen, sollte jede Vorlesung eines akademischen Lehrers als wissenschaftliche Lehre i. S. des Art. 5 Abs. 3 GG respektiert werden.

3. Politische Stellungnahmen, „Aufforderung zum Handeln" und „wissenschaftliche Praxis" als akademische Lehre?

Auf dem Boden des hier entwickelten Begriffs der akademischen Lehre erscheint es auch möglich, die bisher ausgeklammerte Problematik zu lösen, unter welchen Voraussetzungen die politischen Stellungnahmen eines Wissenschaftlers, ja eine „wissenschaftliche Praxis" i. S. *Stubys*[163], am Grundrecht der Wissenschaftsfreiheit partizipieren. Die weitaus h. M. plädiert auch insoweit für einen engen Begriff der akademischen Lehre. In Anwendung ihres — in unterschiedlichen Spielarten verfochtenen — inhaltlichen Wissenschaftsbegriffs grenzt sie das „Tätigwerden im Rahmen praktischer Politik"[164] wie insbesondere auch eine „Aufforderung zum Handeln" aus dem Wissenschaftsbegriff des Art. 5 Abs. 3 GG aus[165]. Eine Formel *Thiemes* aus dem Jahr 1956 dürfte

[160] Nachweise in Fußn. 56 zu diesem Abschnitt.

[161] Zum Fall Seifert oben 1. Teil, 1. Abschnitt, A I, Fall 1 und unten 2. Teil, 1. Abschnitt, B I und II, 3.

[162] So etwa § 2 Abs. 1 HUG.

[162a] Anschauliches Beispiel: VG Berlin, JZ 1971, 615 und das Berufungsurteil des OVG Berlin, JZ 1973, 209.

[163] Oben 1. Teil, 1. Abschnitt, A I, Fall 2.

[164] OVG Berlin, WissR (2) 1969, 81, 85.

die auch heute noch h. M. durchaus zutreffend umschreiben: „Wissenschaft erschöpft sich in der Reflexion. Ein Verhalten, das von der Absicht getragen ist, ein Handeln anderer auszulösen, ist nicht Wissenschaft. Das gilt selbst dann, wenn die Überlegung, die zu jenem Verhalten geführt hat, wissenschaftlich begründbar und objektiv richtig ist[166]."

Die praktische Bedeutung dieser restriktiven Bestimmung des Wissenschaftsbegriffs soll an den beiden eingangs erwähnten Beispielen[167] vorgeführt werden, am Fall *Seifert* wie auch an dem Aufsatz *Däublers*, in dem dieser offen — und zwar aus einer bestimmten wissenschaftlichen Position heraus — die Beamten zum Streik aufgefordert hat: Hätte die h. M. schon Schwierigkeiten, den Vortrag Seiferts unter ihren engen Wissenschaftsbegriff zu subsumieren, so müßte sie den Aufsatz Däublers als „Aufforderung zum Handeln" und damit als unwissenschaftliche Meinungsäußerung i. S. des Art. 5 Abs. 1 GG werten.

Bei der Diskussion dieses Aspektes des Wissenschaftsbegriffs sollte unterschieden werden zwischen den Stellungnahmen eines Wissenschaftlers zur Politik und seiner praktischen Betätigung in der politischen Arena. Der hier vertretene formale Begriff der akademischen Lehre könnte zwar dazu verleiten, *jede* politische Äußerung eines akademischen Lehrers als Lehre i. S. der Verfassung zu definieren, soweit diese politische Stellungnahme noch in einem äußeren Zusammenhang mit seinem Lehramt steht. Indessen sollte — insoweit herrscht noch Einigkeit — bei der Prüfung der Wissenschaftlichkeit dieser Äußerung allein auf den Inhalt des Lehramts abgestellt werden: ein Techniker, Mediziner oder Naturwissenschaftler, der in seiner Vorlesung eine scharfe Kritik an der Bildungspolitik seines Dienstherrn

---

[165] So *Thieme*, Hochschulrecht, 49, 57, 247; *Bettermann*, Universitätstage 1963, 66; *v. Mangoldt / Klein*, GG, Art. 18 Anm. III 3 b (529); *Köttgen*, Freiheit der Wissenschaft, 309 f. und 315; *Oppermann*, 386. So zu Art. 142 WRV *Köttgen*, Universitätsrecht, 112; *Wende*, 37. Wie das Schrifttum OVG Berlin, JZ 1973, 209 mit Anmerkung von *Frowein*, JZ 1973, 212 und alle Entscheidungen zum politischen Mandat, ausdrücklich etwa VG Berlin, DVBl. 1968, 122 f.; OVG Berlin, WissR (2) 1969, 81, 85; VGH Mannheim, DVBl. 1968, 705, 707 f.; OVG Hamburg, DVBl. 1972, 339, 341; BVerwGE 34, 69, 76 f.; (zu den beiden letzten Urteilen im Ergebnis zustimmend *v. Mutius*, Verw. Arch. 1972, 453, 456). Auch die Aufforderung zu einem Vorlesungsstreik ist nicht von Art. 5 Abs. 3 GG gedeckt, vgl. dazu VG Braunschweig, DVBl. 1974, 51, 53. Zu diesem Wissenschaftsbegriff der Verwaltungsgerichte auch *Ossenbühl*, AöR 98 (1973), 361, 403 ff.

[166] Hochschulrecht, 49; ähnlich formuliert der VGH Mannheim: „Die Umsetzung wissenschaftlicher Erkenntnisse in die politische Wirklichkeit, also das politische Handeln, die gezielte Mitwirkung bei der politischen Meinungs- und Willensbildung, gehört nicht mehr zum Bereich wissenschaftlicher Betätigung" (DVBl. 1968, 705, 707). Auch das VG Bremen neigt diesem Wissenschaftsbegriff zu, ZBR 1973, 16, 17.

[167] Oben 1. Teil, 1. Abschnitt, A I, Fall 1 und 3.

vorträgt oder politische Tagesereignisse würdigt, partizipiert allein am Grundrecht der Meinungsfreiheit. Eine Privilegierung gegenüber anderen Staatsbürgern würde dem Sinn des Art. 5 Abs. 1 GG widersprechen, eine umfassende und gleichberechtigte Teilnahme *aller Bürger* am Prozeß der wissenschaftlichen Kommunikation zu gewährleisten[168].

Eine Ausnahme gilt jedoch für alle Lehrer der politikbezogenen Disziplinen. Da sich ihr Lehrvortrag nicht in „reines" wissenschaftliches Erkennen und tagespolitische Stellungnahmen zerlegen läßt, sollte auch ihre Wertung politischer Ereignisse als akademische Lehre i. S. des Art. 5 Abs. 3 GG akzeptiert werden[169]. Diese Argumentation zwingt sogar dazu, eine „Aufforderung zum Handeln" unter bestimmten Voraussetzungen als eine Form der wissenschaftlichen Lehre i. S. des Art. 5 Abs. 3 GG zu werten. Hat man sich nämlich einmal dafür entschieden, dem *Politikwissenschaftler* auch hinsichtlich seiner tagespolitischen Stellungnahmen das Grundrecht der akademischen Lehrfreiheit zu gewähren, so sollte diese im Interesse einer freien Wissenschaft — aber auch aus praktischen Gründen — gefällte Entscheidung nicht dadurch wieder rückgängig gemacht werden, daß der unbestimmte Tatbestand einer „Aufforderung zum Handeln" aus dem Begriff der akademischen Lehre ausgeschieden wird. Ein *Politikwissenschaftler,* der sich aus einer bestimmten wissenschaftlichen Position heraus nicht damit begnügen will, eine politische Entscheidung zu kritisieren, sondern seine Zuhörer zugleich auffordert, ihre politischen Vorstellungen durch Aktionen — etwa eine Demonstration, durch Sammlung von Unterschriften, durch Verzicht auf das Wahlrecht zu bekämpfen, partizipiert auch insoweit am Grundrecht der Lehrfreiheit.

Die hier entgegen der h. M. verfochtene weite Auslegung des Begriffs der akademischen Lehre verstößt auch nicht — um einem möglichen Einwand vorzubeugen — gegen den vom BVerfG im KPD-Urteil skizzierten Wissenschaftsbegriff[170]. Soweit die Rechtsprechung — insbesondere die zur Zulässigkeit des politischen Mandats der Studentenschaft ergangenen Erkenntnisse — die politische Agitation, die Umsetzung wissenschaftlicher Erkenntnisse in die politische Wirklichkeit und damit auch die Aufforderung zum politischen Handeln aus dem Bereich der wissenschaftlichen Lehre ausgrenzen, berufen sie sich zum

---

[168] So im Ergebnis *Rothenbücher,* VVDStRL 4, 38 f.; *Köttgen,* Universitätsrecht, 113; *Kitzinger,* 497; *Schwinge,* 186.

[169] *Knemeyer,* Lehrfreiheit, 30; *Preuß,* 102, 105; *Schwinge,* 186 f.; zustimmend OVG Berlin, JZ 1973, 209, 210 rechte Spalte. Unklar *Thieme,* Hochschulrecht, 248, unter Hinweis auf *Max Weber,* Wissenschaft als Beruf: „Im Hörsaal und in der wissenschaftlichen Veröffentlichung hat die Politik zu schweigen"; ähnlich restriktiv *Köttgen,* Freiheit der Wissenschaft, 310.

[170] BVerfGE 5, 146.

Teil auf das KPD-Urteil des BVerfG[171]. In dieser Entscheidung hat das BVerfG aber gerade keine eindeutige Aussage darüber gefällt, ob eine politische Agitation wissenschaftliche Lehre i. S. des Art. 5 Abs. 3 GG bilden kann: „Die eindeutig bestimmbare Grenze zwischen wissenschaftlicher Theorie und politischem Ziel liegt dort, wo die betrachtend gewonnenen Erkenntnisse von einer politischen Partei, also einer ihrem Wesen nach zu aktivem Handeln im staatlichen Leben entschlossenen *Gruppe*[171a], in ihren Willen aufgenommen, zu Bestimmungsgründen ihres politischen Handelns gemacht werden[172]." Das BVerfG hat damit die Frage offengelassen, ob eine politische Stellungnahme eines *Wissenschaftlers* — und damit auch eine Aufforderung zum Handeln — unter den Wissenschaftsbegriff der Verfassung fällt[173].

Ohne schon in diesem Zusammenhang auf die beamtenrechtliche Problematik des Falles *Seifert* einzugehen[174], ist nach diesem weiten Verständnis der akademischen Lehrfreiheit der Auffassung von *Denninger* beizupflichten, der in einem für Prof. Seifert erstellten Gutachten dessen Urteil über den Kölner *Ruhland*-Prozeß als akademische Lehre bewertet hatte. Diese weite Deutung des Begriffs der akademischen Lehre steht sicherlich im Widerspruch zu der Ansicht, eine wissenschaftliche Lehre zeichne sich durch Sachlichkeit und Fairneß aus[175]. Verzichtet man aber aus den dargelegten Gründen darauf, an jeden einzelnen akademischen Lehrvortrag den strengen Maßstab der Wissenschaftlichkeit anzulegen, so soll man auch den Schritt wagen, dem Politikwissenschaftler als akademischen Lehrer einen weiteren Freiheitsraum zu gewähren. Wie noch im zweiten Teil der Arbeit zu untersuchen ist, dienen zumindest bei einem Beamten, der außerhalb seines Amtes — im Rahmen einer Nebentätigkeit — als akademischer Lehrer Vorlesungen hält, das Disziplinarrecht und das Strafrecht als durchaus geeignete Korrektive.

---

171 So etwa OVG Berlin, JZ 1973, 209, 210; VG Berlin, JZ 1971, 615, 619.

171a Hervorhebung vom Verfasser.

172 BVerfGE 5, 146.

173 Auch die Entscheidung in BVerfGE 25, 44, 63 hat sich nicht zu der Frage geäußert, unter welchen Voraussetzungen politische Stellungnahmen eines Wissenschaftlers, insbesondere eine Aufforderung zum Handeln, wissenschaftliche Lehre darstellen. Das Gericht hat lediglich entschieden, daß die Verteilung von Flugblättern „aktive politische Betätigung", nicht aber Wissenschaft i. S. des Art. 5 Abs. 3 GG sei. Wie hier im Ergebnis wohl auch *v. Mutius* in seiner Besprechung der Entscheidung des OVG Hamburg (DVBl. 1972, 339), wenn er ausführt, daß auch die Studenten nach Art. 5 Abs. 3 GG „die Befugnis haben, zu solchen Fragen der staatlichen oder gesellschaftlichen Grundordnung nach außen Stellung zu beziehen, welche die unmittelbaren Wert- und Existenzvoraussetzungen der Wissenschaftsfreiheit betreffen" (Verw. Arch. 1972, 456).

174 Dazu unten 2. Teil. 1. Abschnitt, B I 1.

175 *Thieme*, MittHV VII (1959), 99; *derselbe*, MittHV IV (1956), 63; *Schwinge*, 187; ähnlich PrOVG, DJZ 1930, 307 f.

Dagegen ist die unmittelbare politische Aktion — also „wissenschaftliche Praxis" i. S. von *Stuby*[176] — nicht mehr im Normbereich der Wissenschaftsfreiheit angesiedelt. Diese Auffassung läßt sich zwar nicht überzeugend mit dem Hinweis begründen, Art. 5 Abs. 3 GG sei allein mit dem historisch gewachsenen Wissenschaftsbegriff, der „theoria", inhaltlich auszufüllen. Dieses Argument verkennt, daß ein staatliches Organ, das — als Richter oder Verwaltungsbeamter — über die Geltung des Art. 5 Abs. 3 GG zu befinden hat, nicht als „Wissenschaftsrichter" einen numerus clausus der nach Art. 5 Abs. 3 GG geschützten Wissenschaftsauffassungen aufstellen darf. Der entscheidende Gesichtspunkt gründet sich vielmehr darauf, daß sich die wissenschaftliche Praxis eben gerade nach ihrem typischen „äußeren Erscheinungsbild" nahtlos in den Kontext anderer Grundrechte einfügt: sie ist etwa als Demonstration nach Art. 8 Abs. 1 GG, als Widerstand nach Art. 20 Abs. 4 GG verfassungsrechtlich geschützt. Jede andere Interpretation der Wissenschaftsfreiheit führt dazu, daß Art. 5 Abs. 3 GG die Funktion eines „Supergrundrechts" für den Politikwissenschaftler erhielte und damit eine Aufgabe übernähme, die der Verfassungsgeber eindeutig anderen Grundrechten, insbesondere der Meinungsfreiheit und der Vereinigungs- und Versammlungsfreiheit zugedacht hat. Damit markiert der historisch geprägte Normbereich anderer Grundrechte eine begriffliche Grenze der Wissenschaftsfreiheit, die — erinnert man sich an die von der „Neuen Linken" propagierte Ausweitung des Wissenschaftsbegriffs — durchaus praktische Bedeutung haben kann.

Um einem Mißverständnis vorzubeugen: der Vorschlag, die politische Aktion aus dem Begriff der akademischen Lehre auszugrenzen, widerspricht keineswegs der in dieser Arbeit vertretenen Ansicht, die politischen Stellungnahmen eines Politikwissenschaftlers unterfielen stets der akademischen Lehre i. S. des Art. 5 Abs. 3 GG. Diese Ansicht wurde damit begründet, daß eine überzeugende Aufspaltung des Lehrvortrages in politische Äußerungen (sc. im Sinne des Art. 5 Abs. 1 GG) und eine wissenschaftliche Erörterung der Politik kaum gelingen kann und aus diesem Grunde eine Privilegierung des Politikwissenschaftlers im Vergleich zu sonstigen akademischen Lehrern geboten ist. Da indessen eine Grenze zwischen einer „einfachen" tagespolitischen Stellungnahme und einer unmittelbaren politischen Aktion zu ziehen ist, sollte trotz der gebotenen großzügigen Auslegung des Begriffs der akademischen Lehre an dieser Unterscheidung festgehalten werden. Damit weicht die hier vorgeschlagene formale Definition des Begriffs der akademischen Lehre in zwei nicht unbedeutenden Punkten von den inhaltlichen Umschreibungen des Lehrbegriffs ab: Einmal ist nach der hier vertretenen

---

[176] Zu diesem Begriff der wissenschaftlichen Praxis 1. Teil, 1. Abschnitt, A I, Fall 2.

Auffassung nicht an jeden Lehrvortrag der strenge Maßstab der Wissenschaftlichkeit anzulegen, auch ein unmethodischer, nicht auf eigener Forschung beruhender, ja gehässiger Lehrvortrag ist verfassungsrechtlich als akademische Lehre zu werten. Daraus folgt zweitens, daß die politische Agitation — im Gegensatz zu der von Lehre und Rechtsprechung verfochtenen Auffassung — akademische Lehre darstellen kann, solange sie nicht — insoweit ist der h. M. beizupflichten — die Schwelle zur unmittelbaren politischen Aktion überschreitet.

4. *Ausstrahlung dieses formalen Begriffs der akademischen Lehre auf das Recht der wissenschaftlichen Nebentätigkeit*

Der hier entwickelte formale Lehrbegriff strahlt in zweifacher Hinsicht auf das Recht der wissenschaftlichen Nebentätigkeit aus: Da sich der Wissenschaftsbegriff des § 66 Abs. 1 Nr. 2 BBG — Alt. wissenschaftliche Nebentätigkeit — mit dem der Verfassung deckt, ist jede Ausübung einer außerdienstlichen akademischen Lehrtätigkeit nach § 66 Abs. 1 Nr. 2 BBG als wissenschaftliche Nebentätigkeit genehmigungsfrei und vor hoheitlichen Eingriffen nach Art. 5 Abs. 3 GG verfassungsrechtlich geschützt. Die Auffassung des Schrifttums, die akademische Lehrtätigkeit eines Beamten falle nicht unter den Begriff der wissenschaftlichen Nebentätigkeit i. S. des § 66 Abs. 1 Nr. 2 BBG[177], steht im Widerspruch zu Art. 5 Abs. 3 GG. Landesrechtliche Vorschriften, die eine Lehrtätigkeit generell für genehmigungspflichtig erklären, sind wegen Verstoßes gegen Art. 5 Abs. 3 GG verfassungswidrig[178]. Außerdem kann sich ein Beamter gegenüber dem Vorwurf eines Dienstvergehens auf das Grundrecht der Wissenschaftsfreiheit berufen, solange er seine Lehrveranstaltung nicht in eine „wissenschaftliche Praxis" umfunktioniert hat. Insoweit stehen ihm im Disziplinarverfahren andere Grundrechte zur Seite; außerdem muß der Beamte — möglicherweise — wegen eines Mißbrauchs seines Rechts auf Ausübung einer wissenschaftlichen Nebentätigkeit damit rechnen, daß der Dienstvorgesetzte die weitere Ausübung dieser „Lehrtätigkeit" nach § 66 Abs. 2 HS 2 BBG im Wege der Mißbrauchsaufsicht untersagt.

Im folgenden stellt sich die Frage, ob dieser am Beispiel der akademischen Lehre — Kathederlehre — aufgefächerte formale Wissenschaftsbegriff auch den Weg für eine formale Umschreibung außeruniversitärer wissenschaftlicher Lehre eröffnet.

---

[177] Nachweise in Fußn. 10 zur Einleitung und in Fußn. 43 zu diesem Abschnitt.

[178] Nachweise in Fußn. 10 zur Einleitung.

III. Außeruniversitäre Formen der Wortlehre i. S. des Art. 5 Abs. 3 GG

1. Die Abgrenzung der Unterrichtsfreiheit von der Lehrfreiheit

Jeder Versuch, die vielfältigen Formen außeruniversitärer Wissensvermittlung in den Kontext des Art. 5 Abs. 1, 3 GG einzuordnen, scheint auf kaum überwindbare Schwierigkeiten zu stoßen. Dürfte noch Einigkeit darüber herrschen, daß der Unterricht in einem Kindergarten verfassungsrechtlich nicht das Prädikat der wissenschaftlichen Lehre verdient, so streitet man sich im Schrifttum doch schon heftig darüber, ob der Unterricht an Schulen, insbesondere an Oberschulen, an Fachhochschulen, Volkshochschulen oder Verwaltungsakademien wissenschaftliche Lehre i. S. des Art. 5 Abs. 3 GG ist[179]. Dieser Streit kann den Leser dieser Arbeit nicht mehr überraschen: er bestätigt vielmehr die Ansicht, daß die unterschiedlichen Spielarten eines inhaltlichen Wissenschaftsbegriffs keine praktikable Umschreibung von Wissenschaft, Forschung und Lehre i. S. des Art. 5 Abs. 3 GG erlauben.

Auf der Suche nach einem formalen Lehrbegriff bietet sich zunächst eine von *Perschel* entwickelte Interpretation des Art. 5 Abs. 3 GG als Ausweg aus dem Dilemma an[180]. Perschel bekämpft die h. M., die streng zwischen der wissenschaftlichen Lehre i. S. des Art. 5 Abs. 3 GG und einer nach anderen Bestimmungen — insbesondere nach Art. 5 Abs. 1 GG — geschützten Unterrichtsfreiheit sonstiger Lehrer unterscheidet[181]. Mit erfreulicher Deutlichkeit weist Perschel — insoweit noch im Einklang mit der auch in dieser Arbeit vertretenen Ansicht — darauf hin, daß weder der „Ort" einer Wissensvermittlung noch die Tatsache, daß ein Lehrer nicht Professor ist, über die Geltung der Lehrfreiheit i. S. des Art. 5 Abs. 3 GG entscheiden könne[182]. Perschel deutet Art. 5 Abs. 3 GG — Alt. Lehrfreiheit — als eine ambivalente Bestimmung, die neben der wissenschaftlichen Lehre, der Kundgabe eigener Forschungsergebnisse, auch die externe „wissenschaftlich inaktive Lehre", eben den Unterricht, vor staatlicher Einmischung und Bevormundung abschirme[183].

---

[179] Zu den vielfältigen Einrichtungen der beruflichen Aus- und Fortbildung das Handbuch „Schulen zur beruflichen Bildung (Berufsfachschulen, Fachschulen, Meisterschulen, Fortbildungslehrgänge, höhere Fachschulen, Einrichtungen des 2. Bildungsweges), Ausgabe 1968" (Hrsg.: Bundesanstalt für Arbeitsvermittlung und Arbeitslosenversicherung), Nürnberg 1968.

[180] *Perschel,* DÖV 1970, 34 ff.

[181] Erschöpfende Nachweise würden bibliographischen Umfang erreichen, i. S. der h. M. etwa *Thieme,* Hochschulrecht, 60; *v. Mangoldt / Klein,* GG, Art. 5 Anm. X 5 c (258); *Kimminich,* DVBl. 1968, 683; *Wehrhahn,* in: Thieme / Wehrhahn, Freiheit der Künste und Wissenschaften, 70. Weitere Belege bei *Stock,* 67 ff., 295 ff.; *Perschel,* DÖV 1970, 36 Fußn. 31; *Staff,* DÖV 1969, 628 Fußn. 17.

[182] *Perschel,* DÖV 1970, 36 f.

Die Vorzüge dieses wirklich formalen Lehrbegriffes liegen auf der Hand. Er entbindet den Interpreten des Art. 5 Abs. 3 GG von der Aufgabe, über die Geltung der Lehrfreiheit aufgrund anfechtbarer wissenschaftstheoretischer Wertungen zu entscheiden, ja sich als „Wissenschaftsrichter" zu gerieren. Dennoch kann auch diese Interpretation des Art. 5 Abs. 3 GG nicht überzeugen. Die Existenz des Art. 7 Abs. 1 GG[184] untersagt es, die wissenschaftliche Lehrfreiheit wie auch die Unterrichtsfreiheit sonstiger Lehrer als Ausformungen des Grundrechts der Lehrfreiheit zu deuten, also parallel zu schalten. Der Verfassungsgeber hat — in Anlehnung an historische Vorbilder[185] — scharf zwischen dem Schulwesen (Art. 7 Abs. 1 GG) und der (privaten und öffentlichen) Wissenschaftspflege (Art. 5 Abs. 3 GG) unterschieden. Da Art. 5 Abs. 3 GG — so lautet das entscheidende Argument — den wissenschaftlichen Lehrer hinsichtlich des Inhalts und der Methode gerade vor staatlichen Weisungen abschirmen sollte, wäre es widersinnig, einem Lehrer in seiner beaufsichtigten Unterrichtstätigkeit das Grundrecht der Lehrfreiheit zu gewähren.

Art. 7 Abs. 1 GG markiert somit eine bedeutsame Schwelle des formalen Wissenschaftsbegriffs: jede Unterrichtstätigkeit an einer Schule i. S. des Art. 7 GG fällt nicht unter den Wissenschaftsbegriff der Verfassung und des § 66 Abs. 1 Nr. 2 BBG — Alt. wissenschaftliche Nebentätigkeit — und bedarf aus diesem Grunde — sofern sie gegen Vergütung ausgeübt wird — der Nebentätigkeitsgenehmigung nach § 65 Abs. 1 Nr. 2 BBG. Diese Auslegung mag vom Ergebnis her nicht überzeugen. Sie läßt sich aber de lege lata nicht vermeiden, da eine auf längere Dauer ausgeübte Unterrichtstätigkeit eindeutig auch nicht nach der Alternative „Vortragstätigkeit" genehmigungsfrei ist. Im Rahmen der geplanten Reform des Beamtenrechts sollte der Gesetzgeber aber erwägen, ob er nicht auch eine außerdienstliche Unterrichtstätigkeit in den Katalog der nach § 66 Abs. 1 BBG privilegierten Nebentätigkeiten aufnehmen sollte.

---

183 *Perschel*, DÖV 1970, 37 f. Wie Perschel im Ergebnis *Staff*, DÖV 1969, 629 (unter Hinweis auf die Entstehungsgeschichte) und *Roellecke*, JZ 1969, 729 (unter Hinweis auf seine Interpretation des Art. 5 Abs. 3 GG als „Staatsdienergrundrecht" aller Beamten und Angestellten, die in der staatlichen Wissenschaftsorganisation forschen und „lehren", dazu oben 1. Teil, 1. Abschnitt, D II.).

184 Art. 7 Abs. 1 GG lautet: „Das gesamte Schulwesen steht unter der Aufsicht des Staates." Zum Umfang der Schulaufsicht hinsichtlich der Auswahl des Unterrichtsstoffs OVG Berlin, DVBl. 1973, 273 mit Anm. von *Pakuscher*, DVBl. 1974, 43 f.

185 Auf Art. 152 der Paulskirchenverfassung folgten Vorschriften über das „Unterrichts- und Erziehungswesen"; die preußische Verfassung von 1848 regelte im Anschluß an die Wissenschaftsfreiheit den „Unterricht", ähnlich Art. 21 der preußischen Verfassung von 1850.

Die Konturen des formalen Wissenschaftsbegriffs — und zwar seiner wichtigen Ausprägung der „Wortlehre", „Kathederlehre" — gewinnen langsam an Schärfe: Die gleichsam im Kernbereich des Wissenschaftsbegriffs angesiedelte akademische Lehre verdient stets das Prädikat der Wissenschaftlichkeit i. S. der Verfassung. Eine Unterrichtstätigkeit an einer Schule i. S. des Art. 7 Abs. 1 GG erfüllt dagegen niemals das Sachgesetz der wissenschaftlichen Lehre i. S. des Art. 5 Abs. 3 GG. Die weitere Untersuchung muß sich damit auf die Frage konzentrieren, nach welchen formalen Gesichtspunkten die im weiten Spektrum zwischen der akademischen Lehre und dem Unterricht beheimateten vielfältigen Formen einer Wissensvermittlung die Merkmale der wissenschaftlichen Lehre erfüllen.

2. *Wissenschaftliche Lehre an wissenschaftsbezogenen Bildungseinrichtungen*

Zugunsten des in dieser Arbeit verfochtenen formalen Begriffs der akademischen Kathederlehre wurden drei insgesamt gleichwertige Argumente ins Feld geführt: Die Grenzen des nach Art. 5 Abs. 3 GG vor staatlicher Bevormundung abgeschirmten Sachbereichs der Wissenschaft sind weit abzustecken; der von hoheitlichen Eingriffen besonders bedrohte Status des akademischen Lehrers verlangt ebenfalls eine großzügige Bestimmung der akademischen Lehre, und schließlich sollte auch aus praktischen Gründen darauf verzichtet werden, an jede einzelne Vorlesung des akademischen Lehrers den inhaltlichen Maßstab der Wissenschaftlichkeit anzulegen. Nach diesen Grundsätzen ist jede Vorlesung eines akademischen Lehrers verfassungsrechtlich als wissenschaftliche Lehre i. S. des Art. 5 Abs. 3 GG zu werten.

Nach dem in dieser Arbeit entwickelten methodischen Ansatz für eine formale Bestimmung des Wissenschaftsbegriffs — und zwar seiner außeruniversitären Komponente — stellt sich damit die für die Praxis des Rechts der wissenschaftlichen Nebentätigkeit bedeutsame Frage, unter welchen Voraussetzungen eine Wissensvermittlung außerhalb der Universität das Prädikat der wissenschaftlichen Lehre verdient. Dabei soll — unter dem Blickwinkel des § 66 Abs. 1 Nr. 2 BBG — im folgenden unterschieden werden zwischen der Vorlesungstätigkeit eines Beamten an einer Fachhochschule, einer Volkshochschule und einer Verwaltungsschule, da die h. M. diese Nebentätigkeiten ohne Begründung einer Genehmigungspflicht unterwirft, ihnen also die Wissenschaftlichkeit nach Art. 5 Abs. 3 GG und § 66 Abs. 1 Nr. 2 BBG abspricht.

Zumindest die außerdienstliche Lehrtätigkeit eines Beamten an einer Fachhochschule sollte uneingeschränkt als wissenschaftliche Lehre nach

Art. 5 Abs. 3 GG und damit als genehmigungsfreie wissenschaftliche Nebentätigkeit i. S. des § 66 Abs. 1 Nr. 2 BBG anerkannt werden[186]. Diese Auffassung stützt sich einmal darauf, daß die Fachhochschule und damit auch die Vorlesungen aller an ihr haupt- und nebenamtlich beschäftigten Lehrer dem Sachbereich der Wissenschaft zuzuordnen sind[187]. Bedenkt man weiter, daß der Rechtsstatus des Fachhochschullehrers immer mehr dem des akademischen Lehrers angeglichen wurde[188], so kann es — nicht zuletzt wegen der gebotenen großzügigen Auslegung der Wissenschaftsfreiheit — nicht überzeugen, dem Fachhochschullehrer das Grundrecht des Art. 5 Abs. 3 GG zu versagen[189].

Auf größere Schwierigkeiten stößt dagegen der Versuch, die Lehrtätigkeit eines Beamten an sonstigen Fortbildungseinrichtungen nach formalen Grundsätzen in den Kontext des Art. 5 Abs. 3 GG einzuordnen. Ein Beamter, der außerhalb seines Hauptamtes an den Verwaltungsschulen der Länder und Gemeinden unterrichtet, benötigt hierfür — insoweit ist der h. M. und der Verwaltungspraxis zu folgen — eine Nebentätigkeitsgenehmigung nach § 65 Abs. 1 BBG und den entsprechenden landesrechtlichen Vorschriften. Schon vom äußeren Erscheinungsbild her weist diese Form der Wissensvermittlung keine Parallelen zu der — genehmigungsfreien — Lehrtätigkeit an einer Universität oder Fachhochschule auf. Der Beamte ist hinsichtlich der Lehrgegenstände wie auch der methodischen Darstellung des Lehrstoffes an die — um die Regelung in Niedersachsen als Beispiel zu erwähnen — von der Leitstelle der Verwaltungsschulen aufgestellten Lehr- und Stoffverteilungspläne gebunden[190]. Schon unter diesem Blickwinkel erscheint es problematisch, diese Nebentätigkeit eines Beamten

---

186 Anders *Thieme*, Hochschulrecht, 59; *Kimminich*, DVBl. 1968, [illegible], versagt allen Lehrern das Grundrecht des Art. 5 Abs. 3 GG, soweit sie nicht an wissenschaftlichen Hochschulen i. S. des GG lehren.

187 Beispielhaft formuliert etwa § 2 Abs. 1 des Fachhochschulgesetzes von Nordrhein-Westfalen (vom 29. Juli 1969, GV S. 572): „Die Fachhochschulen vermitteln durch praxisbezogene Lehre eine auf wissenschaftlicher oder künstlerischer Grundlage beruhende Bildung, die zu selbständiger Tätigkeit im Beruf befähigt. Sie betreiben auch Fort- und Weiterbildung. Sie können im Rahmen ihres Bildungsauftrags eigene Untersuchungen durchführen sowie Forschungs- und Entwicklungsaufgaben wahrnehmen."

188 So führen die Fachhochschullehrer in Berlin schon jetzt den Professorentitel, § 1 Nr. 3 i. V. m. § 20 Hochschullehrergesetz (vom 6. Mai 1971, GVBl. S. 755).

189 Für eine großzügige Auslegung der Lehrfreiheit auch *Knemeyer*, 42 f., der allerdings — in Anlehnung an seine problematische metajuristische Formel — verlangt, daß die Lehre als Ergebnis eigenen „sachorientierten Erkenntnisstrebens" präsentiert wird.

190 Die Leitstelle der Verwaltungsschulen ist nach § 5 Abs. 1 der Verordnung über die Prüfung für die Laufbahnen des gehobenen allgemeinen Verwaltungsdienstes im Lande Niedersachsen (APVO — geh. Dienst, vom 28.

als wissenschaftliche Lehre i. S. des Art. 5 Abs. 3 GG anzuerkennen: ungeachtet des Verbots, den Wissenschaftsbegriff des Art. 5 Abs. 3 GG mit einem bestimmten außerrechtlichen Wissenschaftsverständnis auszufüllen, besteht ein Merkmal der wissenschaftlichen Lehre doch darin, daß der wissenschaftliche Lehrer in der Darbietung seines Stoffes frei ist. Aus diesem Grunde ist die Vorlesungstätigkeit an einer Verwaltungsschule nach ihrem Phänotyp als eine Form des Unterrichts zumindest nicht nach Art. 5 Abs. 3 GG verfassungsrechtlich geschützt und daher genehmigungspflichtig[191].

Dagegen kann der Lehrtätigkeit eines Beamten an einer Volkshochschule nicht generell die Wissenschaftlichkeit i. S. des Art. 5 Abs. 3 GG und des § 66 Abs. 1 Nr. 2 BBG abgesprochen werden. Verzichtet man auch hier darauf, an die Vorlesung des Beamten jeweils den inhaltlichen Maßstab der Wissenschaftlichkeit anzulegen, also zu prüfen, ob der Beamte die ernsthafte Intention der Wahrheitserkenntnis hat, neue Erkenntnisse vorträgt und das Gesetz der Methodik beachtet, so verdient auch die Lehrtätigkeit eines Beamten an einer Volkshochschule den Schutz des Art. 5 Abs. 3 GG, wenn sie sich äußerlich nicht oder nur unwesentlich von der Lehre an einer Universität oder Fachhochschule unterscheidet. Danach lassen sich — letztlich aufgrund von Indizien — auch die Merkmale der wissenschaftlichen Volkshochschullehre durchaus praktikabel umschreiben. Soweit ein Beamter Vorlesungen auf dem Gebiet hält, das als Wissenschaft im Fächerkanon auch nur einer Universität enthalten ist, spricht eine gewichtige Vermutung für die Wissenschaftlichkeit dieser Vorlesungen. Gerade weil das Grundrecht der Lehrfreiheit die „Wissenschaft im allgemeinsten Sinne des Wortes" schützen sollte, nicht als „Domaine weniger" konzipiert wurde[192], sollte man keine Bedenken hegen, Art. 5 Abs. 3 GG auch an den Volkshochschulen Geltung zu verleihen, soweit diese — wenn auch im weiteren Sinne — Wissenschaft vermitteln und damit dem nach Art. 5 Abs. 3 GG vor staatlicher Fremdbestimmung abgeschirmten Sachbereich der Wissenschaft angehören[193]. Schließlich sollte berück-

Juli 1967, Nds. GVBl. S. 351) ein unabhängiges Organ, das nach § 5 Abs. 4 APVO — geh. Dienst die Lehr- und Stoffverteilungspläne aufstellt. Der zur Zeit geltende Lehr- und Stoffverteilungsplan ist veröffentlicht in Nds. MBl. 1971, S. 677.

[191] Zu beachten ist noch, daß die Beamten an den Verwaltungsschulen kraft eines Nebenamtes i. S. des § 1 Abs. 2 BNebtVO unterrichten. Sie sind daher an die Weisungen der Vorgesetzten gebunden (dazu *Ule*, BBG, § 64 Rdn. 1). Eine Parallele zur Unterrichtungstätigkeit eines Lehrers drängt sich daher auf.

[192] So der Berichterstatter in der Paulskirche, vgl. *Wigard*, Sten. Bericht, Band 3, 2167 f.; ähnlich *Beseler* im Verfassungsausschuß des Bundestages, vgl. *Droysen*, Verhandlungen, 19 f.

[193] Für eine Geltung des Art. 5 Abs. 3 GG — allerdings mit anderer Begründung — *Knemeyer*, Lehrfreiheit, 42.

sichtigt werden, daß der Gesetzgeber die „Freiheit der Lehre" auch an den Volkshochschulen verbürgt hat[194].

Die Beweisführung, die hier zugunsten einer formalen Bestimmung des Begriffs der wissenschaftlichen Lehre entwickelt wurde, soll jetzt noch vor einem möglichen Einwand abgeschirmt werden.

Als ein entscheidendes Indiz der Wissenschaftlichkeit einer Wissensvermittlung an außeruniversitären Bildungseinrichtungen — etwa den Volkshochschulen und den Verwaltungsschulen — wurde der Umstand gewertet, ob den dort lehrenden Personen hinsichtlich der Methoden und Inhalte ihres Vortrages eine weisungsfreie Sphäre verbürgt ist. Dieser Argumentation könnte der Vorwurf einer petitio principii gemacht werden: da Art. 5 Abs. 3 GG den wissenschaftlichen Lehrer in seinem Erkenntnisstreben vor staatlichen Weisungen schützen soll, sei es problematisch, einer weisungsabhängigen Tätigkeit das Grundrecht des Art. 5 Abs. 3 GG zu verwehren oder die rechtlich verbürgte Weisungsfreiheit als gewichtiges Indiz der Wissenschaftlichkeit anzusehen.

Dieser von *Perschel* und *Staff* angedeutete Einwand[195] sticht jedoch nicht. Richtig ist vielmehr folgendes: Nach Art. 5 Abs. 3 GG ist der Gesetzgeber daran gehindert, die Verwaltung zu ermächtigen, durch Weisungen auf den Inhalt oder gar die Methoden eines akademischen Lehrvortrages Einfluß zu nehmen, den wissenschaftlichen Lehrer zu bevormunden; insoweit garantiert Art. 5 Abs. 3 GG die historisch gewachsene, insbesondere durch eine institutionelle Verknüpfung von Forschung und Lehre geprägte Universität[196]. Der Gesetzgeber hat aber — wie das Beispiel der Hochschule für Verwaltungswissenschaften in Speyer zeigt — durchaus die Möglichkeit, eine Bildungseinrichtung zu einer wissenschaftlichen Hochschule i. S. des § 105 Abs. 1 BRRG aufzuwerten und damit implicite auch über den Anwendungsbereich des Art. 5 Abs. 3 GG zu entscheiden[197]. Ist einem Lehrer — wie z. B. in

[194] Vgl. für Nordrhein-Westfalen das „Gesetz über die Zuschußgewährung an Volkshochschulen und entsprechende Volksbildungseinrichtungen" (vom 10. März 1953, GV S. 219); § 3 Abs. 3 dieses Gesetzes bestimmt: „Die Freiheit der Lehre sowie die Freiheit der Wahl der Leiter und Mitarbeiter ... werden gewährleistet."

[195] *Perschel*, DÖV 1970, 38; *Staff*, DÖV 1969, 627. Beide Autoren bekämpfen mit diesem Argument die h. L., die sich — wie erwähnt — angesichts der in Art. 7 Abs. 1 GG verbürgten Schulaufsicht weigert, den Schulunterricht als wissenschaftliche Lehre i. S. des Art. 5 Abs. 3 GG zu qualifizieren.

[196] *v. Mangoldt / Klein*, GG, Art. 5 Anm. X 2 b (253 f.); *Oppermann*, 373.

[197] Die Hochschule für Verwaltungswissenschaften Speyer wurde aufgrund eines Gesetzes (vom 30. August 1950, GVBl. RP S. 265) gegründet, erhielt durch Verordnung vom 2. Oktober 1961 (GVBl. S. 197) das Habilitationsrecht und durch Verordnung vom 10. November 1970 (GVBl. S. 418) das Promotionsrecht. *Oppermann* meint, diese Hochschule sei „wohl noch den (wissenschaftlichen) Hochschulen im engeren Sinn" zuzurechnen, 298 Fußn. 21.

Nordrhein-Westfalen — die Freiheit der Lehre auch an den Volkshochschulen gesetzlich verbürgt, so hat der Gesetzgeber damit zumindest ein Hindernis aus dem Weg geräumt, das es verbieten könnte, die Lehre an einer Volkshochschule verfassungsrechtlich als wissenschaftliche Lehre zu behandeln. Umgekehrt kann dem Gesetz- und auch dem Verordnungsgeber nicht das Recht verwehrt werden, die im weiten Feld zwischen den Universitäten und den staatlichen Schulen angesiedelten Bildungseinrichtungen einem weitgehenden Weisungsrecht zu unterwerfen[198].

3. Bedeutung dieses Lehrbegriffs für die Praxis des Rechts der wissenschaftlichen Nebentätigkeit

Es soll nicht verkannt werden, daß der hier am Beispiel der akademischen Lehrfreiheit entwickelte und auf „wissenschaftsbezogene" Spielarten außeruniversitärer Wissensvermittlung übertragene formale Lehrbegriff keineswegs alle Zweifelsfragen löst, die sich um den Begriff der wissenschaftlichen Lehre i. S. des Art. 5 Abs. 3 GG ranken. Seine wohl entscheidende Schwäche besteht darin, daß auch er keine präzise Aussage darüber erlaubt, unter welchen Voraussetzungen eine Wissensvermittlung außerhalb einer Universität, Fachhochschule oder Schule wissenschaftliche Lehre darstellt. Diese Zweifel widerlegen jedoch nicht den hier vertretenen formalen Begriff der außerakademischen Lehre. Sie beruhen vielmehr auf der vom Verfassungsgeber in Anlehnung an historische Vorbilder durchgeführten Unterscheidung zwischen der Meinungsfreiheit und der Wissenschaftsfreiheit. Diese Konzeption belastet jede Auslegung der Wissenschaftsfreiheit, da sie den Interpreten des Art. 5 Abs. 3 GG dazu zwingt, den im Sprachgebrauch kaum bekannten Unterschied zwischen allgemeinen und wissenschaftlichen Meinungsäußerungen in rechtlich praktikable Formen zu gießen. Diese Aufgabe bereitet — übrigens auch nach den inhaltlichen Definitionen der h. M. — zumindest im diffusen, zwischen der akademischen Lehre und dem Schulunterricht liegenden Randbereich der staatlichen und privaten Wissenschaftspflege erhebliche Schwierigkeiten, die sich nach der hier vertretenen Auffassung am besten durch formale Kriterien, Indizien der Wissenschaftlichkeit, bewältigen lassen.

---

[198] In dem hier skizzierten Problemfeld ist auch die Frage angesiedelt, ob der Gesetzgeber gezwungen ist, an den außeruniversitären Forschungseinrichtungen dem Gedanken des Art. 5 Abs. 3 GG durch bestimmte Organisationsformen Geltung zu verschaffen, dazu etwa *Cartellieri*, Die Großforschung und der Staat, Gutachten über die zweckmäßige rechtliche und organisatorische Ausgestaltung der Institute für die Großforschung, Teil I (1967), Teil II (1969); *Karehnke*, Zum Begriff der Großforschung, WissR 2 (1969), 14 ff. und derselbe, Das Verhältnis von Großforschung und Staat, WissR 2 (1969), 250 ff. Vgl. auch FAZ v. 11. 2. 1973.

Zumindest die Vorzüge dieses Begriffes der Lehre i. S. des Art. 5 Abs. 3 GG im Vergleich zu den bisherigen Lösungsversuchen in Lehre und Rechtsprechung lassen sich nicht bestreiten:

1. Er erlaubt die gebotene verfassungsrechtliche Gleichbehandlung von akademischer Lehre und sonstigen Formen wissenschaftsbezogener Wissensvermittlung und führt damit die Lehrfreiheit endlich aus dem Schattendasein heraus, das sie in Deutschland jahrzehntelang als „aristokratisches Grundrecht", als „Privileg" des Hochschullehrers fristen mußte. Diese großzügige Auslegung des Wissenschaftsbegriffs — Alt. Wortlehre — steht nicht nur im Einklang mit den großen wissenschaftlichen Leistungen vieler Privatforscher. Sie kann sich immerhin auch auf die Entstehungsgeschichte der Wissenschaftsfreiheit berufen.

2. Daneben weist der formale Lehrbegriff auch einen Weg für eine dem Telos des Art. 5 Abs. 3 GG gerechte und auch praktikable Anwendung der Lehrfreiheit; das staatliche Organ, das — etwa als Richter oder Verwaltungsbeamter — über die Geltung der Lehrfreiheit zu entscheiden hat, muß sich allein die Frage stellen, ob ein Wissenschaftler, der sich auf das Grundrecht der Lehrfreiheit beruft, im Rahmen seines Auftrages[199] an einer der genannten Bildungseinrichtungen Wissenschaft vermittelt.

3. Schließlich liegen die Vorzüge dieses formalen Lehrbegriffs für die Anwendung des Rechts der wissenschaftlichen Nebentätigkeit auf der Hand: Zufallsergebnisse, die bisher in Schrifttum und Verwaltungspraxis vorherrschten, werden weitgehend vermieden, da der lehrende Beamte sich meist selbst ein Urteil über die Wissenschaftlichkeit seiner Lehrtätigkeit bilden kann. Entscheidet er sich für die Übernahme eines Lehrauftrages an einer Universität oder einer Fachhochschule, so kann er — entgegen der bisherigen Verwaltungspraxis — mit gutem Gewissen darauf verzichten, eine Nebentätigkeitsgenehmigung zu beantragen. Will er dagegen Vorlesungen an einer Verwaltungsschule halten, so bedarf er hierfür der Genehmigung seiner Dienstbehörde, da diese gegen Vergütung ausgeübte Unterrichtstätigkeit auch nicht nach der Alternative „Vortragstätigkeit" i. S. des § 66 Abs. 1 Nr. 2 BBG genehmigungsfrei ist. Soweit ein Beamter an einer Volkshochschule lehrt, sollte er — sofern er befürchtet, die oberste Dienstbehörde werde ihm die Genehmigung versagen — dagegen prüfen, ob seine Vorlesung nach ihrem Gegenstand wie auch der thematischen Ausgestaltung wissenschaftlichen Charakter hat, insbesondere auch als Universitätsvorlesung denkbar wäre. In Zweifelsfällen darf dem Beamten nicht das Recht verwehrt werden, den inhaltlichen Nachweis der Wissenschaftlichkeit anzutreten.

---

[199] Dazu oben 1. Teil, 1. Abschnitt, E II 2 und 3.

4. Im übrigen gilt die am Begriff der akademischen Lehre herausgearbeitete Einschränkung: eine „wissenschaftliche Praxis“ fällt nicht unter den Begriff der wissenschaftlichen Lehre i. S. des Art. 5 Abs. 3 GG und des § 66 Abs. 1 Nr. 2 BBG[200].

IV. Die wissenschaftliche Schriftlehre

Auch der Begriff der Schriftlehre läßt sich mit Hilfe rein formaler Kriterien, also unter Verzicht auf eine Wertung wissenschaftstheoretischer Streitfragen praktikabel eingrenzen. Diese Komponente des verfassungsrechtlichen Wissenschaftsbegriffs ist allerdings für die sachliche Reichweite des § 66 Abs. 1 Nr. 2 BBG — Alt. wissenschaftliche Nebentätigkeit — nicht von so großer Bedeutung wie der Begriff der Wortlehre, da das literarische Wirken eines Wissenschaftlers schon nach der Alternative der schriftstellerischen Nebentätigkeit i. S. des § 66 Abs. 1 Nr. 2 BBG von einer Genehmigungspflicht entbunden ist. Dennoch sollte — um eine methodische Prämisse zu wiederholen, auf die sich diese Untersuchung gründet[201] — bei der Auslegung des § 66 Abs. 1 Nr. 2 BBG sorgfältig die vom Verfassungsgeber durchgeführte Unterscheidung zwischen der Meinungsfreiheit und der Wissenschaftsfreiheit beachtet werden.

1. *Köttgens enge Auslegung des Lehrbegriffs*

Köttgen vertritt nachdrücklich die Auffassung, das schriftstellerische Wirken eines Wissenschaftlers sei als eine bedeutsame Ausformung des Grundrechts der Pressefreiheit nach Art. 5 Abs. 1 GG vor hoheitlichen Eingriffen abgeschirmt, unter Lehre i. S. des Art. 5 Abs. 3 GG sei allein der historisch gewachsene Begriff der „Kathederlehre“ zu verstehen[202]. Diese Deutung des verfassungsrechtlichen Lehrbegriffs engt den grundrechtlich umhegten Bereich von Wissenschaft und Lehre empfindlich ein. Das schriftstellerische Wirken eines Wissenschaftlers — und zwar nicht allein des akademischen Lehrers — bildet ein bedeutsames Korrelat zu seiner Wortlehre: als Verfasser von Aufsätzen, Lehrbüchern und auch Vorlesungsskripten vertieft er seine mündlich vorgetragenen Kenntnisse, ja führt diese erst in eine allgemeine wissenschaftliche Diskussion ein. Schon diese Funktion der Schriftlehre im Prozeß der wissenschaftlichen Kommunikation rechtfertigt es — erinnert man sich an die gebotene großzügige Bestimmung des Wissen-

---

[200] Vgl. 1. Teil, 1. Abschnitt, E II 3 am Ende.

[201] Einleitung unter II.

[202] Freiheit der Wissenschaft, 300; *derselbe*, Universitätsrecht, 120.

schaftsbegriffs —, entgegen der Auffassung von *Köttgen* auch die Schriftlehre als eine nach Art. 5 Abs. 3 GG vom Verfassungsgeber besonders hoch bewertete Form individuellen wissenschaftlichen Wirkens einzustufen, Art. 5 Abs. 3 GG insoweit als eine Lex specialis zur Pressefreiheit zu deuten.

Dieser vom verfassungsrechtlichen Schrifttum nicht immer scharf genug herausgearbeitete Befund[203] fügt sich in das Telos, aber auch die Entstehungsgeschichte der Wissenschaftsfreiheit im 19. Jahrhundert ein. So bildeten neben der „Kathederlehre" auch „gefährliche" wissenschaftliche Druckwerke stets ein Dorn im Auge wissenschaftsfeindlicher Obrigkeit[204]. Nicht zuletzt wegen dieser Erkenntnis ging der Berichterstatter in der Paulskirche wie selbstverständlich von einem ambivalenten, das mündliche und schriftstellerische Wirken umgreifenden verfassungsrechtlichen Lehrbegriff aus[205].

2. *Die formale Umschreibung der Schriftlehre*

Eine formale Umschreibung der Schriftlehre bereitet keine allzu großen Schwierigkeiten, weil sich über die phänotypischen Minimalkriterien der Schriftlehre schon im allgemeinen Sprachgebrauch ein weitgehender Konsens herausgebildet hat, ja fast ein numerus clausus der neuralgischen Fälle aufgestellt werden kann. So zeichnet sich eine wissenschaftliche Arbeit etwa dadurch aus, daß sie den Leser — auf welchem Wege auch immer — über das Problem und den bisherigen Streitstand informiert. Sie enthält ferner einen „wissenschaftlichen Apparat", der es dem Leser erlaubt, die Thesen des Verfassers zu überprüfen, zu widerlegen[206]. Als gewichtige Indizien der Wissenschaftlichkeit eines Werkes sollten ferner anerkannt werden: die Veröffentlichung in einer Zeitschrift oder Schriftenreihe, die von Wissenschaftlern herausgegeben wird[207]. Umgekehrt sollte eine Arbeit verfassungsrechtlich nach Art. 5 Abs. 1 GG geschützt werden, wenn sie in der typischen Form eines Presseerzeugnisses der Tagespresse erscheint[208].

---

[203] Deutlich gegen *Köttgen* aber *Knemeyer*, Lehrfreiheit, 32 f.; wie hier im Ergebnis *Wehrhahn*, Lehrfreiheit und Verfassungstreue, 12 Fußn. 18; *Thieme*, DUZ 1960, Heft XI, 7; *derselbe*, MittHV VII (1959), 98; *Wilhelm*, Die freie Meinung, 30; *Ridder / Stein*, DÖV 1962, 365 Fußn. 21.

[204] Ein Beispiel: Obgleich § 11 des Sozialistengesetzes wissenschaftliche Werke privilegierte, hatte der Berliner Polizeipräsident keine Bedenken, auch eine Veröffentlichung wissenschaftlicher Werke von Lasalle, Marx, Engels, Liebknecht zu verbieten, dazu *Huber*, Verfassungsgeschichte IV, 1182. Erfreulich deutlich dagegen das BVerfG im KPD-Urteil, BVerfGE 5, 146.

[205] Dazu *Wigard*, Sten. Bericht, Band 3, 2167 f.

[206] *Schmidt*, Freiheit der Wissenschaft, 116.

[207] *Wilhelm*, Die freie Meinung, 30.

[208] *Schmidt*, Freiheit der Wissenschaft, 116 f.

Die problematischen Fälle sind somit insbesondere im Feld des „populärwissenschaftlichen“ Schrifttums angesiedelt: so könnten etwa Zweifel bestehen, ob die Bücher von Däniken oder parapsychologische Darstellungen Wissenschaft i. S. der Verfassung darstellen. Hält man sich aber vor Augen, daß dem Staat kein Recht zusteht, bestimmten Wissenschaftsauffassungen den Schutz des Art. 5 Abs. 3 GG zu verwehren oder sich gar das Recht anzumaßen, ein Urteil über den Wahrheitswert einer Erkenntnis zu fällen und dem Wissenschaftler das Recht zum Irrtum zu versagen[209], so sollte man keine Bedenken hegen, auch die Alternative Schriftlehre i. S. des Art. 5 Abs. 3 GG im Zweifel großzügig zu bestimmen und auch populärwissenschaftlichen Schriften das Grundrecht der Wissenschaftsfreiheit zuzubilligen.

V. Die Forschung

1. Allgemeines

Die Alternative Forschungsfreiheit des Art. 5 Abs. 3 GG hat eine durchaus eigenständige Bedeutung. Wissenschaftliche Forschung ist einmal eine wichtige Komplementärfunktion der wissenschaftlichen Lehre[210], da sie den komplexen Prozeß des wissenschaftlichen Erkennens, das Experiment des Naturwissenschaftlers wie auch die Zusammenstellung und Aufbereitung des Materials durch einen Geisteswissenschaftler vor einer hoheitlichen Bevormundung abschirmt. Angesichts dieses dem Staat in Art. 5 Abs. 3 GG auferlegten Verbots, Methoden und Resultate der Forschung zu präjudizieren[211], mutet der Vorschlag *Köttgens*, die skizzierten Erkenntnisprozesse im „Vorhof“ der Wissenschaftsfreiheit anzusiedeln[212], fast archaisch an[213].

---

[209] Das Recht des Wissenschaftlers zum Irrtum betonen etwa: *v. Ladenberg* in der amtlichen Erläuterung des Art. 17 der preußischen Verfassung von 1848; *Kitzinger*, 461; *Schmidt*, Freiheit der Wissenschaft, 116.

[210] *Wehrhahn*, Lehrfreiheit und Verfassungstreue, 13.

[211] *v. Simson*, VVDStRL 29, 9 f.

[212] *Köttgen*, Freiheit der Wissenschaft, 298; ähnlich schon derselbe, Universitätsrecht, 113 und 120. Köttgen spricht von wissenschaftlichen „Vorarbeiten“, die im „Vorhof“ der Wissenschaftsfreiheit angesiedelt seien. Ein Verstoß gegen die Wissenschaftsfreiheit liege erst vor, wenn der Staat die „Erkenntniswege der Forschung als solche beschneide“ (Köttgen, Freiheit der Wissenschaft, 298); ähnlich *v. Mangoldt / Klein*, GG, Art. 5 Anm. X 4 h (256).

[213] Gegen *Köttgen* etwa *Ridder / Stein*, DÖV 1962, 365; *Thieme*, MittHV IV (1956), 65, der zu Recht bemerkt, daß *Köttgens* Forschungsbegriff auf der Vorstellung beruht, daß Art. 5 Abs. 3 GG kein Sonderrecht auf Materialbeschaffung, insbesondere auf Eingriffe in Rechte Dritter verbürgt; dazu etwa *Dürig*, Grundrechtsverwirklichung, 95.

Ihre eigentliche Bedeutung entfaltet die Forschungsfreiheit jedoch im weiten Feld der staatlichen und privaten Grundlagen- und Auftragsforschung (Zweckforschung). Die insbesondere an den Universitäten und staatlichen Forschungsanstalten beheimatete Grundlagenforschung hat die Aufgabe, innerhalb eines abgegrenzten Sachgebietes neue Erkenntnisse und Zusammenhänge aufzudecken[214]. Die Auftrags- oder Zweckforschung versucht dagegen, ein oft von dritter Seite gestelltes Problem zu lösen[215], sie konzentriert sich insbesondere in der Form der werkseigenen Industrieforschung. Von diesen beiden Spielarten der wissenschaftlichen Forschung ist die Anwendung von Forschungsergebnissen in der Praxis scharf zu unterscheiden: so etwa in der Industrie die technische Entwicklung und industrielle Verwertung eines Produktes[216], in der Medizin die Impfung[217]. Diese Betätigungen sind keine Forschung i. S. des Art. 5 Abs. 3 GG.

Auf dem Boden dieses im wesentlichen anerkannten Begriffs der wissenschaftlichen Forschung i. S. des Art. 5 Abs. 3 GG[218] stellt sich dem Interpreten des Rechts der wissenschaftlichen Nebentätigkeit die bisher kaum erörterte Frage, ob eine wissenschaftliche Gutachtertätigkeit eines Beamten nach § 66 Abs. 1 Nr. 2 BBG als wissenschaftliche Nebentätigkeit genehmigungsfrei ausgeübt werden darf.

---

[214] *Wilhelm*, BNebtVO, § 7 Rdn. 5. Einen Überblick über den Umfang außeruniversitärer — in öffentlich-rechtlicher oder privatrechtlicher Form betriebener — Forschungsinstitute vermitteln die „Empfehlungen des Wissenschaftsrates zum Ausbau der wissenschaftlichen Einrichtungen", Teil III, Band 1, Tübingen 1965 und die vom Stifterverband für die Deutsche Wissenschaft (Baden-Baden, 1969) herausgegebene Arbeit „Deutsche Stiftungen für Wissenschaft, Bildung und Kultur", in der 629 Institute aufgeführt werden, die sich mit Wissenschaft, Bildung und Kunst befassen.

[215] Über die Terminologie herrscht keine Einigkeit, wie hier *Wilhelm*, BNebtVO, § 7 Rdn. 5 und *Hamann / Lenz*, GG, Anm. B 14 (200) zu Art. 5; *Thieme*, Hochschulrecht, 14 f., setzt die Zweckforschung mit der angewandten Forschung gleich.

[216] *Köttgen*, Freiheit der Wissenschaft, 296; *Wilhelm*, BNebtVO, § 7 Rdn. 5.

[217] Weitere Beispiele bei *v. Mangoldt / Klein*, GG, Art. 5 Anm. X 4 d (255).

[218] Diese hier in Anlehnung an die wohl h. M. skizzierte Dreiteilung des Forschungsbegriffs (Grundlagenforschung — Auftrags- oder Zweckforschung — Anwendung von Forschung in der Praxis) ist — wie etwa *v. Mangoldt / Klein* (GG, Art. 5 Anm. X 4 d (255), konzedieren — nicht unproblematisch, da etwa „reine" Grundlagenforschung immer häufiger in der Form der Auftragsforschung betrieben wird und eine Unterscheidung zwischen der Industrieforschung und der technischen Entwicklung eines Produktes häufig kaum zu treffen ist (Beispiel: Testfahrten mit einem Prototyp). Es soll jedoch darauf verzichtet werden, diese Frage zu vertiefen, da sich bei der Auslegung des Rechts der wissenschaftlichen Nebentätigkeit allein die Frage stellt, unter welchen Voraussetzungen die Gutachtertätigkeit eines Beamten als wissenschaftliche Forschung nach § 66 Abs. 1 Nr. 2 BBG keiner Genehmigungspflicht unterliegt.

2. Die wissenschaftliche Gutachtertätigkeit eines Beamten unter dem Blickwinkel des Art. 5 Abs. 3 GG und des § 66 Abs. 1 Nr. 2 und 3 BBG

a) Die beamtenrechtliche Argumentation der h. M.

Beamtenrechtliche sedes materiae ist § 66 Abs. 1 Nr. 3 BBG. Nach dieser Bestimmung ist auch eine „mit Lehr- oder Forschungsaufgaben zusammenhängende selbständige Gutachtertätigkeit von Beamten an wissenschaftlichen Instituten und Anstalten" nicht genehmigungspflichtig[219]. Eine verwandte Vorschrift enthält das DRiG: § 41 Abs. 1 DRiG untersagt den Richtern die Erstattung von Rechtsgutachten. Eine Ausnahme gilt nach § 41 Abs. 2 Satz 1 DRiG für beamtete Professoren, die zugleich Richter sind[220]. Das beamtenrechtliche Schrifttum hat die Problematik des § 66 Abs. 1 Nr. 3 BBG bisher nicht einmal angeschnitten. Nach völlig h. M. ist eine wissenschaftliche Gutachtertätigkeit *allein* unter den Voraussetzungen des § 66 Abs. 1 Nr. 3 BBG genehmigungsfrei[221]. Dieser Ansicht hat sich die Verwaltungspraxis angeschlossen[222]. Diese Interpretation des § 66 Abs. 1 Nr. 3 BBG muß sich zwei Einwände gefallen lassen:

1. Schon der Wortlaut des § 66 Abs. 1 Nr. 3 BBG erlaubt eine großzügigere Behandlung der außerdienstlichen Gutachtertätigkeit eines Beamten. Da § 66 Abs. 1 Nr. 3 BBG allen Beamten, nicht nur den „Lehrern an öffentlichen Hochschulen" das Privileg einer genehmigungsfreien Gutachtertätigkeit verbürgt, ist etwa die Auffassung von *Ule*, ein Assistent könne sich nicht auf § 66 Abs. 1 Nr. 3 BBG berufen[223],

---

[219] § 42 Abs. 2 Nr. 3 BRRG entbindet die mit Lehr- und Forschungsaufgaben „zusammenhängende selbständige Gutachtertätigkeit von Lehrern an öffentlichen Hochschulen und Beamten an wissenschaftlichen Instituten und Anstalten" von einer Genehmigungspflicht. Zum Landesrecht *Ule*, BRRG, § 42 Rdn. 9.

[220] *Schröder*, RdA 1961, 305, hält diese Regelung für verfassungswidrig, da Art. 3 GG eine Privilegierung der beamteten Professoren verbiete. Anders, aber kaum überzeugend, VGH Mannheim, BaWüVBl. 1967, 123, 124 und BVerwG, ebd. 125.

[221] *Fischbach*, BBG, § 66 Anm. II 3 f. (509); *Weimar*, ZBR 1961, 70; *Hefele / Schmidt*, Bay. BG, Art. 75 Rdn. 4; *Crisolli / Schwarz*, HBG, § 80 Rdn. 12; *Pillat / Claußen*, Hmb. BG, § 68 Rdn. 4; *Kümmel*, NBG, § 74 Rdn. 8; *Plog / Wiedow / Beck*, BBG, § 66 Rdn. 11; *Schütz*, DöD 1959, 126; *Schütz / Ulland*, NWLBG, § 69 Rdn. 2 e. Zum DBG etwa *Brand*, DBG, § 11 Anm. 1 c. Wie das Schrifttum § 79 Abs. 1 Nr. 2 HBG, § 73 Abs. 1 Nr. 3 NBG, § 72 Abs. 1 Nr. 2 RPLBG.

[222] In den „Mitteilungen für die Verwaltung der Freien und Hansestadt Hamburg" (1967, 198) heißt es: „Soweit die Erstattung von Gutachten ... eine Nebentätigkeit des Beamten darstellt, unterliegt sie grundsätzlich der Genehmigungspflicht, wenn mit der Tätigkeit eine Vergütung verbunden ist."

[223] *Ule*, BRRG, § 42 Rdn. 4; ähnlich *Korn*, NWLBG, § 69 Rdn. 4 (Beschränkung auf hauptamtliche Lehrer!); richtig insoweit *Görg*, ZBR 1961, 161, der

nicht vom Wortlaut dieser Bestimmung gedeckt. Problematisch erscheint auch der Vorschlag von *Fischbach*[224], der Anwendungsbereich des § 66 Abs. 1 Nr. 3 BBG erstrecke sich allein auf eine Gutachtertätigkeit an wissenschaftlichen Hochschulen. Hat der Landesgesetzgeber schon anderen Bildungseinrichtungen — etwa den Fachhochschulen — ausdrücklich die Pflege der Wissenschaft anvertraut, so ist kein Grund ersichtlich, warum das Privileg des § 66 Abs. 1 Nr. 3 BBG nicht auch an diesen „wissenschaftlichen Instituten und Anstalten" gelten soll[225].

2. Soweit die h. M. auch die Gutachtertätigkeit von Beamten, die nicht der nach § 66 Abs. 1 Nr. 3 BBG privilegierten Gruppe angehören, einer Genehmigungspflicht unterwirft, stellt sich in aller Schärfe die Frage, ob diese Auslegung des § 66 Abs. 1 Nr. 3 BBG mit dem Grundrecht der Wissenschaftsfreiheit zu vereinbaren ist. Bei einer Interpretation des § 66 Abs. 1 Nr. 3 BBG mit den Mitteln der herkömmlichen Gesetzesauslegung neigt sich das Pendel immerhin zugunsten der h. M., denn § 66 Abs. 1 Nr. 3 BBG verleitet zu dem Umkehrschluß, daß jede außerdienstliche — auch die wissenschaftliche — Gutachtertätigkeit eines Beamten allein unter den Voraussetzungen des § 66 Abs. 1 Nr. 3 BBG genehmigungsfrei ist[226]. Dieser naheliegende Umkehrschluß ist jedoch unzulässig, soweit er dazu führt, daß eine wissenschaftliche Gutachtertätigkeit dem in § 65 Abs. 1 BBG umschriebenen Verbot mit Erlaubnisvorbehalt unterworfen wird. Gerade diese Form einer präventiven Kontrolle wird nämlich — wie oben[226a] dargelegt wurde — durch das Grundrecht der Wissenschaftsfreiheit ausgeschlossen. Diese verfassungsrechtliche Konstellation zwingt dazu, *jede* Gutachtertätigkeit eines Beamten von einer Genehmigungspflicht nach § 65 Abs. 1 Nr. 2 BBG zu entbinden, wenn sie das Prädikat der Wissenschaftlichkeit i. S. des Art. 5 Abs. 3 GG wie auch des § 66 Abs. 1 Nr. 2 BBG — Alt. wissenschaftliche Nebentätigkeit — verdient.

b) Der Bereich der genehmigungsfreien wissenschaftlichen Gutachtertätigkeit i. S. des Art. 5 Abs. 3 GG und des § 66 Abs. 1 Nr. 2, 3 BBG

Das verfassungsrechtliche Schrifttum hat bisher kaum die Frage erörtert, unter welchen Voraussetzungen eine Gutachtertätigkeit Forschung i. S. des Art. 5 Abs. 3 GG darstellt. *Von Mangoldt / Klein* unterscheiden zwischen Routinegutachten — als Beispiel erwähnen sie

meint, das Privileg des § 66 Abs. 1 Nr. 3 BBG gelte für alle Lehrer an Hochschulen.

[224] *Fischbach*, BBG, § 66 Anm. II 3 a Fußn. 5 (507).

[225] *Ule*, BRRG, § 42 Rdn. 4.

[226] So ausdrücklich *Brand*, DBG, § 11 Anm. 1 c.

[226a] Vgl. oben S. 21.

Blutalkoholuntersuchungen — und Gutachten, die mit „neuen Begriffen, Methoden und Denksystemen" arbeiten. Allein diese Form der Gutachten partizipiere als angewandte Forschung an der Garantie des Art. 5 Abs. 3 GG[227]. Diese strenge Definition des Begriffs der wissenschaftlichen Gutachten kann zumindest nach der in dieser Arbeit entwickelten formalen Bestimmung des verfassungsrechtlichen Wissenschaftsbegriffs nicht überzeugen. Sie zwingt den Richter — oder im Fall des § 66 Abs. 1 Nr. 2 BBG: den Beamten bzw. den Dienstvorgesetzten — zu einem Urteil über den wissenschaftlichen Wert eines Gutachtens, zur Ausübung eines verfassungswidrigen „Wissenschaftsrichteramtes": Das staatliche Organ müßte sich mit der Frage befassen, ob das Gutachten den bisherigen wissenschaftlichen Erkenntnisstand bereichert, es müßte den wissenschaftlichen Wert feststellen und damit das — verfassungswidrige — Amt eines „Wissenschaftsrichters" ausüben.

Knemeyer plädiert dafür, einem „Parteigutachten" den Schutz des Art. 5 Abs. 3 GG zu versagen, das „zielschielend die Einzel- und Zwischenergebnisse verbiegt, um ein erstrebtes Ergebnis zu erreichen"[228]. Diese Auffassung gründet sich auf den von Knemeyer verfochtenen qualitativen Wissenschaftsbegriff, nach dem Wissenschaft i. S. des Art. 5 Abs. 3 GG allein durch das „Streben nach Erkenntnis, die Orientierung an der Wahrheit und nicht an einem geforderten oder gewünschten Ergebnis" gekennzeichnet ist[229]. Ähnlich argumentieren *Hamann / Lenz,* wenn sie „Zweckgutachten" und „Privatgutachten" aus dem Normbereich des Art. 5 Abs. 3 GG ausgrenzen. Bei diesen Gutachten trete die Unabhängigkeit des Gutachters zugunsten der erkennbaren Tendenz des Auftraggebers mehr oder weniger in den Hintergrund[230].

Auch diese Eingrenzung der wissenschaftlichen Gutachten erscheint problematisch. Die Feststellung, ob sich ein Gutachter dem Urteil seines Auftraggebers gebeugt hat, bereitet zumindest erhebliche Schwierigkeiten. Einem geschickten wissenschaftlichen Gutachter dürfte es nicht schwerfallen, die Parteiauffassung seines Auftraggebers in wissenschaftlich verbrämter Weise — als wissenschaftliches Gutachten — vorzutragen. Um der Formel von *Hamann / Lenz* und *Knemeyer* gerecht zu werden, müßte der über die Anwendung des Art. 5 Abs. 3 GG urteilende Jurist schon Gewissensforschung betreiben, um die Bindung des Gutachters an das vom Auftraggeber fixierte Ziel aufspüren zu

[227] *v. Mangoldt / Klein,* GG, Art. 5 Anm. X 4 e (256).

[228] *Knemeyer,* Lehrfreiheit, 27.

[229] *Knemeyer,* ebd., 25; zur Kritik an diesem Wissenschaftsbegriff oben 1. Teil, 1. Abschnitt, D III 2.

[230] *Hamann / Lenz,* GG, Art. 5 Anm. B 14 (200 f.); ähnlich *Thieme,* MittHV IV (1956), 63; *Wilhelm,* Die freie Meinung, 30.

können. Auch ist der Fall denkbar, daß sich die wissenschaftliche Überzeugung des Gutachters mit der Auffassung des Auftraggebers deckt, er aus diesem Grunde auf eine eigenverantwortliche Gestaltung des Gutachtens verzichtet hat. Soll auch dieses Gutachten keine Forschung im Sinne der Verfassung darstellen? Diese Beispiele indizieren die entscheidende Schwäche der von Knemeyer und Hamann / Lenz präsentierten Definition der wissenschaftlichen Gutachten: es fehlen Kriterien für eine halbwegs praktikable Abgrenzung bestellter Gutachten — „Parteigutachten" — von unabhängig erarbeiteten Gutachten. Am Begriff des wissenschaftlichen Gutachtens bestätigt sich somit die oben dargelegte Auffassung: Die Bindung des Wissenschaftlers an die Wahrheit, die Unabhängigkeit seines Urteils, diese subjektiven Momente sind nur schwer in objektive, für die Rechtspraxis taugliche Definitionen umzusetzen[231].

Einen Ansatz für eine wirklich praktikable und dem Telos des Art. 5 Abs. 3 GG konforme Bestimmung der wissenschaftlichen Gutachten vermittelt wiederum der formale Wissenschaftsbegriff, nach dem allein das „äußere Erscheinungsbild" einer Erkenntnis ihre Wissenschaftlichkeit i. S. des Art. 5 Abs. 3 GG impliziert. Gerade der Phänotyp eines wissenschaftlichen Gutachtens läßt sich präzise umschreiben: ein derartiges Gutachten zeichnet sich dadurch aus, daß es die Fragestellung formuliert, den Weg der Untersuchung erkennen läßt und zumindest den Anschein erweckt, es enthalte alle Aspekte der Fragestellung. Die wissenschaftliche Ausbildung des Autors dürfte wiederum als gewichtiges Indiz für die Wissenschaftlichkeit gelten.

Keine wissenschaftlichen Gutachten sind dagegen — insoweit ist *v. Mangoldt / Klein* beizupflichten[232] — die „Routinegutachten", die wegen der Identität der Problemstellung — so etwa Blutalkoholgutachten — oder wegen des fehlenden Anspruchs der Wissenschaftlichkeit — so etwa ärztliche Bescheinigungen über eine Krankheit — auch bei der gebotenen großzügigen Betrachtungsweise nicht als wissenschaftliche Forschung anerkannt werden sollten.

Die hier vorgeschlagene Einordnung der wissenschaftlichen Gutachtertätigkeit in das Grundrecht der Wissenschaftsfreiheit erweitert den

[231] Ein Beispiel: In der JZ 1971 äußern sich die Professoren *Klein* (Münster) und *Menzel* zu dem Problem, ob politische Verträge — in concreto: die Ostverträge — der Zustimmung des Bundesrates bedürfen (JZ 1971, 745 ff.). Nach der Lektüre des Aufsatzes von Klein (JZ 1971, 752 ff.) kann man sich des Eindrucks kaum erwehren, daß seine Auffassung von seiner politischen Einstellung zu den Ostverträgen entscheidend geprägt, wenn nicht sogar erzeugt wurde. Hätte Klein seine Argumente in einem für die CDU/CSU erstellten Gutachten vorgetragen, so stellte sich unter dem Blickwinkel des Art. 5 Abs. 3 GG die wohl kaum zu entscheidende Frage, ob es sich um ein unwissenschaftliches Parteigutachten handelt.

[232] GG, Art. 5 Anm. X 4 e (256).

Kreis der nach § 66 Abs. 1 Nr. 2 BBG genehmigungsfreien Nebentätigkeiten wiederum um ein bedeutsames Spektrum: jede nach ihrem „äußeren Erscheinungsbild" wissenschaftliche Gutachtertätigkeit eines Beamten partizipiert an dem in § 66 Abs. 1 Nr. 2 BBG verbürgten Privileg der Genehmigungsfreiheit. Allein eine Ausweitung des § 66 Abs. 1 Nr. 2 BBG auf die wissenschaftliche Gutachtertätigkeit aller Beamten steht im Einklang mit dem Grundrecht der Wissenschaftsfreiheit, das auch im Sonderstatus des Beamten eine präventive Kontrolle von Forschung und Lehre verbietet. Landesrechtliche Bestimmungen, die eine Erstattung von Gutachten einer Genehmigungspflicht unterwerfen[233], sind daher im Wege verfassungskonformer Auslegung auf die nichtwissenschaftliche Gutachtertätigkeit eines Beamten zu beschränken[234]. Daneben beseitigt die hier vertretene Auffassung auch einen Teil der Schwierigkeiten, die bisher eine Anwendung des § 66 Abs. 1 Nr. 2 BBG — Alt. wissenschaftliche Nebentätigkeit — in der Verwaltungspraxis erschwert haben. Ein Beamter, der eine Gutachtertätigkeit aufnehmen will, wird regelmäßig schon im Rahmen einer ex-nunc-Prognose ein halbwegs sicheres Urteil darüber fällen können, ob das von ihm zu erstattende Gutachten vom Phänotyp her das Prädikat der Wissenschaftlichkeit verdient. Vorsichtige „Anfragen" beim Dienstvorgesetzten erübrigen sich daher.

Dieses im Wege verfassungskonformer Auslegung des § 66 Abs. 1 Nr. 2, 3 BBG aufgedeckte Ergebnis schränkt zwar die praktische Bedeutung des § 66 Abs. 1 Nr. 3 BBG erheblich ein, da eine selbständige Gutachtertätigkeit regelmäßig schon als phänotypisch wissenschaftliche Nebentätigkeit nach § 66 Abs. 1 Nr. 2 BBG keiner Genehmigung bedarf. Indessen degradiert die hier vertretene Auffassung § 66 Abs. 1 Nr. 3 BBG nicht zu einer überflüssigen Vorschrift: da § 66 Abs. 1 Nr. 3 BBG nach seinem Wortlaut auch eine nicht wissenschaftliche Gutachtertätigkeit von einer Genehmigungspflicht entbindet, liegt seine praktische Bedeutung darin, daß der Personenkreis des § 66 Abs. 1 Nr. 3 BBG auch für die selbständige Erstellung von „Routinegutachten" keiner Genehmigung bedarf.

VI. Konfrontation des formalen Wissenschaftsbegriffs mit den Prämissen, denen jede Definition des Wissenschaftsbegriffs genügen muß

Diese Untersuchung zum Wissenschaftsbegriff der Verfassung und des Beamtenrechts bliebe unvollständig, wenn sie nicht den formalen

---

[233] §§ 79 Abs. 1 Nr. 2 HBG, 73 Abs. 1 Nr. 3 NBG und 73 Abs. 1 Nr. 2 RPLBG.

[234] Gegen § 41 Abs. 1 DRiG (vgl. Fußn. 220 zu diesem Abschnitt) bestehen daher auch unter dem Blickwinkel des Art. 5 Abs. 3 GG verfassungsrechtliche Bedenken.

Wissenschaftsbegriff mit den Prämissen konfrontierte, denen jede Definition des Wissenschaftsbegriffs genügen muß: danach muß eine Bestimmung des Rechtsbegriffs Wissenschaft eine Aussage darüber erlauben, welche Position die Verfassung im Streit um den außerrechtlichen Wissenschaftsbegriff bezogen hat[235] und zugleich eine praktikable Abgrenzung der Wissenschaftsfreiheit von der Meinungsfreiheit des Art. 5 Abs. 1 GG ermöglichen[236].

1. Die Position der Verfassung im Streit um den außerrechtlichen Wissenschaftsbegriff

Der hier vertretene Wissenschaftsbegriff erweist sich als ein Kompromiß zwischen der Lehre vom Definitionsverbot und den inhaltlichen, oft lexikalische Formeln aufgreifenden Definitionsversuchen der h. M. in Lehre und Rechtsprechung. Der formale Wissenschaftsbegriff normiert — und darin besteht sein Vorzug gegenüber den von der h. M. verfochtenen inhaltlichen Wissenschaftsbegriffen — keinen numerus clausus der nach Art. 5 Abs. 3 GG geschützten Wissenschaftsauffassungen. Die inhaltliche Ausfüllung des Rechtsbegriffs Wissenschaft wird aber auch nicht auf metajuristische Instanzen delegiert: die Wissenschaftstheorie erhält keinen Verfassungsrang. Vielmehr partizipiert am Grundrecht des Art. 5 Abs. 3 GG jeder Wissenschaftler, der seinen Beitrag zur Erkenntnis der „Wahrheit" in das formale Gewand der Wissenschaft kleidet: sei es, daß er an einer Stätte der öffentlichen oder privaten Wissenschaftspflege lehrt, sei es aber auch, daß er experimentiert, Gutachten erstellt, die nach ihrer äußeren Gestaltung einem anerkannten Gesetz der Wissenschaftlichkeit entsprechen, oder Aufsätze veröffentlicht. Der Vorzug dieses Wissenschaftsbegriffs besteht darin, daß er das staatliche Organ davon entbindet, bei der Subsumtion unter den Rechtsbegriff Wissenschaft den Wahrheitsgehalt einer Erkenntnis zu würdigen, die Absicht des Wissenschaftlers aufzudecken („ernsthafte Intention der Wahrheitssuche") oder gar das Glatteis der Wissenschaftstheorie zu betreten und zu prüfen, ob der Wissenschaftler, der den Schutz des Art. 5 Abs. 3 GG begehrt, seine Untersuchung methodisch und systematisch aufgebaut hat, und ob er vorurteilsfrei argumentiert hat.

Der formale Wissenschaftsbegriff umfaßt somit ein weites Spektrum metajuristischer Wissenschaftsauffassungen. Die Verfassung hat lediglich eine Position im Streit um den verfassungsrechtlichen Wissenschaftsbegriff eingenommen, soweit eine eindeutig nach anderen

[235] 1. Teil, 1. Abschnitt, A I.
[236] 1. Teil, 1. Abschnitt, A II.

Grundrechten geschützte „wissenschaftliche Praxis" verfassungsrechtlichen Schutz nach Art. 5 Abs. 3 GG begehrt.

2. Die Abgrenzung der Wissenschaftsfreiheit von der Meinungsfreiheit

Der formale Wissenschaftsbegriff genügt auch der oben dargelegten zweiten Prämisse jeder Bestimmung des verfassungsrechtlichen Wissenschaftsbegriffs: eine Abgrenzung der Wissenschaftsfreiheit von der Meinungsfreiheit ist möglich und entgegen der Auffassung von *Roellecke*[237] auch nicht mit einem „Abenteuer" verbunden.

Soweit ein Wissenschaftler innerhalb seines Lehrauftrages an einer Stätte der Wissenschaftspflege eigene *oder* fremde Erkenntnisse vorträgt, wird die Meinungsfreiheit des Art. 5 Abs. 1 GG durch Art. 5 Abs. 3 GG — Alt. wissenschaftliche Lehre — verdrängt, Art. 5 Abs. 3 GG greift als Lex specialis zur Meinungsfreiheit ein. Außerhalb dieses organisierten Bereichs der Wissenschaft i. S. des Art. 5 Abs. 3 GG ist die Abgrenzung zwar schwieriger, aber doch möglich. Der Begriff des Phänotyps wie auch die gebotene großzügige Auslegung des Wissenschaftsbegriffs erleichtern auch hier eine Lösung der problematischen Konflikte, da fast alle Formen der Wort- und Schriftlehre sich eines wissenschaftlichen Kommunikationsmediums bedienen: der wissenschaftlichen Tagung, einer Fachzeitschrift, eines Lehrbuches oder Kommentars.

Problematisch, wenn auch von geringer praktischer Bedeutung, bleibt insbesondere die Frage, ob das Streben nach Erkenntnis in den eigenen „vier Wänden" verfassungsrechtlich Information i. S. des Art. 5 Abs. 1 GG oder Forschung i. S. des Art. 5 Abs. 3 GG darstellt. Diese Zweifelsfrage beruht aber nicht auf dem formalen Wissenschaftsbegriff, sondern allein auf der Entscheidung des Verfassungsgebers, neben der Meinungs- und Informationsfreiheit auch die Forschungs- und Lehrfreiheit grundrechtlich zu verbürgen.

3. Die Bedeutung der formalen Schrankenfreiheit des Art. 5 Abs. 3 GG für den Wissenschaftsbegriff

Wie oben ferner dargelegt wurde[238], kann eine Bestimmung des verfassungsrechtlichen Wissenschaftsbegriffs nur überzeugen, wenn sie den von der h. M. aus der formalen Schrankenfreiheit des Art. 5 Abs. 3

---

[237] JZ 1969, 730.

[238] 1. Teil, 1. Abschnitt, A II.

GG abgeleiteten hohen Rang von Kunst und Wissenschaft berücksichtigt; ja man könnte noch einen Schritt weitergehen und fordern, daß sich dieser Wert der Wissenschaftsfreiheit im Wissenschaftsbegriff des Art. 5 Abs. 3 GG niederschlagen muß.

Vergleicht man unter diesem methodischen Blickwinkel den formalen Wissenschaftsbegriff mit den unterschiedlichen inhaltlichen Wissenschaftsbegriffen, so neigt sich die Waage zunächst zugunsten der h. M. Da der hohe Rang der Wissenschaftsfreiheit auch gegenüber der Meinungsfreiheit durchgreift, liegt es immerhin nahe, den Wissenschaftsbegriff der Verfassung mit Hilfe einzelner Merkmale zu definieren, die eine „Spitzenstellung" der Wissenschaftsfreiheit im Grundrechtskodex auch inhaltlich rechtfertigen. Dieser Forderung hat die h. M. offensichtlich entsprochen, da sie begriffliche Essentialia der Wissenschaftlichkeit benennt, die dem Meinungsbegriff nicht zugrundeliegen: eine Meinungsäußerung i. S. des Art. 5 Abs. 1 GG liegt schon vor, wenn „der einzelne die von ihm gewünschten Erklärungen abgeben, d. h. aus seinem eigenen persönlichen Einflußkreis herausbringen darf. Meinungsäußerung in diesem Sinne ist also das Aussprechen eines Berichtes oder einer persönlichen Meinung"[239], das metajuristische Gesetz der Methodik, der Intention der Wahrheitserkenntnis, der Sachlichkeit und Fairneß ist für die Anwendung des Art. 5 Abs. 1 GG irrelevant. Diese Eigenschaften der Wissenschaft stellen, so könnte die h. M. ihren inhaltlichen Wissenschaftsbegriff verteidigen, den eigentlichen Grund für den hohen Rang der Wissenschaftsfreiheit innerhalb des Grundrechtskanons dar.

Diese mögliche Verteidigung des von der h. M. verfochtenen Wissenschaftsbegriffs verliert aber bald an Überzeugungskraft. Berücksichtigt man nämlich die schlechthin konstitutive Bedeutung der Meinungsfreiheit für den Bestand der Demokratie, so erscheint es problematisch, einzelne begriffliche Essentialia der Wissenschaft als causa der verfassungsrechtlichen Spitzenstellung des Art. 5 Abs. 3 GG zu werten und bei der Bestimmung eines inhaltlichen Wissenschaftsbegriffs zu berücksichtigen.

Diese hier nur angedeuteten Argumente begründen zumindest Zweifel an der These der h. M. und des BVerfG, Kunst- und Wissenschaftsfreiheit verbürgten einen verfassungsrechtlichen Höchstwert. Da diese Deutung der Freiheiten des Art. 5 Abs. 3 GG aber inzwischen Verfassungsrang erreicht hat[240], sollte sie der Interpret der Wissenschaftsfreiheit akzeptieren und damit rechtfertigen, daß Kunst und Wissenschaft in der Vergangenheit wie auch in der Gegenwart immer wieder

[239] *Herzog*, in: Maunz / Dürig / Herzog, GG, Art. 5 Rdn. 56.

[240] Nachweise oben 1. Teil, 1. Abschnitt, Fußn. 23 und 24.

in ihrer Freiheit und Eigengesetzlichkeit bedroht wurden[241]. Dieser *historische Hintergrund* der verfassungsrechtlichen Spitzenstellung von Kunst und Wissenschaft verbietet zumindest nicht die hier vertretene formale — an den Phänotyp einer wissenschaftlichen Erkenntnis anknüpfende — Bestimmung des Wissenschaftsbegriffs. Im Gegenteil: da gerade die rechtliche Organisation der bedeutsamsten Stätten der öffentlichen Wissenschaftspflege — der Universitäten, Fachhochschulen und staatlichen Forschungseinrichtungen — den Staat zu Restriktionen der Forschungs- und Lehrfreiheit verleitet, fügt sich die formale Bestimmung des Wissenschaftsbegriffs durchaus in die historisch begründete Spitzenstellung der Wissenschaftsfreiheit ein.

[241] So — allerdings hinsichtlich der Kunstfreiheit — *Erbel*, DVBl. 1969, 864 ff.

Zweiter Abschnitt

Die Konstruktion beamtenrechtlicher Begrenzungen der Wissenschaftsfreiheit

A. § 66 Abs. 2 BBG — eine gegen Art. 5 Abs. 3 GG verstoßende Eingriffsermächtigung?

I. Eine mögliche Auffassung zum Verhältnis von Wissenschaftsfreiheit und beamtenrechtlichem Sonderstatus

Sedes materiae eines beamtenrechtlichen Eingriffs in das Recht auf Ausübung einer wissenschaftlichen Nebentätigkeit ist § 66 Abs. 2 BBG. Diese schon eingangs erwähnte Vorschrift zerfällt in zwei Teile: § 66 Abs. 2 HS 1 BBG unterwirft den Beamten auch als Wissenschaftler der „dienstlichen Verantwortlichkeit", HS 2 verpflichtet den Dienstvorgesetzten des Beamten, „Mißbräuchen entgegenzutreten". Die Auslegung des § 66 Abs. 2 BBG bereitet dem beamtenrechtlichen Schrifttum erhebliche Schwierigkeiten. Ehe jedoch im 2. Teil der Arbeit der in § 66 Abs. 2 BBG angesiedelte Konflikt zwischen der Wissenschaftsfreiheit und dem beamtenrechtlichen Sonderstatus bereinigt werden soll, stellt sich im Rahmen der verfassungsrechtlichen Grundlegung die Frage, ob § 66 Abs. 2 BBG mit dem Grundrecht der Wissenschaftsfreiheit im Einklang steht. Diese Vorschrift ermächtigt die Verwaltung nämlich zu Eingriffen in das Grundrecht der Wissenschaftsfreiheit, die im allgemeinen staatsbürgerlichen Status geradezu als Paradebeispiele einer verfassungswidrigen Beschränkung dieses Grundrechts gelten würden:

1. § 66 Abs. 2 HS 1 BBG bindet den Beamten auch in seinem außerdienstlichen wissenschaftlichen Wirken an seine Beamtenpflichten und beschneidet damit im Sonderstatus die Wissenschaftsfreiheit, die es verbietet, daß jemand wegen des Inhalts seines wissenschaftlichen Erkenntnisstrebens Nachteile befürchten muß[1]. Ein Beamter, der als Wissenschaftler etwa die politische Treuepflicht verletzt, kann nach den §§ 66 Abs. 2 HS 1, 77 Abs. 1, 52 Abs. 2 BBG disziplinarrechtlich verfolgt werden.

---

[1] *Friesenhahn*, 16; *Wilhelm*, ZBR 1963, 370.

2. Noch schärfer beschneidet § 66 Abs. 2 HS 2 BBG die Wissenschaftsfreiheit des Beamten. Zumindest der Wortlaut des § 66 Abs. 2 HS 2 BBG deckt alle Maßnahmen des Dienstvorgesetzten — von einer Mahnung bis zum Verbot, bestimmte wissenschaftliche Auffassungen zu vertreten —, die geeignet erscheinen, „Mißbräuche" zu verhindern. Diese Alternative des § 66 Abs. 2 BBG erlaubt im beamtenrechtlichen Sonderstatus Weisungen, die Gegenstand, Inhalt und auch Modalitäten individuellen wissenschaftlichen Wirkens vorschreiben, Anordnungen also, die im allgemeinen Gewaltverhältnis als Verstoß gegen die Wissenschaftsfreiheit zu brandmarken wären[2].

Eine Seite der verfassungsrechtlichen Problematik des § 66 Abs. 2 BBG ist somit umrissen. Die formale Schrankenfreiheit des Art. 5 Abs. 3 wie insbesondere auch der hierauf gegründete hohe Rang der Wissenschaftsfreiheit im Grundrechtskatalog verführen den Interpreten des § 66 Abs. 2 BBG dazu, im Rahmen einer Arbeitshypothese die Verfassungswidrigkeit des § 66 Abs. 2 BBG zu proklamieren, soweit diese Vorschrift die Verwaltung zu Eingriffen in das Recht der wissenschaftlichen Nebentätigkeit und damit in die Wissenschaftsfreiheit des Beamten ermächtigt, ja sogar verpflichtet (§ 66 Abs. 2 HS 2 BBG).

Diese im beamtenrechtlichen Schrifttum nachdrücklich von *Wilhelm*[3] vertretene Auffassung findet bei namhaften Verfassungsrechtlern Schützenhilfe. So meinen *Leisner*[4] und *Forsthoff*[5], formal schrankenfrei verbürgte Grundrechte — also auch die hier diskutierte Wissenschaftsfreiheit — dürften auch mit Hilfe der Rechtsfigur des besonderen Gewaltverhältnisses keinen zusätzlichen Schranken unterworfen wer-

[2] Dazu *Wehrhahn*, in: Hans Thieme / Wehrhahn, Freiheit der Künste und Wissenschaften, 81; *Evers*, Weisungsrechte, 54, mit Blick auf das Beamtenrecht der Hochschullehrer; *Anschütz*, WRV, Art. 142 Anm. 4 (664); rigoros *Smend*, VVDStRL 4, 71, der meint, Art. 142 WRV verdränge stets die Normen des Beamtenrechts; gegen ihn *Anschütz*, WRV, Art. 142 Anm. 4 (664).

[3] *Wilhelm*, Die freie Meinung, 27 f.; *derselbe:* BNebtVO, Einführung, Anm. II 2; ZBR 1963, 368; Urteilsanmerkung, ZBR 1968, 410; ZBR 1971, 102. Wie *Wilhelm Schütz*, DöD 1968, 25 und *Donle*, Diss. 260 f., der meint, im besonderen Gewaltverhältnis gelten allein die allgemeinen Grundrechtsschranken. Auch *Konow*, ZBR 1972, 50, mahnt zur Zurückhaltung beim Versuch, die Wissenschaftsfreiheit des Beamten zu beschneiden. Diese Autoren beziehen sich zwar nicht ausdrücklich auf § 66 Abs. 2 BBG. Da aber eine wissenschaftliche Nebentätigkeit entweder als genehmigt gilt (bei geringem Umfang, dazu § 5 Abs. 1 BNebtVO) oder nach § 66 Abs. 1 Nr. 2 BBG genehmigungsfrei ist, kann zumindest das außerdienstliche wissenschaftliche Wirken eines Beamten allein aufgrund des § 66 Abs. 2 BBG beschnitten werden. Auch an diesem Beispiel bestätigt sich somit die These, daß das Schrifttum die wissenschaftliche Nebentätigkeit des Beamten bisher auch systematisch nicht bewältigt hat! Zu der Frage, ob das dienstliche Weisungsrecht neben § 66 Abs. 2 BBG zum Zuge kommt, unten 2. Teil, 2. Abschnitt B II 2.

[4] DVBl. 1960, 624.

[5] Verwaltungsrecht, 122.

den[6]. Auch *Herzog* scheint dieser Ansicht zuzuneigen, denn er weist das neben der Meinungsfreiheit eigenständige Grundrecht der Informationsfreiheit[7] als ein auch in den besonderen Gewaltverhältnissen im Rahmen der allgemein zugänglichen Quellen wirksames Freiheitsrecht aus[8]. Herzog stützt sich insoweit auf Art. 17 a GG; da die in Art. 17 a GG nicht aufgeführte Informationsfreiheit im Soldatenverhältnis in allgemeinem Umfang gelte, dürfe der Gesetzgeber sie auch in sonstigen besonderen Gewaltverhältnissen nicht antasten[9]. Da Art. 17 a GG auch die Wissenschaftsfreiheit nicht als ein im Soldatenstatus beschränkbares Grundrecht benennt, dürften — schließt man sich der Ansicht Herzogs an — auch der Wissenschaftsfreiheit des Beamten keine zusätzlichen beamtenrechtlichen Grenzen gezogen werden.

Die praktische Bedeutung dieser Auslegung des § 66 Abs. 2 BBG liegt auf der Hand. Der Beamte könnte sich gegen die Maßnahmen der „Mißbrauchsaufsicht" erfolgreich zur Wehr setzen, ja er brauchte wegen der Form und des Inhalts seiner wissenschaftlichen Nebentätigkeit keine disziplinarrechtliche Bestrafung zu fürchten[10]. Schon diese Beispiele zeigen jedoch, daß die Minderansicht von *Wilhelm, Leisner* und *Herzog* zumindest vom Ergebnis her nicht überzeugt.

II. Grundrechte und beamtenrechtlicher Sonderstatus Eine Skizze des Meinungsstandes

Ein Blick in das kaum noch überschaubare Schrifttum zum Problemkreis der Grundrechtsgeltung im beamtenrechtlichen Sonderstatus bestätigt diese Zweifel: trotz des Streits über die Konstruktion wie auch die Reichweite beamtenrechtlicher Grundrechtsbegrenzungen herrscht zumindest darüber Einigkeit, daß der Beamte auch bei der Ausübung formal schrankenfrei verbürgter Grundrechte besonderen Bindungen

[6] Ähnlich *Dürig*, in: Maunz / Dürig / Herzog, GG, Art. 17 a Rdn. 31.

[7] Zur Informationsfreiheit als selbständigem Grundrecht *Herzog*, in: Maunz / Dürig / Herzog, Art. 5 Rdn. 48 und 81 f.; ebenso BVerfG, DVBl. 1970, 141 und JZ 1972, 585, 586.

[8] *Herzog*, in: Maunz / Dürig / Herzog, GG, Art. 5 Rdn. 105; wie Herzog auch *Dürig*, in: Maunz / Dürig / Herzog, GG, Art. 17 a Rdn. 7: aus der Aufzählung des Art. 17 a GG folge, daß „alle anderen Grundrechte dem Soldaten und Ersatzdienstpflichtigen aber in grundsätzlich gleichem Umfange zustehen wie jedem Staatsbürger".

[9] *Herzog*, a.a.O.: etwas anderes gelte aber für das Strafgefangenenverhältnis! Diese Einschränkung überzeugt zumindest nach der Argumentation Herzogs nicht.

[10] Unklar *Wilhelm*, Die freie Meinung, 35: die Verschwiegenheitspflicht des § 61 Abs. 1 BBG stehe außerhalb des Art. 5 Abs. 3 GG, ähnlich *Schütz*, DöD 1968, 25. Im Ansatz überzeugend BVerwGE 37, 265, 268 f. Zur Kritik an dieser Entscheidung unten 1. Teil, 2. Abschnitt, B II 2.

unterliegt. Aus diesem Grund soll im folgenden der Meinungsstand unter Verzicht auf eine ausführliche eigene Stellungnahme dargestellt werden.

1. Die konservative Auffassung

Nach der konservativen, insbesondere von der älteren Rechtsprechung verfochtenen Auffassung ist ein Beamter bei Ausübung seiner Grundrechte den Schranken unterworfen, die sich zwingend aus dem Zweck, der Natur, dem Wesen des Beamtenverhältnisses herleiten[11]. Diese Argumentation stieß jedoch schon Mitte der fünfziger Jahre auf Kritik. So betonte *von Münch* die Schwierigkeiten, auf die eine präzise und praktikable Umschreibung der diffusen Begriffe Zweck und Wesen eines Beamtenverhältnisses stoße[12]. *Bachof*[13] und *Dürig*[14] warfen dieser Konstruktion beamtenrechtlicher Sonderschranken der Grundrechte vor, sie drücke sich um die „Gretchenfrage" der Grundrechtsgeltung im beamtenrechtlichen Sonderstatus, die Bachof wie folgt formulierte[15]: „Die entscheidenden Fragen lauten, wer den Zweck des Gewaltverhältnisses bestimmt (sofern es nicht der Gesetzgeber getan hat) ... Oder, mit anderen Worten: Hat der Zweck des besonderen Gewaltverhältnisses sich an den Grundrechtsnormen auszurichten oder gelten umgekehrt die Grundrechte nur nach Maßgabe eines grundrechtsfrei bestimmten Zweckes jenes Verhältnisses[16]?"

---

[11] *Ule*, Öffentlicher Dienst, 631; *Badura*, BK, Art. 10 Rdn. 66; *Hefele / Schmidt*, Bay. BG, Art. 63 Rdn. 1. Aus der Rechtsprechung etwa: OVG Koblenz, AS 1, 23, 35 f.; BVerwGE 7, 125, 137 f.; VGH Bremen, DÖV 1956, 703; OVG Hamburg, DVBl. 1956, 417, 419; OVG Berlin, DVBl. 1955, 564, 567 und neuerdings wieder Bay. VerfGH, DVBl. 1965, 876, 879.

[12] *v. Münch*, Freie Meinungsäußerung, 30 ff. Kritisch auch *Wiese*, 107 f., der den Vertretern dieser Auffassung vorwirft, sie verzichteten „meistens" darauf, Wesen, Zweck des Beamtenverhältnisses zu bestimmen.

[13] *Bachof*, Rechtsprechung — BVerwG I, 125 f.; derselbe, Diskussionsbeitrag, VVDStRL 15, 205 f.

[14] *Wiese*, 108 und *v. Münch*, Freie Meinungsäußerung, 32.

[15] Rechtsprechung — BVerwG I, 125 f.

[16] Gegen die „Zwecktheorie" auch *Leisner*, der meint, hinter ihr verberge sich eine Umkehr der Rechtsstaatlichkeit, DVBl. 1960, 619. Eine Bestätigung findet diese Kritik in einer Entscheidung des Bay. VGH aus dem Jahre 1962, in der der Senat ausdrücklich daran festhält, das Grundrecht der Meinungsfreiheit sei auf die Erfordernisse des Berufsbeamtentums auszurichten, ZBR 1962, 396 f.; ähnlich *Köhl*, Diss. 63; i. S. *Bachofs* dagegen *Cornelius / Gester / Woschech*, 29, die schon bei der Bestimmung des Wesens des Beamtenverhältnisses die Bedeutung der Grundrechte berücksichtigen wollen. Das Pendel schlägt neuerdings in die entgegengesetzte Richtung aus, wenn viele Autoren zugunsten des Beamten auf ein problematisches in dubio pro libertate zurückgreifen; dazu im folgenden unter B I.

2. *Moderne Begründungen*

Die wohl entscheidende Schwäche dieser herkömmlichen Konstruktionen beamtenrechtlicher Grundrechtsbegrenzungen besteht aber darin, daß sie den in der ausgefeilten Schrankensystematik des Grundrechtskanons zumindest implicite enthaltenen Grundsatz mißachten, jede Einschränkung eines Grundrechts auf eine eindeutige verfassungsrechtliche Grundlage zu stützen[17]. Die an diese Kritik anknüpfenden Auffassungen unterscheiden sich nur um Nuancen. So weisen einige Autoren darauf hin, die Verfassung habe sich in Art. 33 Abs. 4, 5 GG für ein Berufsbeamtentum entschieden, das den ihm übertragenen Gemeinwohlauftrag effektiv ausführen könne[18]. Diese von der Verfassung vorausgesetzte „Funktionsfähigkeit" eines jeden Beamtenverhältnisses binde auch den Beamten bei der Ausübung einzelner Grundrechte[19]. Innerhalb der einheitlichen Verfassung des GG greife mithin Art. 33 Abs. 4, 5 GG als beamtenrechtliche Sonderschranke aller Grundrechte — auch formal schrankenfrei verbürgter wie der Wissenschaftsfreiheit — ein[20].

Dieser modernen Schrifttumsauffassung hat sich inzwischen auch ein Teil der Rechtsprechung angeschlossen. Das BVerwG führt in einem Urteil zum Verhältnis der Wissenschaftsfreiheit zur Verschwiegenheitspflicht des Beamten den Gesichtspunkt der Einheit der Verfassung ins Feld, um die aus dieser Pflicht des Beamten resultierende Beschränkung seiner Wissenschaftsfreiheit verfassungsrechtlich zu begründen[21]. Mit dieser Argumentation markiert das Gericht deutlich eine Abkehr von seiner früheren Rechtsprechung, in der es mit einer gewissen Lässigkeit festgestellt hatte, der Beamte sei beim Gebrauch seiner Grundrechte zur Rücksichtnahme auf die dienstlichen Interessen verpflichtet[22].

3. *Stellungnahme*

Es ist nicht Aufgabe dieser Arbeit, den immer noch umstrittenen Meinungsstand zum Problem der Grundrechtsgeltung im Sonderstatus-

[17] *Hesse*, Grundzüge, 137; *Thieme*, Der öffentliche Dienst, 69; *Schick*, ZBR 1963, 70, 71; *Donle*, Diss. 94; *Pöhl*, Diss. 96 f.; *Hildegard Krüger*, ZBR 1956 311; *Böttcher*, 52.

[18] *v. Münch*, Freie Meinungsäußerung, 37, 45 f.; *derselbe*, ZBR 1959, 305 f.; so auch sinngemäß *Wolff*, Verwaltungsrecht II, § 107, III c; *Hesse*, Grundzüge, 129 f.; *Häberle*, JuS 1969, 269 Fußn. 40.

[19] Kritisch zum Begriff der Funktionsfähigkeit allerdings *Bank*, ZBR 1963, 228 und *Böttcher*, 65 Fußn. 50.

[20] So ausdrücklich *Frowein*, 12; *Cornelius / Gester / Woschech*, 14; *Böttcher*, 112; *Schick*, ZBR 1963, 71; *Erichsen*, Verw.Arch. 1972, 446 und *Martens*, ZBR 1970, 200.

[21] BVerwGE 37, 265, 267 f.

[22] Etwa BVerwGE 12, 273, 275 f. und BVerwGE 30, 29, 31. Neuerdings BVerwG, JZ 1974, 25, 26, dazu *Kröger*, JZ 1974, 28.

verhältnis durch einen weiteren Konstruktionsversuch noch unübersichtlicher zu gestalten[23]. Der h. M. ist jedoch beizupflichten, soweit sie auch schrankenfrei verbürgte Grundrechte wie die Glaubensfreiheit und die hier diskutierte Wissenschaftsfreiheit im Sonderstatus des Beamten gewissen Bindungen unterwirft[23a].

Die Anhänger der Minderansicht deuten die von der Verfassung aus historischen Gründen mit einem besonderen Schutzmantel ausgestattete Wissenschaftsfreiheit in einen verfassungsrechtlichen Höchstwert um, der auch im beamtenrechtlichen Sonderstatus absolute Geltung verlangt. Damit erwiese sich aber die Wissenschaftsfreiheit als ein Mittel, mit dem der Beamte den ihm von der Verfassung in Art. 33 Abs. 4, 5 GG übertragenen Gemeinwohlauftrag sabotieren könnte. Um nur ein Beispiel zu nennen: Sollte ein Beamter, der außerhalb seines Amtes eine Lehrtätigkeit ausübt, allein deshalb nicht mehr zur Verschwiegenheit verpflichtet sein (§ 61 Abs. 1 BBG), weil er durch das Grundrecht der Wissenschaftsfreiheit geschützt ist?

Auch die Auffassung *Herzogs*, der aus Art. 17 a GG folgert, daß allein die in dieser Vorschrift aufgeführten Grundrechte in besonderen Gewaltverhältnissen beschränkt werden könnten, führt zu keinem abweichenden Ergebnis. Herzog übersieht, daß Art. 17 a GG nach dem Inkrafttreten des GG auf das besondere Gewaltverhältnis des Soldaten zugeschnitten wurde und schon deshalb keine Aussage über die Wirkungskraft der Grundrechte in anderen Sonderstatusverhältnissen erlaubt[24]. Art. 17 a GG bestätigt vielmehr die Auffassung, daß jede Grundrechtsbegrenzung im Sonderstatus einer verfassungsrechtlichen Grundlage bedarf[25]. Im übrigen kann nicht ausgeschlossen werden, daß der Verfassungsgesetzgeber des Jahres 1956 die Wissenschaftsfreiheit deshalb nicht in den Katalog der beschränkbaren Grundrechte des Soldaten aufgenommen hat, weil die Wissenschaftsfreiheit damals fast nur als Grundrecht des akademischen Lehrers verstanden wurde.

Ist der Beamte somit auch als Wissenschaftler nicht von seiner „dienstliche(n) Verantwortlichkeit" (§ 66 Abs. 2 HS 1 BBG) oder den Fesseln der Mißbrauchsaufsicht (§ 66 Abs. 2 HS 2 BBG) entbunden, so stellt sich im Rahmen der verfassungsrechtlichen Grundlegung des Rechts der wissenschaftlichen Nebentätigkeit noch die Frage, nach welchen allgemeinen Grundsätzen — Leitlinien — der in § 66 Abs. 1

---

[23] Die wohl überzeugendste Darstellung des Problems findet sich immer noch in der Dissertation *v. Münchs* aus dem Jahre 1957.

[23a] Vgl. etwa BVerwGE 37, 265 ff.

[24] *Leisner*, DVBl. 1960, 624 Fußn. 42; *Martens*, ZBR 1970, 200; *Dürig*, in: Maunz / Dürig / Herzog, GG, Art. 17 a Rdn. 22.

[25] So jetzt für alle besonderen Gewaltverhältnisse der Strafvollzugsbeschluß des BVerfG, BVerfGE 33, 1 ff.

Nr. 2 BBG i. V. m. § 66 Abs. 2 BBG angesiedelte Konflikt zwischen der Wissenschaftsfreiheit und dem Beamtenrecht zu bereinigen ist.

B. Leitlinien für die Entscheidung des Konflikts zwischen der Wissenschaftsfreiheit und dem Beamtenrecht

I. Abwägung zwischen der Wissenschaftsfreiheit und dem Beamtenrecht i. S. „praktischer Konkordanz"

Das Problem der Grundrechtsgeltung im beamtenrechtlichen Sonderstatus zerfällt — dieses wird oft übersehen — in zwei Fragenkreise, die zumindest theoretisch scharf unterschieden werden sollten[26]. Einmal ist es — wie am Beispiel der Wissenschaftsfreiheit nachgewiesen wurde — oft zweifelhaft, welche Grundrechte zusätzlichen — im Sonderstatus wurzelnden — Bindungen unterworfen werden können. Insoweit begnügen sich Rechtsprechung und auch viele Autoren mit pauschalen Hinweisen, die entweder Selbstverständlichkeiten ausdrücken oder einer verfassungsrechtlichen Begründung bedürfen. Die Geltung des verfassungsrechtlichen Prinzips der Verhältnismäßigkeit[27] dürfte ebensowenig umstritten sein wie das Verbot, den Wesensgehalt eines Grundrechts der Beamten anzutasten. Auf Bedenken stößt dagegen schon der Vorschlag, im Zweifel für die Freiheit des Beamten zu entscheiden[28]. Angesichts des Streits, der über diesen Grundsatz der Verfassungsauslegung herrscht[29], warnt *Martens* zu Recht davor, das Problem der Grundrechtsgeltung im beamtenrechtlichen Sonderstatus mit Hilfe allgemeiner Vermutungen zugunsten der Freiheit des Beamten zu lösen[30].

Beachtung verdienen demgegenüber die Versuche, den Konflikt zwischen einzelnen Grundrechten und dem Sonderstatus des Beamten in Anlehnung an die vom BVerfG zu Art. 5 Abs. 2 GG entwickelte

[26] Wie hier *Wiese*, 108; *Böttcher*, 67; *Thieme*, Meinungsfreiheit und Beamtenrecht, 18; *v. Münch*, Freie Meinungsäußerung, 18 und 40; ähnlich auch *Erichsen*, Verw. Arch. 1972, 446.

[27] *Bank*, ZBR 1963, 227 f.; *Donle*, Diss. 185.

[28] *Wilhelm*, Die freie Meinung, 16; *Bank*, ZBR 1963, 227; *Cornelius / Gester / Woschech*, 20; *Distel*, DDB 1958, 83; *Donle*, Diss. 91; *Köttgen*, Die Meinungsfreiheit des Soldaten, 63.

[29] Für ein in dubio pro libertate etwa: BVerfGE 13, 97, 105; *Dürig*, in: Maunz / Dürig / Herzog, GG, Art. 1 Abs. 3 Rdn. 93; *Berg*, 81; *Leibholz*, Diskussionsbeitrag, VVDStRL 20, 120 und wohl auch BVerwGE 1, 303, 306 unter Hinweis auf *Kitzinger*, 450. Dagegen z. B.: *Hesse*, Grundzüge, 29; *Ossenbühl*, DÖV 1965, 657 Fußn. 111; *Ehmke*, VVDStRL 20, 86. Gegen eine Freiheitsvermutung jetzt auch BVerwG, JZ 1974, 25, 26.

[30] *Martens*, ZBR 1970, 200.

„Wechselwirkungstheorie“ zu entschärfen[31]. Soweit ersichtlich, hat erstmals *Böttcher* vorgeschlagen, jede Beamtenpflicht, die nach ihrem Wortlaut die Meinungsfreiheit des Beamten beschränkt, „im Lichte“ der Meinungsfreiheit auszulegen[32]. Einen ähnlichen Weg beschreitet *Hesse* mit der Forderung, die Wirkungskraft der Grundrechte in Sonderstatusverhältnissen im Sinne „praktischer Konkordanz“ aufzuspüren: „Beide, Grundrechte und Sonderstatusverhältnisse, bedürfen vielmehr verhältnismäßiger Zuordnung, die beiden zu optimaler Wirksamkeit verhilft. Auch die begrenzenden Sonderstatusverhältnisse sind daher ‚im Licht der Grundrechte‘ zu sehen ... auch wenn dies für die Verwaltungsbehörden Erschwerungen oder Lästigkeiten mit sich bringt[33].“ Das Bundesverfassungsgericht hat sich dieser Auffassung im Strafvollzugsbeschluß — wenn auch mit einer anderen Terminologie — angeschlossen. Danach kommt die Einschränkung der Grundrechte im Sonderstatus des Strafgefangenen „nur dann in Betracht, wenn sie zur Erreichung eines von der Wertordnung des Grundgesetzes gedeckten gemeinschaftsbezogenen Zwecks unerläßlich ist.“ Dabei sei stets der besondere Wertgehalt des Grundrechts — im Fall des BVerfG: der Meinungs- und Informationsfreiheit — zu berücksichtigen[34]. Der entscheidende Vorzug dieser von Böttcher, Hesse und dem BVerfG verfochtenen Ansicht im Vergleich zu den herkömmlichen Lösungsvorschlägen besteht darin, daß sie das Problem der Grundrechtsgeltung in Sonderstatusverhältnissen auf zwei präzise Fragestellungen reduziert („Zweistufenprüfung“):

1. Der Sonderstatus muß von der Verfassung begründet oder vorausgesetzt sein[35] und

2. jede Grundrechtsbegrenzung muß — auch unter strenger Beachtung der jedem Grundrecht inhärenten Wertentscheidung — unumgänglich sein, um die Wirksamkeit des Sonderstatus zu gewährleisten.

Ehe nach diesem Gesetz „praktischer Konkordanz“ der in § 66 Abs. 2 BBG i. V. m. § 66 Abs. 1 Nr. 2 BBG angelegte Konflikt zwischen der Wissenschaftsfreiheit und dem Beamtenrecht zu bereinigen ist, sollen aus der Wissenschaftsfreiheit noch jene Essentialia herauspräpariert werden, die — betrachtet man § 66 Abs. 2 BBG „im Lichte“ dieses Grundrechts — auch im Beamtenstatus nicht verwässert werden dürfen.

---

[31] BVerfGE 7, 198, 207 zur Meinungsfreiheit; BVerfGE 27, 71 und JZ 1972, 585 zur Informationsfreiheit; ähnlich BGH, NJW 1970, 437.

[32] *Böttcher*, 65, 112 ff.; *Wilhelm*, Die freie Meinung, 23.

[33] *Hesse*, Grundzüge, 130; zustimmend *Häberle*, JuS 1969, 269 Fußn. 40; so im Ergebnis auch *Martens*, ZBR 1970, 200.

[34] BVerfGE 33, 1, 15.

[35] *Hesse*, Grundzüge, 137.

II. Zwei wichtige Grundsätze

1. *Die verfassungsrechtliche Spitzenstellung der Wissenschaftsfreiheit*

Das Grundrecht der Wissenschaftsfreiheit genießt auch nach der in dieser Arbeit vertretenen Ansicht aus historischen Gründen eine verfassungsrechtliche Spitzenstellung[36]. Dieser Rang der Wissenschaftsfreiheit innerhalb des Grundrechtskanons verlangt auch im Sonderstatus des Beamten Geltung, ja er dient sogar als ein verfassungsrechtlich begründetes Surrogat für den nach Voraussetzung und Inhalt umstrittenen Auslegungsgrundsatz eines auch im Sonderstatus geltenden „in dubio pro libertate". Jeder auf § 66 Abs. 2 BBG gestützte Eingriff in die wissenschaftliche Nebentätigkeit — und damit in die Wissenschaftsfreiheit des Beamten — sollte daher schon unter diesem Blickwinkel nur als Ultima ratio geduldet werden.

Indessen ist dieses Plädoyer für die auch im Beamtenstatus wirkende verfassungsrechtliche Spitzenstellung der Wissenschaftsfreiheit einzuschränken. Nach einer Formulierung von *Geck* verbrieft die Freiheit der Wissenschaft die freie Wahl von Gegenstand, Form, Methode, Zeit und Ort der Lehre[37]. Diese Eingrenzung des Inhalts der Lehrfreiheit rechtfertigt es, zwischen einem Kernbereich und einem Randbereich des Grundrechts zu differenzieren[38]. In den Kernbereich ist das eigentliche wissenschaftliche Erkennen, die Freiheit der Wahl des Gegenstandes, der Methode und des Inhalts einzuordnen. Dagegen ist im Randbereich das Recht des Wissenschaftlers angesiedelt, die Modalitäten seines wissenschaftlichen Erkenntnis- und Kommunikationsprozesses zu wählen: die Freiheit von Ort, Zeitpunkt und auch Form seiner wissenschaftlichen Betätigung. Diese Unterschiede sollten — betrachtet man das Beamtenrecht im Lichte der Wissenschaftsfreiheit — auch im Sonderstatus des Beamten nicht eingeebnet werden. Das Telos der Wissenschaftsfreiheit, das Streben des Menschen nach Erkenntnis vor hoheitlicher Bevormundung abzuschirmen, alle Erscheinungen in Staat und Gesellschaft ihrer Tabus zu entkleiden, dieses Telos rechtfertigt es, Eingriffe in den Kernbereich der Wissenschaftsfreiheit nach strengeren Maßstäben zu beurteilen als hoheitliche Maßnahmen, die „lediglich" auf den Randbereich — die Modalitäten wissenschaftlichen Erkennens — einwirken.

---

[36] Oben 1. Teil, 1. Abschnitt, E VI 3.

[37] *Geck*, VVDStRL 27, 161.

[38] In Anlehnung an *Wehrhahn*, in: Hans Thieme / Wehrhahn, Freiheit der Künste und Wissenschaften, 81. W. unterscheidet zwischen den „substantiellen", den „Kern-Funktionen" der Wissenschaftsfreiheit und Betätigungen, die im accidentiellen Bereich des Grundrechts angesiedelt sind (Beispiel: Umgang mit Personen und Sachen zu Zwecken des Experiments).

Für die Auslegung des § 66 Abs. 2 BBG als Schranke auch der wissenschaftlichen Nebentätigkeit folgt aus diesem Verständnis der Wissenschaftsfreiheit: Jeder auf § 66 Abs. 2 HS 2 BBG gestützte Eingriff in die Wissenschaftsfreiheit sollte darauf überprüft werden, ob er die Modalitäten — insbesondere den Ort oder Zeitpunkt einer wissenschaftlichen Nebentätigkeit — berührt oder aber auf Gegenstand und Inhalt einer wissenschaftlichen Nebentätigkeit ausstrahlt. Ohne schon in diesem Zusammenhang auf das Instrumentarium der Mißbrauchsaufsicht i. S. des § 66 Abs. 2 HS 2 BBG einzugehen, läßt sich doch schon die These aufstellen, daß eine Weisung, die bestimmte Gegenstände dem Erkenntnisstreben des Beamten entzieht oder auf die inhaltliche Ausgestaltung seiner Nebentätigkeit Einfluß zu nehmen sucht, nur schwer vor der Verfassung bestehen kann: sie müßte wirklich unerläßlich sein, um die konkrete Funktionsfähigkeit des Beamtenverhältnisses zu gewährleisten.

2. Die Bedeutung des wissenschaftlichen oder gesellschaftlichen Wertes einer wissenschaftlichen Erkenntnis für den Umfang des Art. 5 Abs. 3 GG im Sonderstatus des Beamten

Das BVerwG hat in seinem Urteil zum Verhältnis der Wissenschaftsfreiheit zur Verschwiegenheitspflicht des Beamten (§ 61 Abs. 1 BBG) die Auffassung vertreten, bei der Abwägung sei auch zu berücksichtigen, ob die von einem Beamten zur Veröffentlichung vorgesehene Arbeit einen besonderen wissenschaftlichen Rang einnehme[39]. Dieser Auffassung muß widersprochen werden. Wie dargelegt wurde, verbietet Art. 5 Abs. 3 GG ein staatliches Wissenschaftsrichteramt: das staatliche Organ — insbesondere auch der Richter! — ist verfassungsrechtlich daran gehindert, eine Position im Streit um den außerrechtlichen Wissenschaftsbegriff einzunehmen und einen numerus clausus der verfassungsrechtlich durch Art. 5 Abs. 3 GG geschützten Wissenschaftsauffassungen zu proklamieren. Dieses Verbot jeglichen staatlichen Wissenschaftsrichtertums bezieht sich — richtig verstanden — auch auf den Wahrheitsgehalt, den wissenschaftlichen Wert einer Erkenntnis. Schützt Art. 5 Abs. 3 GG auch das Recht zum Irtum, zur Veröffentlichung fehlerhafter Auffassungen, so entspricht dieser Komponente des Art. 5 Abs. 3 GG ein staatlichen Organen auferlegtes Verbot, bei der Subsumtion unter das Grundrecht der Wissenschaftsfreiheit den wissenschaftlichen Wert einer Arbeit zu berücksichtigen, ja ihren wissenschaftlichen Rang als conditio sine qua non einer Anwendung des Art. 5 Abs. 3 GG zu behandeln[40].

---

[39] BVerwGE 37, 265, 270.

Gegen diese Grundsätze hat das BVerwG eklatant verstoßen. Sollte sich nämlich auch nur bei der Interpretation der Verschwiegenheitspflicht als Schranke der Wissenschaftsfreiheit des Beamten die Auffassung des BVerwG durchsetzen, so würde ein staatliches Wissenschaftsrichteramt im Sonderstatus des Beamten „fröhliche Urständ" feiern: die Verwaltungspraxis könnte — gestützt auf das Urteil des BVerwG — die Veröffentlichung einer Studie, in der ein Beamter verwaltungsinterne Mißstände erörtert, mit dem Einwand verhindern, die Arbeit sei wissenschaftlich „mißlungen".

Schließlich besteht Anlaß, darauf hinzuweisen, daß eine wissenschaftliche Erkenntnis grundsätzlich ohne Rücksicht auf ihren gesellschaftlichen Wert am Grundrecht des Art. 5 Abs. 3 GG partizipiert[41]. Eine Schranke der wissenschaftlichen Betätigungsfreiheit bilden allein „oberste Grundwerte der Verfassung", insbesondere die Würde des Menschen[42]. Eine wissenschaftliche Arbeit, die diese Schwelle nicht überschreitet, ist als Wissenschaft i. S. des Art. 5 Abs. 3 GG verfassungsrechtlich geschützt, die Friedensforschung in gleichem Umfang wie ein verfassungsfeindlicher Lehrvortrag. Für eine Bestimmung des Verhältnisses der Wissenschaftsfreiheit zum Beamtenrecht folgt hieraus, daß ein Beamter wegen des „gesellschaftsschädlichen" Inhalts einer wissenschaftlichen Nebentätigkeit nur dann — beamtenrechtliche — Nachteile zu befürchten hat, wenn seine wissenschaftlichen Thesen zugleich die konkrete Funktionsfähigkeit seines Beamtenverhältnisses bedrohen.

---

[40] Diese Auffassung müßten auch die Verfechter der von *Smend* begründeten inhaltlichen Definition des Wissenschaftsbegriffs vertreten. Begründet nämlich die „ernsthafte" Intention der Wahrheitserkenntnis die Wissenschaftlichkeit eines Erkenntnisprozesses, so verdient auch eine fehlerhafte Arbeit den in Art. 5 Abs. 3 GG vorgesehenen Schutz.

[41] Hierzu wieder besonders deutlich *Kitzinger*, 461. Wie hier — zur Kunstfreiheit — *Erbel*, DVBl. 1973, 531.

[42] In den Vereinigten Staaten existieren an Kliniken, die mit Menschen experimentieren, Ethikkomitees. Der Rat der Herausgeber von biologisch orientierten Fachzeitschriften (Council of Biology Editors) hat seinen Mitgliedern empfohlen, eine wissenschaftliche Arbeit über Menschenversuche allein dann noch zu veröffentlichen, wenn ein Ethikkomitee das zugrunde liegende Experiment gebilligt hat (zitiert nach FAZ vom 31. Mai 1972). Zum Verhältnis der Kunstfreiheit zur Menschenwürde *Müller*, Positivität der Grundrechte, 48 f.; M. weist zu Recht darauf hin, daß nicht die Würde in abstracto, sondern allein die Würde eines bestimmten, von der Ausübung der Kunstfreiheit betroffenen Menschen die Grundrechte des Art. 5 Abs. 3 GG begrenze.

Zweiter Teil

Der Konflikt zwischen der Wissenschaftsfreiheit und dem Beamtenrecht – Dargestellt am Recht der wissenschaftlichen Nebentätigkeit

Erster Abschnitt

Wissenschaftsfreiheit und „dienstliche Verantwortlichkeit“ des Beamten

In diesem Abschnitt soll die Frage erörtert werden, unter welchen Voraussetzungen ein wissenschaftlich tätiger Beamter wegen des Inhalts, des Gegenstandes oder der Art und Weise seiner wissenschaftlichen Nebentätigkeit disziplinarrechtlich zur Verantwortung gezogen werden kann. Dabei wird auch diese Arbeit der Rechtsprechung und der Verwaltungspraxis nur Grundsätze für die verfassungsrechtlich gebotene Behandlung einzelner typischer Konfliktstatbestände aufzeichnen können, da die Neufassung des § 77 Abs. 1 BBG[1] einen disziplinarrechtlichen Eingriff wegen einer außerhalb des Amtes — also auch anläßlich einer wissenschaftlichen Nebentätigkeit — begangenen Pflichtverletzung an besonders strenge Voraussetzungen knüpft.

Die weitere Untersuchung gliedert sich wie folgt: Unter A soll das kaum geklärte Verhältnis der Wissenschaftsfreiheit zur politischen Treuepflicht des Beamten dargestellt werden. Aufzudecken ist ferner die Ausstrahlung der Loyalitätspflicht (B) und der Verschwiegenheitspflicht des Beamten auf die Wissenschaftsfreiheit (C). Als unproblematisch ausgeklammert wird dagegen die Pflicht des Beamten, „sich

---

[1] Eingefügt durch Art. II § 2 Nr. 3 des Gesetzes zur Neuordnung des Bundesdisziplinarrechts vom 20. Juli 1967 (BGBl. I S. 725). § 77 Abs. 1 BBG lautet: „Der Beamte begeht ein Dienstvergehen, wenn er schuldhaft die ihm obliegenden Pflichten verletzt. Ein Verhalten des Beamten außerhalb des Dienstes ist ein Dienstvergehen, wenn es nach den Umständen des Einzelfalles in besonderem Maße geeignet ist, Achtung und Vertrauen in einer für sein Amt oder das Ansehen des Beamtentums bedeutsamen Weise zu beeinträchtigen.“

mit voller Hingabe seinem Beruf zu widmen" (§ 54 Satz 1 BBG), denn es ist selbstverständlich, daß der Beamte durch Art und Umfang seiner wissenschaftlichen Nebentätigkeit nicht seine dienstlichen Leistungen beeinträchtigen darf. Auch die Pflicht des Beamten zur Unparteilichkeit (§ 52 Abs. 1 BBG) vermag keine inhaltliche Schranke der Wissenschaftsfreiheit zu begründen. Insoweit stellt sich allein die Frage, ob einem Beamten aufgrund seines wissenschaftlichen Engagements zugunsten einer Idee oder Partei wegen der „Besorgnis der Befangenheit" die weitere Ausübung einer wissenschaftlichen Nebentätigkeit untersagt werden kann[2].

A. Wissenschaftsfreiheit und politische Treuepflicht

I. Das Problem. Zugleich eine Skizze des eigenen Lösungsansatzes

1. Die aktuelle Bedeutung des Problems

Im Gegensatz zur wertneutralen WRV bekennt sich das GG zum Prinzip der wehrhaften Demokratie, die ihren erklärten Feinden den Kampf ansagt[3]. Dieser Grundsatz ist in den Art. 9 Abs. 2, 18, 21 Abs. 2, 98 Abs. 2 GG und in Art. 5 Abs. 3 Satz 2 GG verankert. Besonders deutlich hat er aber in Art. 79 Abs. 3 GG seinen Ausdruck gefunden, denn diese Bestimmung wertet die Grundsätze der Art. 1 und 20 GG zu einem politischen Axiom auf, über das selbst der Souverän nicht verfügen darf[4]. Diese militante Wertordnung des GG strahlt auch auf den beamtenrechtlichen Sonderstatus aus: nach § 52 Abs. 2 BBG hat sich der Beamte „jederzeit zur freiheitlichen demokratischen Grundordnung zu bekennen und für deren Erhaltung einzutreten"[5]. Im engen Zu-

---

[2] Dazu unten 2. Teil, 2. Abschnitt, B II 3 (Fall Nr. 7).

[3] Dazu etwa überzeugend *Dürig*, in: Maunz / Dürig / Herzog, GG, Art. 18 Rdn. 3 ff. und Art. 79 Rdn. 28 f. Umfangreiche Belege bei *Schmitt Glaeser*, Mißbrauch, 21 ff. Vgl. neuerdings *Bulla*, Die Lehre von der streibaren Demokratie, AöR 98 (1973), 340.

[4] Anders Art. 76 WRV, nach dem die Verfassung „im Wege der Gesetzgebung" geändert werden konnte. Dazu *Anschütz*, WRV, Art. 76 Anm. 3 (403): „Die durch Art. 76 den hier bezeichneten qualifizierten Mehrheiten des RTags, des RRats und des Volkes übertragene verfassungändernde Gewalt ist gegenständlich unbeschränkt." Die Gegenansicht wurde von *Schmitt*, *Bilfinger* und *Bühler* vertreten, *Anschütz*, ebd. 404 Fußn. 2.

[5] Entsprechend § 35 Abs. 1 Satz 3 BRRG und die landesrechtlichen Bestimmungen, abgedruckt bei *Ule*, BRRG, § 35 Rdn. 5. Zur historischen Entwicklung: Vorläufer des § 52 Abs. 2 BBG war § 3 des Gesetzes zur vorläufigen Regelung der Rechtsverhältnisse der im Dienst des Bundes stehenden Personen — vorläufiges Bundespersonalgesetz — (vom 17. Mai 1950, BGBl. I S. 207), der § 3 Abs. 2 DBG wie folgt änderte: „Die im Dienst des Bundes stehenden Personen müssen sich durch ihr gesamtes Verhalten zur

sammenhang mit dieser „politischen Treuepflicht“[6] stehen andere Bestimmungen, insbesondere § 7 Abs. 1 Nr. 2 BBG, wonach ein Bewerber nur dann in das Beamtenverhältnis übernommen werden darf, wenn er die Gewähr dafür bietet, daß er jederzeit für die freiheitliche demokratische Grundordnung eintritt[7].

Über den Sinn und Umfang dieser einschneidenden Pflichtenbindung des Beamten entbrannte erstmals zu Beginn der fünfziger Jahre ein heftiger Streit. Die damalige Diskussion wurde durch einen Beschluß der Bundesregierung vom 19. Mai 1950 ausgelöst, der einem Beamten eine Mitgliedschaft in 13 Organisationen — u. a. der KPD und der SRP — untersagte[8]. Zugleich „ersuchte“ die Bundesregierung die Dienstherrn der Beamten, gegen „Schuldige“, die ihre Treuepflicht durch „Teilnahme an solchen Organisationen oder Bestrebungen verletzen“, unnachsichtlich einzuschreiten. Die Wogen glätteten sich jedoch bald; aus dem Komplex der politischen Treuepflicht des Beamten fand allein die Pflicht des Hochschullehrers zur Verfassungstreue das Interesse der Wissenschaft[9]. Bei der Darstellung der politischen Treuepflicht sonstiger Beamter begnügten sich einige Autoren damit, den Bericht des Beamtenrechtsausschusses zu § 52 Abs. 2 BBG zu wiederholen[10]. Inzwischen ist über den Umfang der politischen Treuepflicht des Beamten erneut ein heftiger Streit ausgebrochen. Die Parallelen zu

---

demokratischen Staatsauffassung bekennen.“ § 3 Abs. 2 DBG hatte den folgenden Wortlaut: „Der Beamte hat jederzeit rückhaltlos für den nationalsozialistischen Staat einzutreten und sich in seinem gesamten Verhalten von der Tatsache leiten zu lassen, daß die Nationalsozialistische Deutsche Arbeiterpartei in unlösbarer Verbundenheit mit dem Volke die Trägerin des deutschen Staatsgedankens ist. Er hat Vorgänge, die den Bestand des Reiches oder der Nationalsozialistischen Deutschen Arbeiterpartei gefährden können, auch dann, wenn sie ihm nicht vermöge seines Amtes bekanntgeworden sind, zur Kenntnis seiner Dienstvorgesetzten zu bringen.“ Zur geschichtlichen Entwicklung der politischen Treuepflicht neuerdings *Azzola / Lautner*, ZBR 1973, 125 ff. m. w. N.

[6] Der Begriff der „politischen Treuepflicht“ hat sich eingebürgert und wird auch in dieser Arbeit übernommen.

[7] Entsprechend § 4 Abs. 1 Nr. 2 BRRG und die Vorschriften der Landesbeamtengesetze, abgedruckt bei *Ule*, BRRG, § 4 Rdn. 13.

[8] Der Beschluß ist abgedruckt bei *Böttcher*, 16 f. und — teilweise — bei *Frister / Jochimsen*, 16. Zu diesem Beschluß etwa die der Heidelberger Gesellschaft zur Wahrung der Menschenrechte erstatteten Gutachten von *Grewe*, 35 ff., *Hansjörg Jellinek*, 9 ff. und *Scheuner*, 65 ff. *Jellinek*, 16, war der Auffassung, daß eine „Bekenntnispflicht“ des Beamten mit Art. 4 Abs. 1 GG kollidiere, so auch *Kröger*, AöR 88 (1963), 135 f. Dagegen *Grewe*, Gutachten, 50 und *Scheuner*, Gutachten, 87.

[9] Dazu etwa die Arbeiten von *Thoma*, Lehrfreiheit, *Friesenhahn*, *Wehrhahn* und *W. Thieme*, Hochschulrecht, 63 ff., 246 ff. Aus der Rechtsprechung: VG Bremen, ZBR 1973, 16 und VG Berlin, Urteil vom 27. September 1973 (Az: VG II A 16.72, noch nicht veröffentlicht).

[10] So *Bochalli*, BBG, § 52 Rdn. 2 und — kaum ausführlicher — *Plog / Wiedow / Beck*, BBG, § 52 Rdn. 4.

der skizzierten Situation der fünfziger Jahre sind nicht zu übersehen: Die Verwaltungspraxis — insbesondere die Einstellungsbehörden — stehen wieder vor der brisanten Frage, ob ein Beamter Mitglied einer „verfassungsfeindlichen", aber nicht verbotenen Partei oder Vereinigung sein darf. Vier Beschlüsse der Verwaltungspraxis markieren die neuere Entwicklung[10a]:

1. Nach einem Beschluß des Hamburger Senats vom 23. November 1971[11] ist die Ernennung zum Beamten auf Lebenszeit bei „politischen Aktivitäten" des Bewerbers in links- oder rechtsradikalen Gruppen unzulässig.

2. Die am 28. Januar 1972 von der Ministerpräsidentenkonferenz beschlossenen „Grundsätze zur Frage der verfassungsfeindlichen Kräfte im öffentlichen Dienst"[12] bestimmen, daß ein „Bewerber, der verfassungsfeindliche Aktivitäten entwickelt", nicht in den öffentlichen Dienst eingestellt werden soll. Außerdem hat der Dienstherr die „gebotenen Konsequenzen" zu ziehen, wenn ein Beamter durch „Handlungen oder wegen seiner Mitgliedschaft in einer Organisation verfassungsfeindlicher Zielsetzungen" die Anforderungen des § 35 BRRG (= § 52 Abs. 2 BBG) nicht erfüllt.

3. Die ebenfalls am 28. Januar 1972 beschlossene „Gemeinsame Erklärung des Bundeskanzlers und der Ministerpräsidenten der Länder"[13] wertet „verfassungsfeindliche Bestrebungen" eines Beamten als Verletzung der politischen Treuepflicht. Die sonstige Förderung dieser Organisationen führe in der Regel zu einem „Loyalitätskonflikt", gegen den notfalls mit den Waffen des Disziplinarrechts einzuschreiten sei.

4. Die obersten Dienstbehörden der Länder haben diese Grundsätze teilweise ausgefüllt[14]. So hat z. B. das Nds. Landesministerium in einem

[10a] Der Umfang der politischen Treuepflicht des Beamten ist inzwischen derart umstritten, daß eine Entscheidung des BVerfG oder eine gesetzliche Neuregelung überfällig erscheint. Zum neuesten Meinungsstand etwa *Arndt*, DÖV 1973, 584; *Azzola / Lautner*, ZBR 1973, 125 und ZRP 1973, 243; *Dicke*, ZBR 1973, 1; *Eibes*, ZBR 1973, 132; *Schäfer*, BayVBl. 1973, 169; *Isensee*, JuS 1973, 265; *Schauer*, ZBR 1973, 8; *Stern*, Zur Verfassungstreue des Beamten, München 1974.

Auch die Verwaltungsgerichte haben bisher höchst unterschiedliche Entscheidungen gefällt, vgl. etwa: VG Bremen, ZBR 1973, 16; OLG Hamburg — Richterdienstsenat, ZBR 1973, 22; OVG Lüneburg, ZBR 1973, 12; Bayer. VGH, ZBR 1973, 27; VG Neustadt, ZBR 1973, 147; VG Münster, ZBR 1973, 151; VGH Mannheim, ZBR 1973, 176; VG Würzburg, ZBR 1973, 245; VG München, ZBR 1973, 272; OVG Koblenz, DVBl. 1973, 816; BVerwG, DVBl. 1973, 812 mit Anm. Henke, ebd. 813.

[11] Abgedruckt bei *Borgs-Maciejewski*, 14 ff.

[12] Abgedruckt z. B. in: MBl. NW 1972, S. 342, Nds. MBl. 1972, S. 970.

[13] Veröffentlicht im Bulletin des Presse- und Informationsamtes der Bundesregierung vom 3. Februar 1972, S. 142.

Beschluß vom 10. Juli 1972[14a] u. a. ausgeführt, daß eine „Teilnahme an Bestrebungen, die sich gegen die freiheitliche demokratische Grundordnung richten", mit den Pflichten des Beamten kollidiere.

Gegen diese Beschlüsse haben vornehmlich „linke" Autoren ein wahres Trommelfeuer ausgelöst[15]. Viele scheuen sich nicht, diese Beschlüsse mit dem Sozialistengesetz[16], der Verwaltungspraxis von Polizeistaaten[17] oder gar dem berüchtigten „Gesetz zur Wiederherstellung des Berufsbeamtentums"[18] auf eine Stufe zu stellen. Die Kritik zielt insbesondere gegen die angeblich rechtsstaatlichen Grundsätzen widersprechenden Formulierungen der Beschlüsse[19]. Viele Kritiker halten die Beschlüsse aber aus einem anderen Grunde für verfassungswidrig; sie ermächtigten die Verwaltung zu Sanktionen wegen einer Betätigung in einer Partei, obgleich allein das BVerfG berechtigt sei, deren Verfassungsfeindlichkeit festzustellen (Art. 21 Abs. 2 GG)[20].

Die politische Treuepflicht des § 52 Abs. 2 BBG markiert auch eine bedeutsame Schranke der Wissenschaftsfreiheit im beamtenrechtlichen Sonderstatus. Die in § 52 Abs. 2 BBG normierte Verpflichtung des Beamten, sich „jederzeit zur freiheitlichen demokratischen Grundordnung zu bekennen", ja „für deren Erhaltung einzutreten", schließt ein Recht des Beamten aus, diese Ordnung wissenschaftlich abzulehnen. Das beamtenrechtliche Schrifttum und die Rechtsprechung haben sich zwar bisher nicht ausdrücklich zum Verhältnis der Wissenschaftsfreiheit zur politischen Treuepflicht geäußert[21]. Angesichts des eindeu-

[14] Nachweise bei *Borgs-Maciejewski,* 16 ff. für Niedersachsen, Rheinland-Pfalz und Nordrhein-Westfalen; für Baden-Württemberg vgl. Staatsanzeiger Baden-Württemberg, 1973, Nr. 10, 17, 80.

[14a] Nds. MBl. 1972, S. 970.

[15] Insbesondere: Stellungnahmen von Juristen zu den von der Ministerpräsidentenkonferenz beschlossenen Grundsätzen zur Frage der verfassungsfeindlichen Kräfte im öffentlichen Dienst, Blätter für deutsche und internationale Politik, 2/1972, 124 ff. und 3/1972, 238 ff. Ähnlich *Aust,* Das Berufsverbot muß fallen, Marxistische Blätter 1973, 1 ff.

[16] *Abendroth,* Stellungnahmen, 125.

[17] *Ridder,* Stellungnahmen, 147; *Däubler,* Stellungnahmen, 130.

[18] Vom 7. April 1933 (RGBl. I S. 175); Vergleiche ziehen etwa *Staff,* Stellungnahmen, 161 und *Wagner,* Stellungnahmen, 289.

[19] *Däubler,* Stellungnahmen, 131 f.; *Schneider,* Stellungnahmen, 153; *Denninger,* Stellungnahmen, 257; *Staff,* Stellungnahmen, 160 f.; *Wagner,* Stellungnahmen, 288; kritisch zur Formulierung des § 52 Abs. 2 BBG auch *Wiese,* 140 Fußn. 15 unter Hinweis auf *Kröger,* AöR 88 (1963), 146 f.

[20] So etwa *Ridder,* Stellungnahmen, 147 und *Wagner,* Stellungnahmen, 286. Weitere Nachweise unten Fußn. 128 zu diesem Abschnitt.

[21] Ausdrücklich ausgeklammert bei *Böttcher,* 14; *von Münch,* Freie Meinungsäußerung, 11 Fußn. 2; *Schmitt Glaeser,* DVBl. 1966, 9 Fußn. 47; *Müller,* Stellungnahmen, 134; *Rinken,* Stellungnahmen, 272 Fußn. 8. Etwas anderes gilt für das Verhältnis der *akademischen Lehrfreiheit* des beamteten Hochschullehrers zur politischen Treuepflicht, dazu die unter Fußn. 9 zu diesem Abschnitt aufgeführten Arbeiten.

tigen Wortlautes des § 52 Abs. 2 BBG ist im folgenden aber davon auszugehen, daß ein lehrender Beamter, der im Rahmen seiner Verfassungskritik den unantastbaren Kernbestand der Verfassung (Art. 79 Abs. 3 GG) ablehnt, ja bekämpft, wegen dieser wissenschaftlichen Stellungnahme disziplinarrechtlich zur Verantwortung gezogen werden kann[22].

Ein aktuelles Beispiel: Nach dem Wortlaut des § 52 Abs. 2 BBG könnte das wissenschaftliche Plädoyer eines Beamten für die Räterepublik als Dienstvergehen nach § 52 Abs. 2 i. V. m. § 77 Abs. 1 Satz 2 BBG disziplinarrechtliche Sanktionen auslösen[23]. Diese Auslegung der politischen Treuepflicht kann zumindest nicht ohne verfassungsrechtliche Begründung übernommen werden, da die Wissenschaftsfreiheit gerade eine politische Inpflichtnahme des Wissenschaftlers verhindern sollte. Insoweit ist in § 52 Abs. 2 BBG geradezu das Paradebeispiel eines Konflikts zwischen der Wissenschaftsfreiheit und dem Beamtenrecht angelegt.

2. *Eine nicht überzeugende Problemlösung*

Einige Autoren scheinen diese in § 52 Abs. 2 BBG angesiedelte verfassungsrechtliche Problematik elegant zu umgehen. Sie meinen, der Beamte habe bei seinem Eintritt in den Sonderstatus freiwillig darauf verzichtet, die freiheitliche demokratische Grundordnung politisch und auch intellektuell anzugreifen[24]. Zum Verständnis dieser Lehrmeinung ist es erforderlich, die zum Problemkreis der Grundrechtsgeltung im Sonderstatus entwickelte „Verzichtslehre" vorzustellen. Ihre Anhänger lösen das Problem beamtenrechtlicher Sonderschranken der Grundrechte mit der Feststellung, der Beamte habe bei seinem Eintritt in den Beamtenstatus auf die Ausübung einzelner, aus den Grundrechten fließender Befugnisse verzichtet, soweit der Zweck des Beamtenverhältnisses eine derartige Zurückhaltung beim Gebrauch einzelner Grundrechte erfordere[25].

[22] *Stern*, Verfassungstreue, 28, weist allerdings zu Recht darauf hin, daß bisher keine „hinlänglich verläßliche Rechtsprechung über das vom Beamten geforderte Tun oder Unterlassen besteht".

[23] Zur Vereinbarkeit des Rätesystems mit dem GG etwa: *Ernest Mandel* und *Gräfin Marion Dönhoff*, in: Die Zeit 13/72, 8 f. sowie die kontroversen Standpunkte von *Peter v. Oertzen* und *Hans Schueler*, in: Die Zeit 25/72, 3; zum Problem noch *Jäckel*, Frankfurter Hefte 1969, 86.

[24] *Grewe*, Gutachten, 50 f.; *Köttgen*, Die Meinungsfreiheit des Soldaten, 68; *Ule*, Diskussionsbeitrag, in: Von den Grundrechten des Soldaten, 82 f.; *derselbe*, BRRG, § 2 Rdn. 3; *Thiele*, DöD 1958, 187.

[25] So etwa *Herbert Krüger*, DVBl. 1950, 629; *v. Mangoldt / Klein*, GG, Vorb. B XVI 5 vor Art. 1 (138 f.); *Leisner*, DVBl. 1960, 624 Fußn. 43, bezeichnet die Verzichtslehre als eine crux der Grundrechtsauffassung. Zum jetzigen Stand etwa *Böttcher*, 58 ff. und *Wiese*, 126 ff. m. w. N. in Fußn. 101.

Dieser Versuch einer konstruktiven Rechtfertigung beamtenrechtlicher Sonderschranken der Grundrechte hat sich jedoch nicht durchsetzen können. Seine Kritiker stützen sich insbesondere auf die Überlegung, ein Beamtenanwärter habe meist keine genauen Vorstellungen über die im Beamtenstatus erforderlichen Beschränkungen seiner Grundrechte[26]. Daher sei zu seinen Gunsten zu unterstellen, er unterwerfe sich allein den verfassungsrechtlich zulässigen Grundrechtsbegrenzungen[27]. Dieser Auffassung ist für den Regelfall beizupflichten. Da schon der Jurist erhebliche Schwierigkeiten hat, den Umfang der oft in unbestimmten Rechtsbegriffen versteckten beamtenrechtlichen Grundrechtsschranken aufzuspüren, wäre es nicht nur lebensfremd, sondern meist sogar eine Fiktion, den freiwilligen Eintritt in ein Beamtenverhältnis in einen freiwilligen Grundrechtsverzicht umzudeuten[28]. Die meisten Beamtenanwärter dürften nicht einmal die Vorschriften kennen, die als Schranke ihrer Grundrechte eingreifen können.

Diese gegen die „Verzichtslehre“ ins Feld geführten Argumente scheinen aber gerade im Fall der hier diskutierten Pflicht des Beamten zur Verfassungstreue nicht zu stechen. Da jeder Beamte auf die freiheitliche demokratische Grundordnung vereidigt wird (§ 58 Abs. 1 BBG), liegt es nahe, die in § 52 Abs. 2 BBG umschriebene Pflichtenbindung — mithin auch eine Schweigepflicht des beamteten Verfassungskritikers — verfassungsrechtlich mit der „Verzichtslehre“ zu rechtfertigen: der Beamte habe insoweit freiwillig auf einzelne Grundrechte verzichtet, da er sich — nach einer Belehrung — verpflichtet habe, das GG zu „wahren“[29].

Eine Wiedergeburt erlebt diese „Verzichtslehre“ neuerdings in der Verwaltungspraxis. In Niedersachsen z. B. ist eine Übernahme in den Beamtenstatus davon abhängig, daß der Bewerber die folgende „Erklärung“ unterschreibt:

„Ich habe von der Belehrung Kenntnis genommen. Ich bin mir bewußt, daß das danach von mir geforderte Bekenntnis zur freiheitlichen demokratischen Grundordnung Bestandteil des von mir zu leistenden Eides (Gelöbnis-

---

[26] *Ullmann*, Diss. 121; *Wiese*, 128 mit einem beachtlichen Argument: Wie sollte eine Grundrechtsbegrenzung konstruiert werden, wenn der Beamte vor dem Inkrafttreten der geltenden Grundrechtsordnung in den Staatsdienst eingetreten ist? *Thieme*, Hochschulrecht, 58; *Donle*, Diss. 227.

[27] *Leisner*, DVBl. 1960, 619; *Thieme*, Meinungsfreiheit und Beamtenrecht, 21.

[28] *Thieme*, Der öffentliche Dienst, 69 Fußn. 16; *Leisner*, DVBl. 1960, 621; *Böttcher*, 59; *Schick*, ZBR 1963, 69.

[29] So im Ergebnis *Cornelius / Gester / Woschech*, 20, die einen Grundrechtsverzicht für wirksam halten, wenn er freiwillig und ausdrücklich erfolge; ähnlich *v. Münch*, Freie Meinungsäußerung, 29; *Thieme*, Hochschulrecht, 58; *Schick*, ZBR 1963, 70; auch *Wiese*, 128 f., scheint insoweit ausnahmsweise einen Verzicht für zulässig zu halten.

ses) und Voraussetzung meiner Einstellung in den öffentlichen Dienst ist[30]."

Dieses schriftliche Bekenntnis zur freiheitlichen demokratischen Grundordnung soll offensichtlich die Position der Verwaltung gegen Verfassungsfeinde im öffentlichen Dienst stärken. Der Beschluß der Landesregierung dürfte auf der Vorstellung beruhen, ein Beamtenanwärter könne freiwillig und rechtswirksam auf verfassungsfeindliche Agitation und Argumentation verzichten, d. h. die in § 61 Abs. 2 NBG (= § 52 Abs. 2 BBG) umschriebene Pflicht zur Verfassungstreue als rechtsverbindlich anerkennen. Sollte diese Rechtsauffassung zutreffen, so wäre der Verwaltung ein Weg gewiesen, das Problem der Grundrechtsgeltung im Sonderstatus des Beamten ex ante in ihrem Sinn zu entscheiden: eine schriftliche Erklärung des Beamten etwa, er werde nicht streiken, hätte die umstrittene Frage eines Streikrechts der Beamten[31] zu seinem Nachteil entschieden.

Um ein Mißverständnis zu vermeiden: es soll der Verwaltungspraxis nicht unterstellt werden, sie werde der Versuchung erliegen, das von der Nds. Landesregierung am Beispiel der Pflicht des Beamten zur Verfassungstreue praktizierte Verfahren auf andere Beamtenpflichten auszudehnen. Doch gerade die Beispiele der Pflicht zur Verfassungstreue und des Streikrechts des Beamten belegen die Auffassung, ein Beamter habe bei seinem freiwilligen Eintritt in den Beamtenstatus allein in die Grundrechtsbeschränkungen „eingewilligt", die mit der Verfassung übereinstimmen. Jede andere Auslegung degradierte die Grundrechte des Beamten zu Objekten des Rechtsverkehrs. Sie führte auch dazu, daß die Verwaltung ihre regelmäßig stärkere Position dazu mißbrauchen könnte, ihre oft problematischen, aus einer politischen Situation heraus geborenen Vorstellungen über die Wirkung der Grundrechte zum Nachteil des Beamten durchzusetzen. Gerade wegen der vom Verfassungsgeber ausgesprochenen Aufwertung der Grundrechte wie auch der „Verrechtlichung" des besonderen Gewaltverhältnisses des Beamten sollte die den öffentlich-rechtlichen Dienstherrn einseitig bevorzugende „Verzichtslehre" nicht für eine Lösung des in § 52 Abs. 2 BBG angesiedelten Konfliktes zwischen der Wissenschaftsfreiheit und der politischen Treuepflicht fruchtbar gemacht werden[32].

[30] Nds. MBl. 1972, S. 970.

[31] Für ein Streikrecht der Beamten etwa *Hoffmann*, Beamtentum und Streik, AöR 91 (1966), 141 ff.; insbesondere 177 f.: der Beamtenstatus sei kein Statuskontrakt, sondern ein reiner Zweckvertrag, der auf einen Leistungsaustausch hinziele. Dagegen die weitaus h. M. etwa *Ule*, BRRG, § 2 Rdn. 2. Zum Streikrecht der Beamten VG Münster, DVBl. 1972, 964 und *Seidel*, DVBl. 1974, 141.

[32] Wie hier im Ergebnis *Donle*, Diss. 152 und wohl auch *Dürig*, AöR 81 (1956), 152, die einen Verzicht auf die Ausübung eines formal schrankenfrei verbürgten Grundrechts für unzulässig halten; so auch *Löffler*, NJW 1964, 1102 hinsichtlich der Religions- und Gewissensfreiheit.

3. Der methodisch notwendige Umweg über die Treueklausel des Art. 5 Abs. 3 Satz 2 GG

Eine Interpretation des § 52 Abs. 2 BBG als Schranke der Wissenschaftsfreiheit stößt schon methodisch auf Schwierigkeiten. Nach der von *Hesse* und dem BVerfG vorgeschlagenen „Zweistufenprüfung" wäre der Nachweis anzutreten, daß die in § 52 Abs. 2 BBG konstituierte Schweigepflicht des gelehrten Verfassungskritikers — auch im Lichte der Wissenschaftsfreiheit betrachtet — „unerläßlich" ist, um die Funktionsfähigkeit des Beamtenverhältnisses zu gewährleisten. Dieser mögliche Weg zu einer Problemlösung stieße jedoch gerade im Fall der politischen Treuepflicht auf Bedenken. Da nämlich schon die Verfassung den wissenschaftlichen Lehrer zur Verfassungstreue verpflichtet, stellt sich bei der Auslegung der politischen Treuepflicht des § 52 Abs. 2 BBG als Schranke der wissenschaftlichen Lehrfreiheit des Beamten in aller Schärfe die Frage nach dem Verhältnis der Treueklausel des Art. 5 Abs. 3 Satz 2 GG zu der politischen Treuepflicht des § 52 Abs. 2 BBG: der Umfang der politischen Treuepflicht des § 52 Abs. 2 BBG als Schranke der Lehrfreiheit im beamtenrechtlichen Sonderstatus kann erst dann aufgedeckt werden, wenn zuvor Klarheit über den Umfang der Pflicht zur Verfassungstreue i. S. des Art. 5 Abs. 3 Satz 2 GG herrscht[33].

Die folgenden Beispiele zeigen, daß allein der hier skizzierte Ansatz eine überzeugende Lösung des Konflikts zwischen der Lehrfreiheit des Beamten und der ihm in § 52 Abs. 2 BBG auferlegten partiellen Schweigepflicht in politicis erlaubt:

1. Nach einer von *Schmitt Glaeser* verfochtenen Ansicht[34] ist ein verfassungsuntreuer Lehrvortrag nicht von der Funktion des Grundrechts der Lehrfreiheit gedeckt. Nach dieser Auffassung wäre ein verfassungsrechtlicher Konflikt zwischen der Lehrfreiheit und der politischen Treuepflicht des § 52 Abs. 2 BBG nicht denkbar, da eine „verfassungsuntreue" und damit auch die politische Treuepflicht mißachtende Lehre verfassungsrechtlich nicht nach Art. 5 Abs. 3 GG geschützt wäre.

2. Während die h. M. einen Mißbrauch der Lehrfreiheit i. S. des Art. 18 GG erst dann bejaht, wenn der wissenschaftliche Lehrer im Tarngewand der Lehrfreiheit gegen die freiheitliche demokratische Grundordnung politisch agitiert[35], also — übernimmt man den Wissenschaftsbegriff der h. M. — gerade nicht „lehrt", ist nach Auffassung

---

[33] So überzeugend *Schmitt Glaeser*, DVBl. 1966, 9 Fußn. 47.

[34] DVBl. 1966, 9; derselbe, Mißbrauch, 77.

[35] *Köttgen*, Freiheit der Wissenschaft, 315. Weitere Nachweise unten Fußn. 64 zu diesem Abschnitt.

von *Salzwedel / Erbel*[36] und *Wengler*[37] der Verwirkungstatbestand i. S. des Art. 18 GG — Alt. Lehrfreiheit — schon erfüllt, wenn der Lehrer in wissenschaftlich unangreifbarer Weise verfassungsuntreue Ansichten verficht. Schließt man sich dieser Auslegung des Art. 18 GG an, so wäre die Treueklausel eine zumindest im allgemeinen Staatsbürgerstatus überflüssige „Mahnung". Daneben könnte Art. 18 GG — Alt. Lehrfreiheit — eine auch im beamtenrechtlichen Sonderstatus wirksame „Sperrwirkung" entfalten, also disziplinarrechtliche Sanktionen wegen des verfassungswidrigen Inhalts einer Lehrmeinung von einer Entscheidung des BVerfG nach Art. 18 GG abhängig machen[38].

3. Schließlich besteht auch die Möglichkeit, die Treueklausel als Bestätigung einer allen Beamten — aber nur diesen! — auferlegten Pflicht zur Verfassungstreue zu deuten[39]. Nach diesem Verständnis der Treueklausel müßte § 52 Abs. 2 BBG eine „unerläßliche" Konkretisierung dieser Pflicht darstellen, um vor der Verfassung als Schranke der immerhin formal schrankenfrei verbürgten und gegen eine politische Inpflichtnahme des Wissenschaftlers zielenden Lehrfreiheit zu bestehen.

Der somit unumgängliche Ausflug in die Untiefen der Treueklausel scheint die Interpretation des § 52 Abs. 2 BBG zusätzlich zu belasten. Dieser Umweg wird sich jedoch lohnen, denn ein Schlüssel zum verfassungsrechtlichen Verständnis der politischen Treuepflicht liegt in der Treueklausel verborgen.

II. Die Treueklausel des Art. 5 Abs. 3 Satz 2 GG — eine ungeklärte Verfassungsnorm

1. Die Prämissen jeder Interpretation der Treueklausel

Das verfassungsrechtliche Schrifttum weiß — wie *Schlink* bemerkt — mit Art. 5 Abs. 3 Satz 2 GG „eigentlich nichts anzufangen"[40]. Insgesamt lassen sich mindestens vier unterschiedliche Interpretationen der schon in ihrer Geburtsstunde heftig befehdeten[41] Treueklausel unter-

36 In: Peters, Geschichtliche Entwicklung und Grundfragen der Verfassung, 293 Fußn. 226.

37 *Wengler*, Buchbesprechung, NJW 1952, 1405 f.

38 So ausdrücklich *Wengler*, NJW 1952, 1406.

39 So andeutungsweise *Thieme*, Der Öffentliche Dienst, 74.

40 *Schlink*, Der Staat 10 (1971), 248.

41 So hieß es in einer Eingabe der westdeutschen rechtswissenschaftlichen Fakultäten an den Parlamentarischen Rat (vom 13. März 1949, abgedruckt in DV 1949, 180): „Wir sind der Auffassung, daß jeder Hochschullehrer stets und namentlich bei Ausübung seines Lehramtes für die freiheitliche demokratische Grundordnung einzutreten und die akademische Jugend zu den

scheiden. Das Spektrum der Meinungen reicht von der wohl h. M., die den wissenschaftlichen Lehrer mit einem Fingerzeig auf seine Pflicht zur Verfassungstreue zu einer stets sachlichen, fairen Verfassungskritik ermahnt[42], über ein Plädoyer *Wehrhahns* für ein in Art. 5 Abs. 3 Satz 2 GG verankertes „Moderationsgebot"[43] bis zu einer von *Köttgen*[44] und *Schmitt Glaeser*[45] verfochtenen Ansicht, nach der die Treueklausel dem wissenschaftlichen Lehrer eine eng begrenzte Schweigepflicht in politicis[46] auferlegt. Wie noch im einzelnen zu belegen ist, leidet die Beweisführung der meisten Autoren darunter, daß sie weder dem Wortlaut noch dem systematischen Standort der Treueklausel als Anhängsel der Lehrfreiheit die gebotene Aufmerksamkeit schenken. Jede Auslegung der Treueklausel überzeugt nur dann, wenn sie die folgenden Gesichtspunkte zumindest in die Diskussion einführt.

Einen Weg zum Verständnis der Treueklausel weist schon ihr Wortlaut, der die formal schrankenfrei verbürgte Lehrfreiheit einer außerhalb des Art. 5 Abs. 3 GG konstituierten („entbindet") Pflicht zur Verfassungstreue unterwirft. Eine Interpretation der Treueklausel muß daher — soll nicht ihr Wortlaut jede Bedeutung verlieren — versuchen, eine außerhalb der Wissenschaftsfreiheit angelegte Pflicht zur Verfassungstreue aufzuspüren. Dieser allein von *Köttgen* und *Schmitt Glaeser* beachtete Befund[47] reduziert die in Art. 5 Abs. 3 Satz 2 GG angesiedelte Problematik auf zwei präzise Fragen, nämlich:

1. Existiert *außerhalb* des Art. 5 Abs. 3 GG eine Pflicht zur Verfassungstreue und — sollte dieses der Fall sein — mit welchem Inhalt?

Idealen dieser politischen Lebensordnung zu erziehen hat"; dazu auch eine „Glosse" in AöR 75 (1949), 103: die Treueklausel gehe von der selbstverständlichen Voraussetzung aus, daß jeder Hochschullehrer für die freiheitliche-demokratische Grundordnung einzutreten habe. Zur Entstehung der Treueklausel im Parlamentarischen Rat *v. Doemming / Füsslein / Matz,* JöR NF 1, 80 f.; *Thoma,* Lehrfreiheit, 22; *Schmitt Glaeser,* DVBl. 1966, 6 f. und *Roellecke,* JZ 1969, 728.

[42] Etwa *Oppermann,* 385 f.; *Hesse,* Grundzüge, 163; *v. Mangoldt / Klein,* Art. 5 Anm. X 6 k (263 f.). Weitere Nachweise Fußn. 51 zu diesem Abschnitt.

[43] Die Freiheit der Künste und Wissenschaften, 78 f.; *derselbe,* Lehrfreiheit und Verfassungstreue, 44 f., 49 f.

[44] Freiheit der Wissenschaft, 314 f., 316.

[45] DVBl. 1966, 9 und Mißbrauch, 77, 151 unter Hinweis auf *Köttgen.*

[46] Im folgenden ist unter einer Schweigepflicht des Wissenschaftlers in politicis seine Verpflichtung zu verstehen, auch als wissenschaftlicher Lehrer eine eindeutige wissenschaftliche Ablehnung der freiheitlichen demokratischen Grundordnung — zu deren Kriterien etwa BVerfGE 2, 1, Leitsatz 2 und BVerfGE 5, 86, 140 f. — zu unterlassen.

[47] *Köttgen* (Freiheit der Wissenschaft, 314) meint, Art. 5 Abs. 3 GG entbinde nicht von einer „anderweit vorausgesetzten Treue zur Verfassung"; konsequent deutet *Schmitt Glaeser,* (DVBl. 1966, 170 f.) die Treueklausel als Bestätigung einer z. B. auch dem Grundrecht der Meinungsfreiheit immanenten Schranke; dazu unten 2. Teil, 1. Abschnitt, A II 5 a.

2. Welche Wirkung entfaltet eine derartige Pflicht als Schranke der wissenschaftlichen Lehrfreiheit?

Sollte der Interpret der Treueklausel, der diesen methodischen Ansatz akzeptiert, die erste Frage bejahen, so muß er den zweiten Schritt bei der Auslegung der Treueklausel mit besonderer Vorsicht machen, weil das Telos der Lehrfreiheit grundsätzlich eine inhaltliche Beschränkung der Lehrinhalte untersagt. Eine Pflicht des wissenschaftlichen Lehrers, die Verfassung i. S. des Art. 5 Abs. 3 Satz 2 GG — verstanden i. S. ihres Kernbestandes der freiheitlichen demokratischen Grundordnung — auch in seinem Lehrvortrag zu respektieren, scheint diesem Telos der Lehrfreiheit eklatant zu widersprechen[48].

Schließlich muß jede Interpretation der Treueklausel den Tatbestand einer „verfassungsuntreuen" Lehre wegen der unterschiedlichen Rechtsfolgen praktikabel vom Verwirkungstatbestand i. S. des Art. 18 GG — Alt. Lehrfreiheit — abgrenzen, ja, es stellt sich sogar die Frage, ob die Aufnahme der Lehrfreiheit in den Katalog der verwirkbaren Grundrechte nicht zu dem Schluß zwingt, die Verfassung habe in Art. 18 GG — Alt. Lehrfreiheit — die Schranken der Lehrfreiheit abschließend umschrieben, die auf dem im GG verankerten Gedanken demokratischer Selbstverteidigung beruhen. Auch dieses Problem der Treueklausel hat das Schrifttum nur sporadisch erörtert[49].

Im folgenden sind — unter Berücksichtigung der hier entwickelten Prämissen — die vom Schrifttum präsentierten Interpretationsversuche vorzustellen und kritisch zu würdigen. Dabei wird sich zeigen, daß das verfassungsrechtliche Schrifttum die Treueklausel — übrigens ein Novum des deutschen Verfassungsrechts[50] — bisher nicht in den Griff bekommen hat.

---

[48] So — im Hinblick auf die Treueklausel — besonders pointiert *Jäckel*, Frankfurter Hefte 1969, 87; *Bettermann*, Universitätstage 1963, 65; *Voigt*, 264; *Schwinge*, 185; in diesem Sinn schon *Bluntschli*, 453.

[49] Versuche der zu Recht von *Herzog* (in: Maunz / Dürig / Herzog, GG, Art. 5 Rdn. 1) geforderten Abgrenzung finden sich bei *Voigt*, 266 und *Schmitt Glaeser*, DVBl. 1966, 7.

[50] Als ein Vorgänger dürfte allerdings § 2 der Karlsbader Beschlüsse (abgedruckt bei *Huber*, Dokumente 1 Nr. 31) gelten, in dem sich die Bundesregierungen verpflichteten, „Universitäts- und andere öffentliche Lehrer", die durch „Verbreitung verderblicher, der öffentlichen Ordnung und Ruhe feindseliger oder die Grundlagen der bestehenden Staatseinrichtungen untergrabender Lehren, ihre Unfähigkeit zur Verwaltung des ihnen anvertrauten wichtigen Amtes unverkennbar an den Tag gelegt haben, von den Universitäten und sonstigen Lehranstalten zu entfernen". Ein der Treueklausel entsprechender Zusatz wurde von den Vätern der Paulskirchenverfassung abgelehnt; dazu *Frohberg*, RiA 1957, 119 Fußn. 55. Rigoros jetzt Art. 17 Abs. 4 DDR-Verfassung von 1968: „Jeder gegen den Frieden, die Völkerverständigung, gegen das Leben und die Würde des Menschen gerichtete Mißbrauch der Wissenschaft ist verboten." Ähnlich Art. 34 Abs. 2 DDR-Verfassung von 1949: „Die Kunst, die Wissenschaft und ihre Lehre sind frei.

2. *Kritik der h. M.*

Nach immer noch h. M. begründet die Treueklausel keine Schweigepflicht des wissenschaftlichen Lehrers, da das Grundrecht der Lehrfreiheit jede intellektuelle Inpflichtnahme auf politische Tabus und damit auch auf den nach Art. 79 Abs. 3 GG unantastbaren Kernbestand der freiheitlichen demokratischen Grundordnung verbiete. Die Treueklausel ermahne den wissenschaftlichen Lehrer, jede Verfassungskritik in wissenschaftlicher Form vorzutragen, etwa auf polemische oder gehässige Bemerkungen zu verzichten[51]. Diese Auffassung stützt sich auf eine Rede *Carlo Schmids,* mit der dieser die Bedenken einiger Mitglieder des Parlamentarischen Rates gegen die Treueklausel ausräumen wollte[52]. Carlo Schmids Plädoyer für die Treueklausel sei im Zusammenhang zitiert, da eine Kritik an der h. M. an einige Formulierungen dieser Rede anknüpfen wird[53]:

„Meine Damen und Herren! Es ist in den bisherigen Verhandlungen, insbesondere im Hauptausschuß, sehr viel debattiert worden, ob diesem Artikel, der von der grundsätzlichen Freiheit der Wissenschaft, Lehre und Forschung handelt, eine Bestimmung angefügt werden solle, wonach diese Freiheit nicht von der Treue zur Verfassung entbindet. Es ist aus ernster Sorge um die Freiheit der Wissenschaft die Meinung laut geworden, daß eine Bestim-

---

Der Staat nimmt an ihrer Pflege teil und gewährt insbesondere Schutz gegen Mißbrauch für Zwecke, die den Bestimmungen und dem Geist der Verfassung widersprechen."

[51] *Erbel,* 129 f.; *Knoke,* DÖV 1967, 545; *Müller,* Freiheit der Kunst, 11; W. *Thieme,* Der öffentliche Dienst, 73; derselbe, Hochschulrecht, 63 ff.; derselbe, DUZ 1960, Heft XI, 6 f.; *Dürig,* Grundrechtsverwirklichung, 94; *Frohberg,* RiA 1957, 119; *Hamann / Lenz,* GG, Art. 5 Anm. B 16 (204); *Schwinge,* 185 f., allerdings nicht überzeugend, da Schwinge unter Hinweis auf den Diensteid fordert, der akademische Lehrer der politikbezogenen Wissenschaften müsse ein positives Verhältnis zum Staat und seiner Sozialordnung haben, seine Kritik am GG dürfe also niemals ein „positives Bekentnis zu einer antidemokratischen (kommunistischen oder faschistischen) Verfassung" darstellen, 188. Da Schwinge die Lehrfreiheit als Grundrecht jedes Wissenschaftlers ausweist (186), scheint er im Ergebnis dem beamteten Wissenschaftler doch eine Schweigepflicht aufzuerlegen; ferner erscheint zweifelhaft, ob eine wissenschaftliche Ablehnung der freiheitlichen demokratischen Grundordnung von einem „Bekenntnis" zu verfassungsfeindlichen Ideen praktikabel abzugrenzen ist. Die Rechtsprechung hat sich der h. M. im Schrifttum angeschlossen. Das VG Berlin formuliert etwa: „Art. 5 Abs. 3 Satz 2 GG enthält keine Vorbehaltsschranke, sondern nur eine Verdeutlichung der immanenten sachlichen Gewährleistungsschranke, daß jede Tätigkeit, die nicht den Begriffsbestimmungen Wissenschaft, Forschung und Lehre entspricht, auch nicht den Schutz des Art. 5 Abs. 3 Satz 1 GG genießt" (JZ 1971, 615, 618). So auch das OVG in seinem Berufungsurteil (JZ 1973, 209, 210) und das VG Berlin in einem noch nicht veröffentlichten Urteil vom 27. 9. 1973 (Az: VG II A 16.72).

[52] Der Hauptausschuß des Parlamentarischen Rates hatte sich am 5. Mai 1949 auf Antrag der CDU/CSU mit 11 : 10 Stimmen für eine Streichung der Treueklausel entschieden, PR, Verhandlungen des Hauptausschusses, Bonn 1948/49, 547.

[53] Sten. Bericht, 176; zitiert nach *Thoma,* Lehrfreiheit, 22 f.

mung dieser Art sich mit der Würde des Grundgesetzes nicht vertrage. Weiter ist befürchtet worden, daß aus einer solchen Bestimmung vielleicht etwas wie eine Knebelung der Wissenschaft, der Forschung und ihrer Lehre könnte erwachsen. Der Satz, dessen Einfügung wir beantragen, soll unter gar keinen Umständen die verantwortungsbewußte Kritik am Grundgesetz selbst und auch nicht an den Prinzipien, auf denen es beruht, ausschließen; dieser Satz soll lediglich zum Ausdruck bringen, daß solche Kritik unter dem *Gebot* der *Verantwortlichkeit* steht und mit dem Respekt erfolgen muß, den man einem Gesetz schuldet, nach dem ein Volk zu leben sich entschlossen hat. Es soll verhindert werden, daß unter dem Vorwand einer wissenschaftlichen Kritik ein Mann auf dem Katheder nichts anderes treibt als *hinterhältige* Politik, indem er die Demokratie und ihre Einrichtungen nicht kritisiert, sondern verächtlich macht.

(Abg. *Renner:* Das kann er nur bei einem schwachen Kultusminister!)

Man könnte sagen, daß das Selbstverständlichkeiten sind; warum brauche man dann einen solchen Satz? Meine Damen und Herren! Es sind vor 1933 in deutschen Hörsälen Dinge geschehen, für deren Auswirkungen wir heute bezahlen, die vielleicht unterblieben wären, wenn man die Herrschaften nachdrücklich genug auf eine feierliche Verpflichtung hätte hinweisen können.

(Sehr richtig!)

Das soll dieser Satz leisten. Freilich ist es richtig, daß man bei einem energischen Kultusminister auch auf Grund der Disziplinarvorschriften eingreifen kann.

(Abg. *Renner:* eine energische Volksvertretung!)

Aber mir scheint es sehr nützlich zu sein, eine eindringliche *Warnung* auszusprechen, eine Warnung an solche, die versuchen sollten, die Republik „wissenschaftlich" zu unterlaufen. Die Leute, die solches etwa vorhaben sollten, sollen genau wissen, daß die Republik entschlossen ist, sich auch gegen Hinterhältigkeit zu verteidigen."

Carlo Schmid hatte Erfolg: noch am nächsten Tag zerstreuten sich die Einwände der CDU/CSU und der Parlamentarische Rat entschied sich in 2. Lesung mit 34 gegen 31 Stimmen für die Übernahme der Treueklausel[54].

Angesichts dieses leidenschaftlichen Bekenntnisses Schmids für eine von politischen Fesseln befreite, aber vom Bewußtsein der Verantwortlichkeit getragene wissenschaftliche Verfassungskritik ist es zwar verständlich, daß die meisten Autoren — in der Regel Staatsrechtslehrer — auch jetzt noch Schmids Ausführungen Beifall spenden. Die Diskussion kann indessen — wie *Wehrhahn* bemerkt[55] — nicht als abgeschlossen gelten: auch der Inhalt der Treueklausel ist nach den Grundsätzen der Verfassungsinterpretation zu erschließen. Legt man diesen Maßstab an die Beweisführung der h. M. an, so offenbaren sich rasch einige Schwächen.

---

[54] Sten. Bericht, 176.
[55] Die Freiheit der Künste und Wissenschaften, 79.

Die Anhänger der h. M. müssen sich schon methodisch einen Einwand gefallen lassen: Sie räumen der Entstehungsgeschichte des Art. 5 Abs. 3 GG einen hohen Rang ein und verstoßen damit gegen ein auch vom BVerfG anerkanntes Auslegungsprinzip, nach dem die Entstehungsgeschichte einer Verfassungsnorm — insbesondere die Gesetzesmaterialien oder gar die Äußerung eines Abgeordneten — allein ein nach Wortlaut und Sinn der auszulegenden Norm aufgedecktes Ergebnis entweder bestätigen oder aber Zweifel beheben kann[56]. Schon aus diesem Grunde verdient die h. M. Widerspruch, denn sie verleiht der Auffassung des Abgeordneten Schmid letztlich Verfassungsrang, ohne überhaupt den Wortlaut der Treueklausel zu beachten.

Das entscheidende Argument gegen die h. M. gründet sich nämlich gerade auf den Wortlaut des Abs. 5 Abs. 3 Satz 2 GG. Reduziert sich die Bedeutung der Treueklausel — so die h. M. — darauf, den wissenschaftlichen Lehrer zu einer wissenschaftlichen Verfassungskritik zu ermahnen, so verwandelt sich eine von der Treueklausel *vorausgesetzte* Pflicht zur Verfassungstreue in eine Pflicht zur fairen, sachlichen Verfassungskritik. Da aber Sachlichkeit und der Verzicht auf Gehässigkeiten nach der von der h. M. verfochtenen inhaltlichen Definition des Wissenschaftsbegriffs ein Essentiale der wissenschaftlichen Lehre bilden[57], erhält die Treueklausel — folgt man der h. M. — die Bedeutung einer Mahnung, einer überflüssigen Verfassungsnorm.

Zugegeben, der Interpret der Treueklausel steht vor einem Dilemma. Er sträubt sich wegen des historischen Hintergrundes der Lehrfreiheit und der Existenz des Art. 18 GG — Alt. Lehrfreiheit — dagegen, den wissenschaftlichen Verfassungskritiker mit Hilfe des Art. 5 Abs. 3 Satz 2 GG an die Leine zu nehmen, in vormärzliche Zeiten zurückzufallen. Andererseits ist er an den Wortlaut der Treueklausel gebunden, der eindeutig auf eine außerhalb des Art. 5 Abs. 3 GG angelegte Pflicht zur Verfassungstreue verweist. Die h. M. befreit sich aber zu elegant aus diesem Dilemma, da sie Schmids Auslegung der Treueklausel ohne Diskussion übernimmt. Dieses Vorgehen ist nicht nur wegen der aufgezeigten methodischen Mängel bedenklich. Es verdient insbesondere auch deshalb Widerspruch, weil die Treueklausel schon im Parlamen-

---

[56] *Larenz*, 321; BVerfGE 1, 299, 312; 10, 234, 244; 11, 126, 130 f.

[57] Gegen die h. M. insoweit auch *Schmitt Glaeser*, DVBl. 1966, 7 unter Hinweis auf *D. Küchenhoff*, DÖV 1964, 603: „Es erscheint bedenklich, Verfassungsauslegung durch die Behauptung zu umgehen, das GG stelle entbehrliche Formulierungen auf". *Voigt*, 259, versucht einen entsprechenden Einwand mit dem Hinweis zu entkräften, gerade moderne Verfassungsgeber neigten dazu, Bekenntnisse und Überzeugungen — letztlich also „überflüssige" Verfassungsnormen — in die Verfassungstexte aufzunehmen. Zumindest die Verfassungsväter des GG haben derartige Bekenntnisse in die Präambel verbannt, die „Pflicht zur Verfassungstreue" ist „unmittelbar geltendes Recht" (Art. 1 Abs. 3 GG).

tarischen Rat heftig umstritten war und ihre von einem Abgeordneten vorgetragene Auslegung gerade deshalb nur mit besonderer Zurückhaltung für die Exegese des Art. 5 Abs. 3 Satz 2 GG fruchtbar gemacht werden sollte.

Die Treueklausel durchlief im Parlamentarischen Rat insgesamt fünf Stationen. Am 29. September 1948 wurde sie vom Ausschuß für Grundsatzfragen der Meinungsfreiheit — und nur ihr — angefügt[58]. Dieser Ausschuß dehnte sie am 5. Oktober 1948 auf die Lehrfreiheit aus[59]. Als Schranke der Lehrfreiheit wurde sie am 13. Dezember 1948 auf Anregung des Allgemeinen Redaktionsausschusses mit dem Zusatz „für Lehrer an Schulen und Hochschulen“ versehen[60]. Der Fünferausschuß hat diesen Zusatz wieder gestrichen; aus welchen Gründen, ist nicht ersichtlich, da über die Beratungen dieses Ausschusses keine Unterlagen veröffentlicht wurden[61].

Schon diese hier nur skizzierte Entstehungsgeschichte der Treueklausel im Parlamentarischen Rat[62] zeigt, daß über die Bedeutung einer Pflicht des wissenschaftlichen Lehrers zur Verfassungstreue keinesfalls Einigkeit herrschte.

Diese Zweifel konnten auch nicht durch die Rede *Carlo Schmids* beseitigt werden. Seine Rede enthält nämlich Formulierungen, die es — entgegen der h. M. — verbieten, gerade ihn als Kronzeugen für die Auffassung des Parlamentarischen Rates zu benennen. So meinte Schmid, die Treueklausel solle verhindern, daß „ein Mann auf dem Katheder nichts anderes treibe als hinterhältige Politik“. Diese Feststellung ist in doppelter Hinsicht bemerkenswert. Sie verleitet zumindest dazu, die Treueklausel als eine allein den *akademischen* Lehrer treffende Pflichtenbindung zu bestimmen. Zumindest jene Autoren argumentieren daher widerspruchsvoll, die zwar Schmids Interpretation übernehmen, zugleich aber klarstellen, daß *jede* wissenschaftliche Lehre der Pflicht zur Verfassungstreue unterliege[63].

Im übrigen rückt *Schmid* — und ihm folgend die h. M. — die Treueklausel in bedenkliche Nähe zum Verwirkungstatbestand i. S. des Art. 18 GG — Alt. Lehrfreiheit —. Sollte Art. 18 GG allein die im Tarngewand der wissenschaftlichen Lehre einherschreitende politische Agitation mit dem scharfen Schwert der Verwirkung bedrohen[64], ferner

---

[58] Dazu *v. Doemming / Füsslein / Matz,* JöR NF 1, 80.
[59] Parlamentarischer Rat, Drucksache 751.
[60] Parlamentarischer Rat, Drucksache, 370.
[61] Nach einer Mitteilung von *Roellecke,* JZ 1969, 728.
[62] Dazu neuerdings *Schmidt-Lermann* und *Stuby,* Zur Geschichte der „Treueklausel“, Demokratie und Recht, 1973, 147 ff.
[63] *Thieme,* Hochschulrecht, 62, 64 f.; *Hamann / Lenz,* GG, Art. 5 (204) Anm. B 16 und B 14 (200).
[64] *v. Mangoldt / Klein,* GG, Art. 18 Anm. III 3 b (529); *Knoke,* DÖV 1967, 544; *Voigt,* 266.

ein Mißbrauch i. S. des Art. 18 GG nur vorliegen, wenn dieses Verhalten von einer verfassungsfeindlichen Absicht getragen ist[65], so entsteht das kaum lösbare Problem einer praktikablen Abgrenzung der von den Art. 5 Abs. 3 Satz 2 und 18 GG — Alt. Lehrfreiheit — jeweils umschriebenen und in ihren Rechtsfolgen nicht vergleichbaren Tatbestände. Da Schmid eine „hinterhältige Politik" als Treuepflichtverletzung brandmarkt, verlangt auch er eine von einem „natürlichen Vorsatz" getragene „wissenschaftliche" Lehre, ein Verhalten also, das nach h. M. unter den Verwirkungstatbestand des Art. 18 GG fällt!

Diese hier beschriebenen Ungereimtheiten in der Argumentation der h. M. verbieten es, die Treueklausel als bloße Bestätigung einer dem Begriff der wissenschaftlichen Lehre schon immanenten Schranke zu interpretieren.

3. *Zwei widersprüchliche Deutungen*

Während die bisher genannten Autoren ihre Auslegung der Treueklausel auf die Prämisse gründen, die Lehrfreiheit i. S. des Art. 5 Abs. 3 GG sei jedem wissenschaftlichen Lehrer — nicht allein dem akademischen und/oder beamteten Hochschullehrer — verbürgt, betrachten *Thoma* und *Friesenhahn* die Treueklausel einseitig durch die Brille des Hochschullehrers. Ihre Argumentation ist wegen dieses fehlerhaften Ansatzes nicht frei von Widersprüchen und weist daher ebenfalls keinen geeigneten Weg für eine Auslegung des Art. 5 Abs. 3 Satz 2 GG.

So leitet *Thoma* aus dem Erziehungsauftrag des Hochschullehrers dessen Verpflichtung her, auf die Veröffentlichung wissenschaftlicher Lehrmeinungen zu verzichten, „welche die freiheitliche demokratische Grundordnung negieren und untergraben"[66]. Zwar betont Thoma, diese Treuebindung wurzele nicht im Beamtenstatus[67]. Diese Feststellung vermag aber schon deshalb nicht zu überzeugen, weil Thoma einen verfassungsfeindlich eingestellten Hochschullehrer auf die Möglichkeit hinweist, seine Entlassung aus dem Beamtenverhältnis zu beantragen, um als freier Schriftsteller seine Überzeugung vorzutragen[68]. Offensichtlich scheint also doch der Beamtenstatus eine politische Treuepflicht zu erzeugen.

Auch *Friesenhahns* Beweisführung kann nicht überzeugen. Zwar bejaht auch Friesenhahn im Ergebnis eine Verpflichtung des wissenschaftlichen Verfassungskritikers — bei Friesenhahn: des Staatsrechtslehrers —, im Rahmen einer wissenschaftlichen Darstellung der Ver-

[65] *Dürig*, in: Maunz / Dürig / Herzog, GG, Art. 18 Rdn. 37; *Hamann / Lenz*, GG, Art. 18 Anm. B 4 (318); *Voigt*, 266.
[66] *Thoma*, Lehrfreiheit, 35.
[67] Ebd. 36 Fußn. 23.
[68] Ebd. 26 f.

fassung deren Kernbestand zumindest nicht in Frage zu stellen[69]. Der weiteren Argumentation Friesenhahns ist aber nicht eindeutig zu entnehmen, ob das Beamtenrecht oder die militante Wertordnung des GG diese Schweigepflicht des Staatsrechtslehrers konstituiert. Da Friesenhahn den Anwendungsbereich der Lehrfreiheit auf den beamteten Hochschullehrer beschränkt[70], zugleich aber das Beamtenrecht als Grundlage der Pflicht zur Verfassungstreue i. S. des Art. 5 Abs. 3 Satz 2 GG verwirft[71], erwartet der Leser, daß Friesenhahn zur Rechtfertigung einer Schweigepflicht des Staatsrechtslehrers auf den Gedanken der abwehrbereiten Demokratie zurückgreift. Indessen, diese Erwartung täuscht. Friesenhahns Gedankengang bleibt mehrdeutig. Zwar verneint Friesenhahn die hypothetisch angeschnittene Frage, ob auch dem beamteten Hochschullehrer „die Freiheit des einzelnen Gelehrten bis zur Willkür" verbrieft sei, bemerkt aber wenige Sätze danach, daß die Lehrfreiheit, „um den Bestand der politischen Ordnung zu sichern", eingeschränkt werde[72].

Die Arbeiten von *Thoma* und *Friesenhahn* zeigen, daß man auch bei einer Interpretation der Treueklausel zwischen der allgemeinen und der akademischen Lehrfreiheit unterscheiden sollte. Erst wenn der Versuch gescheitert ist, qua Art. 5 Abs. 3 Satz 2 GG jeden wissenschaftlichen Lehrer zur Verfassungstreue zu verpflichten, stellt sich die Frage, ob die Treueklausel allein den akademischen Lehrer oder gar den beamteten Lehrer zur Verfassungstreue verpflichtet.

4. Die Pflicht zur Verfassungstreue — ein Moderationsgebot?

Ein originelles Verständnis der Treueklausel präsentiert *Wehrhahn*. Zwar steht er noch auf dem Boden der h. M., soweit er jede inhaltliche Bindung der wissenschaftlichen Lehre als eine mit Art. 5 Abs. 3 Satz 1 GG unvereinbare Einschränkung der Freiheit wissenschaftlichen Erkennens verwirft[73]. Allerdings erschöpfe sich die Bedeutung der Treueklausel auch nicht darin, den Wissenschaftler zu ermahnen, jede Verfassungskritik in wissenschaftlicher Form vorzutragen. Die Treueklausel spreche vielmehr ein „Moderationsgebot" aus: sie weise den gelehrten Verfassungskritiker an, bei der wissenschaftlichen Darstellung der Verfassung „Formen zu vermeiden, die in dem Hörer, dem Leser, dem Bürger die Vorstellung erzeugen könnten, er solle oder müsse von seinen Freiheitsrechten einen verfassungswidrigen Gebrauch machen"[74].

[69] *Friesenhahn*, 30.
[70] *Friesenhahn*, 12.
[71] *Friesenhahn*, 19 f.
[72] *Friesenhahn*, 30 f.
[73] Freiheit der Künste und Wissenschaften, 78 f.; *derselbe*, Lehrfreiheit und Verfassungstreue, 44 f., 49 f.

Material für diese angesichts des Wortlautes des Art. 5 Abs. 3 Satz 2 GG ein wenig überraschende Interpretation der Treueklausel enthalten zwei Vorträge, welche die Professoren *Brückner* und *Negt* auf dem Frankfurter Angela-Davis-Kongreß im Juni 1972 gehalten haben. Nach einer Mitteilung der FAZ hat Professor *Negt* der Baader-Meinhof-Bande vorgeworfen, sie habe „in der falschen Situation" die Gesellschaft der BRD aufgeschreckt. Professor Brückner soll erklärt haben, man müsse „zuvor" den Rechtsstaat „bis zur Neige ausschöpfen"[75]. Nach der von *Wehrhahn* vorgeschlagenen Auslegung der Treueklausel wären diese Formulierungen als eine Verletzung der Pflicht des wissenschaftlichen Lehrers zur Verfassungstreue zu werten, da unbefangene Hörer derartiger Sätze den Eindruck gewinnen könnten, der Rechtsstaat billige auch den Einsatz von Gewalt, um gesellschaftliche Veränderungen durchzusetzen.

Auch diese Interpretation der Treueklausel kann nicht überzeugen. Zwar argumentiert *Wehrhahn* zunächst i. S. der hier vertretenen Auffassung, wonach der Wortlaut der Treueklausel auf eine außerhalb des Art. 5 Abs. 3 GG konstituierte Pflicht zur Verfassungstreue verweist. Dennoch hält Wehrhahn eine Korrektur dieser Vorstellung für unumgänglich: da sich eine Pflicht aller Bürger zur Verfassungstreue darin erschöpfe, die ihnen durch verfassungsmäßige Gesetze auferlegten Pflichten zu erfüllen und eine Gehorsamspflicht des Verfassungskritikers gegenüber der Verfassung i. S. einer Schweigepflicht nicht mit Art. 5 Abs. 3 GG im Einklang stünde, bleibe allein die Möglichkeit, das in Art. 5 Abs. 3 Satz 2 GG ausgesprochene „Moderationsgebot" als eine nur den gelehrten Verfassungskritiker treffende Sonderschranke auszulegen. Diese Beschränkung der Treueklausel auf die wissenschaftliche Lehrfreiheit rechtfertige sich deshalb, weil das Urteil eines Gelehrten häufig hohes Ansehen genieße[76]. Diese Korrektur des Wortlautes könnte noch hingenommen werden, wenn Wehrhahns Konzeption im Vergleich zur h. M. entscheidende Vorzüge aufwiese. Ein weiterer Einwand gegen Wehrhahns Ansicht gründet sich aber darauf, daß die Umdeutung der Pflicht zur Verfassungstreue in ein Moderationsgebot die Auslegung des Art. 5 Abs. 3 GG mit einer erheblichen Rechtsunsicherheit belastete, ja das Moderationsgebot könnte sich leicht zu einer Schweigepflicht des wissenschaftlichen Lehrers verdichten, also dem wissenschaftlichen Lehrer in politicis inhaltliche Bindungen auferlegen, vor denen gerade Wehrhahn den Lehrer schützen will.

---

[74] Freiheit der Künste und Wissenschaften, 79; ähnlich *Stein*, 179, der meint, die Treueklausel verbiete es, „eine Mißachtung der Verfassung zu propagieren, also zum Verfassungsbruch aufzufordern".

[75] FAZ vom 6. Juni 1972.

[76] Freiheit der Künste und Wissenschaften, 79.

Ein Beispiel mag diese These belegen: Eine Verletzung der Pflicht zur Verfassungstreue liegt nach Meinung von *Wehrhahn* vor, wenn die Form der Lehre den Zuhörer veranlassen könnte, von seinen Freiheitsrechten einen verfassungswidrigen Gebrauch zu machen, sich — so das Beispiel Wehrhahns — über die Schranken der Meinungsfreiheit hinwegzusetzen[77]. Da Wehrhahn — im Einklang mit der h. M. — eine Aufforderung zum Handeln — hier: zu verfassungswidrigem Grundrechtsgebrauch — aus dem Begriff der wissenschaftlichen Lehre ausscheidet[78], zugleich aber das Moderationsgebot ausdrücklich auf die Lehrfreiheit beschränkt, führt Wehrhahns Interpretation der Treueklausel zu dem folgenden ungereimten Ergebnis: Ein Träger des Grundrechts der Meinungsfreiheit, der mit direktem Vorsatz zum verfassungswidrigen Gebrauch einzelner Grundrechte auffordert, beginge keine Verletzung einer Pflicht zur Verfassungstreue, wohl aber ein wissenschaftlicher Lehrer, der in Fehleinschätzung des intellektuellen Standards seiner Zuhörer durch bestimmte Formulierungen einzelne dazu veranlassen könnte, die Schranken der Grundrechte zu mißachten, etwa „Gewalt gegen Sachen“ für zulässig zu halten. Wehrhahn bürdet damit einem wissenschaftlichen Lehrer die Verantwortung für verfassungswidrige Verhaltensweisen Dritter auf. Diese „Haftung“ wird allein dadurch begrenzt, daß ein möglicher Zusammenhang zwischen der Form des Lehrvortrages und dem verfassungswidrigen Verhalten bestehen muß. Die Treueklausel erwiese sich damit als eine gefährliche Einbruchstelle in das auch nach Auffassung Wehrhahns mit einem hohen Rang ausgestattete und eine Schweigepflicht in politicis inhibierende Grundrecht der Lehrfreiheit[78a]: der lehrende Verfassungskritiker müßte vor jedem Vortrag seine Thesen darauf prüfen, ob sie einen Zuhörer zu verfassungswidrigem Verhalten veranlassen könnten. Diese Überlegungen verbieten es, Art. 5 Abs. 3 Satz 2 GG als Grundlage eines allein dem wissenschaftlichen Lehrer auferlegten Moderationsgebotes zu deuten.

5. *Die Treueklausel als Fremdkörper im System des verfassungsrechtlichen Schutzes*

a) Der Vorschlag von *Köttgen* und *Schmitt Glaeser*

Eine enge Auslegung der Treueklausel verfechten *Köttgen* und neuerdings *Schmitt Glaeser*. Köttgen meint, der Wortlaut der Treueklau-

---

[77] Freiheit der Künste und Wissenschaften, 79.

[78] Freiheit der Künste und Wissenschaften, 70 f.: *Wehrhahn* übernimmt ausdrücklich die Formel *Smends* aus dem Jahre 1927, ebd. 70 f.; so im Ergebnis auch *Wehrhahn*, Lehrfreiheit und Verfassungstreue, 12 f., 14.

[78a] Freiheit der Wissenschaft, 55 und 60.

sel verweise auf eine vom GG „als selbstverständlich vorausgesetzte" allgemeine — nicht etwa im Beamtenrecht wurzelnde — Pflicht aller Staatsbürger zur Verfassungstreue[79]. Die Treueklausel stelle klar, daß diese Pflicht auch dem wissenschaftlichen Lehrer obliege. Zwar sei er nicht verpflichtet, sich positiv zur Verfassung zu bekennen. Aus Gründen der Staatsraison, des Verfassungsschutzes, entziehe das GG aber den Kernbestand der freiheitlichen demokratischen Grundordnung jeder wissenschaftlichen Kritik. Folgerichtig reiht Köttgen die Treueklausel in den Katalog der Normen ein, die den Gedanken demokratischer Selbstverteidigung umschreiben (Art. 18, 21 Abs. 2, 79 Abs. 3 und Art. 98 Abs. 2 GG)[80].

Ähnlich argumentiert neuerdings *Schmitt Glaeser*. Auch nach seiner Ansicht markiert Art. 5 Abs. 3 Satz 2 GG eine bedeutsame Grenze der Lehrfreiheit: eine auf „entschiedene Ablehnung" der freiheitlichen demokratischen Grundordnung hinzielende wissenschaftliche Lehre werde aus Gründen des Verfassungsschutzes nicht mehr von der „Funktion" des Grundrechts der Lehrfreiheit gedeckt[81]. Allerdings definiere die Treueklausel keineswegs eine allein der wissenschaftlichen Lehre immanente Schranke. Vielmehr umgreife diese Bindung auch die Meinungsfreiheit: dieses Grundrecht könne seine demokratische Aufgabe nur erfüllen, solange jeder Teilnehmer am öffentlichen Meinungskampf die in Art. 79 Abs. 3 GG konturierte Wertbasis anerkenne[82].

Diese Interpretation der Treueklausel hat nach den oben aufgestellten Prämissen[83] entscheidende Vorzüge. *Köttgen* und *Schmitt Glaeser* halten sich streng an den Wortlaut des Art. 5 Abs. 3 Satz 2 GG, da sie die Treueklausel als Bestätigung einer außerhalb des Art. 5 Abs. 3 GG begründeten Pflicht zur Verfassungstreue deuten. Daneben scheint ihnen auch die notwendige Abgrenzung des Tatbestandes einer „verfassungsuntreuen" Lehre vom Verwirkungstatbestand i. S. des Art. 18 GG — Alt. Lehrfreiheit — gelungen zu sein, denn sie weisen der Treue-

---

[79] Freiheit der Wissenschaft, 314 f.

[80] Freiheit der Wissenschaft, 316.

[81] DVBl. 1966, 9; ebd. 10: „Die wissenschaftlich deduzierte Lehre, die wissenschaftliche Kritik hat dort ihre Schranke, wo es um das Sein unserer demokratischen Grundpfeiler geht, bei der freiheitlichen demokratischen Grundordnung. Eine Lehre, die diese Grenzen überschreitet, ist nicht mehr Inhaltsverwirklichung des Rechts auf freie Lehre, steht außerhalb des grundrechtlichen Schutzes." Ähnlich *derselbe*, Mißbrauch, 77, 151 unter Hinweis auf *Köttgens* Konzeption.

[82] DVBl. 1966, 170 f. Ein Beispiel nach *Schmitt Glaeser*, DVBl. 1966, 171 Fußn. 120: eine unkämpferische, aber doch entschiedene Ablehnung der freiheitlichen demokratischen Wertordnung liege vor bei einer politischen Abhandlung, die in schlüssiger Argumentation die freiheitliche Demokratie als „unwahr" und „lebensunfähig" ausweise.

[83] Vgl. 2. Teil, 1. Abschnitt, A I 3.

klausel die Aufgabe zu, die Lücke im System des verfassungsrechtlichen Schutzes zu schließen, die — so die h. M. zu Art. 18 GG — dadurch entstehe, daß Art. 18 GG allein die im Deckmantel der Lehrfreiheit einherschreitende politische Agitation[84] — nicht aber die „reine" wissenschaftliche Lehre — mit der Verwirkung bedrohe.

Doch auch dieser wohl überzeugendste Versuch einer Deutung der Treueklausel weist entscheidende Schwächen auf. Die Auslegung des Art. 5 Abs. 3 Satz 2 GG als Grundlage einer Schweigepflicht des wissenschaftlichen Lehrers widerspricht eklatant dem Telos des Art. 5 Abs. 3 GG. Da *Köttgen* und *Schmitt Glaeser* den wissenschaftlichen Lehrer in seinem wissenschaftlichen Erkennen auf die in Art. 79 Abs. 3 GG ausgesprochene Entscheidung zugunsten der freiheitlichen demokratischen Grundordnung verpflichten, erklären sie zumindest deren Kernbestand zu einem auch dem wissenschaftlichen Wahrheitsstreben entzogenen Tabu. Gerade eine derartige Bindung des Wissenschaftlers an politische Wahrheiten sollte Art. 5 Abs. 3 GG aber nach seinem historischen Hintergrund ausschließen. Köttgen und Schmitt Glaeser räumen zwar auch diesem Telos der Wissenschaftsfreiheit einen hohen Stellenwert ein; sie rechtfertigen aber ihr Verständnis der Treueklausel mit einem Hinweis auf eine „allgemeine" Pflicht zur Verfassungstreue, die auf dem im GG verwirklichten Gedanken der abwehrbereiten Demokratie beruhe. Sieht man einmal davon ab, daß vor dem Hintergrund des Art. 17 Abs. 4 der DDR-Verfassung von 1968[85] eine intellektuelle Verpflichtung des lehrenden Verfassungskritikers auf die Wertordnung des GG vermieden werden sollte, so zerbricht die Argumentationskette von Köttgen und Schmitt Glaeser, wenn der Nachweis gelingt, daß eine allgemeine Pflicht zur Verfassungstreue zumindest nicht in der Gestalt einer „Schweigepflicht" Eingang in das GG gefunden hat.

b) Die gebotene enge Auslegung einer allgemeinen Pflicht zur Verfassungstreue

Der im Lehnsrecht wurzelnde Begriff der Treuepflicht ist ambivalent: die Treuepflicht verlangt neben einer inneren Bindung an das Subjekt des Treuebegehrens bestimmte Verhaltensweisen, welche diese innere Beziehung offenbaren. Diese Treuemanifestationen lassen sich — vereinfacht formuliert — in Handlungen und Unterlassungen aufspalten[86]. Aus dieser Definition folgt für den hier diskutierten Begriff der Pflicht zur Verfassungstreue, daß jede Rechtspflicht zur Verfas-

[84] Nachweise in Fußn. 64 zu diesem Abschnitt.

[85] Text in Fußn. 50 zu diesem Abschnitt.

[86] *Wehrhahn*, in: Thieme / Wehrhahn, Freiheit der Künste und Wissenschaften, 78.

sungstreue sich in der Forderung nach Treuemanifestationen erschöpfen muß, da es nicht Aufgabe des Verfassungsrechts ist, sich in das Forum internum des Bürgers einzumischen[87]. Damit stellt sich das Problem, welche Verhaltensweisen die in Art. 5 Abs. 3 Satz 2 GG vorausgesetzte Pflicht zur Verfassungstreue prägen könnten.

Nur mit Schwierigkeiten ist unter den hier aufgefächerten Begriff der Treuepflicht die Grundpflicht aller Staatsbürger zu subsumieren, die ihnen in verfassungsmäßigen Gesetzen auferlegten Pflichten zu erfüllen. Von dieser selbstverständlichen — in Art. 125 der Badischen Verfassung[88] prägnant formulierten — Pflicht zu gesetzmäßigem Verhalten unterscheidet sich die in Art. 5 Abs. 3 Satz 2 GG angeschnittene Pflicht zur Verfassungstreue schon deutlich dadurch, daß sie eben nicht die gesetzlichen Pflichten, sondern die Verfassung als Gegenstand der Treuebindung benennt. Schon insoweit ist es bedenklich, eine Pflicht zu gesetzmäßigem Verhalten mit der Pflicht zur Verfassungstreue zu identifizieren. Diese Vorstellung scheint auch den Vätern des Herrenchiemsee-Entwurfes vorgeschwebt zu haben, denn sie haben in Art. 19 ihres Entwurfes sorgfältig zwischen einer Pflicht zur „Treue gegen die Verfassung" und dem Gebot, Verfassung und Gesetze zu beachten, unterschieden[89]. Der Parlamentarische Rat hat die in Art. 19 des Herrenchiemsee-Entwurfes umschriebene Pflichtenbindung jedoch nicht übernommen. Daher könnte man die Diskussion der „Pflicht zur Verfassungstreue" abbrechen und — resignierend — eine der vom Schrifttum präsentierten Interpretationen der Treueklausel übernehmen. Indessen: der eindeutige Wortlaut des Art. 5 Abs. 3 GG sollte nicht mit einem Hinweis auf eine Entscheidung des Verfassungsgebers hinweggewischt werden. Vielmehr muß sich der Interpret der Treueklausel in strikter Anlehnung an ihren Wortlaut bemühen, aus der Gesamtkonzeption des GG eine nach Auffassung von *Köttgen* „selbstverständliche" Pflicht zur Verfassungstreue herauszupräparieren.

Doch zeigen auch systematische Erwägungen, daß jeder Versuch scheitern muß, eine Pflicht aller Bürger zur Verfassungstreue i. S. einer von *Köttgen* und *Schmitt Glaeser* propagierten „Schweigepflicht" — als Beispiel für eine derartige Pflicht mag Art. 146 der Hessischen

---

[87] *Wehrhahn*, Lehrfreiheit und Verfassungstreue, 20.

[88] Vom 19. Mai 1947; Art. 125 lautet: „Jedermann ist verpflichtet, die durch Verfassung oder Gesetze rechtsgültig auferlegten Pflichten zu erfüllen; niemand darf ihre Erfüllung unter Berufung auf verfassungsmäßig gewährleistete Rechte und Freiheiten verweigern. Verletzungen der Verfassung werden nach den Gesetzen bestraft."

[89] Art. 19 HCHE: „Jeder hat die Pflicht der Treue gegen die Verfassung und hat Verfassung und Gesetz zu achten und zu befolgen."

Verfassung[90] dienen — aufzudecken. Zwar verlangt das GG im Kodex des verfassungsrechtlichen Verfassungsschutzes eine Respektierung der freiheitlichen demokratischen Grundordnung. Diesen Vorschriften ist aber nicht — in Betracht kommt allein eine Rechtsanalogie zu den Art. 9 Abs. 2, 18, 21 Abs. 2, 98 Abs. 2 GG — die Entscheidung der Verfassung für eine allgemeine und rechtsverbindliche Pflicht zur Verfassungstreue zu entnehmen. Diese Auffassung stützt sich darauf, daß die Tatbestände einer Verfassungsverletzung eng bestimmt und schon aus diesem Grund keiner Rechtsanalogie zugänglich sind. Im übrigen sollte eine allgemeine Treuepflicht auch deshalb nicht mit dem Kunstgriff der Rechtsanalogie konstituiert werden, weil das GG auf eine Statuierung von Grundpflichten verzichtet hat. Lediglich als Beleg für die hier vertretene Auffassung mag der Umstand dienen, daß die in Art. 19 des Herrenchiemsee-Entwurfes umschriebene Pflicht zur Verfassungstreue keinen Eingang in das GG gefunden hat.

Diese hier gegen die Existenz einer allgemeinen Treuepflicht vorgetragenen Überlegungen gewinnen an Überzeugungskraft, wenn die Treueklausel — verstanden als Grundlage einer Schweigepflicht des wissenschaftlichen Lehrers — unter dem Blickwinkel des verfassungsrechtlichen Verfassungsschutzes mit Art. 18 GG — Alt. Lehrfreiheit — verglichen wird. Das Ergebnis kann nicht mehr überraschen: die Treueklausel wäre mit dem ihr von *Köttgen* und *Schmitt Glaeser* verliehenen Inhalt als Verfassungsschutznorm keine Ergänzung des Art. 18 GG, sondern ein Fremdkörper im System des verfassungsrechtlichen Verfassungsschutzes. Diese These bedürfte keiner weiteren Begründung, wenn man im Anschluß an *Wengler, Bettermann* und *Salzwedel / Erbel* unter einem Mißbrauch der Lehrfreiheit i. S. des Art. 18 GG die Veröffentlichung „reiner" wissenschaftlicher Lehrmeinungen verstünde, die sich gegen den Kernbestand der freiheitlichen demokratischen Grundordnung richten[91]. Da eine derartige wissenschaftliche Lehre nach Auffassung von Köttgen und Schmitt Glaeser eine Verletzung der in Art. 5 Abs. 3 Satz 2 GG bestätigten Pflicht zur Verfassungstreue darstellt, wäre für die Treueklausel neben Art. 18 GG — Alt. Lehrfreiheit — nach dem Grundsatz „lex specialis derogat legi generali" kein Anwendungsbereich vorhanden, sie wäre als eine Wiederholung des Verwirkungstatbestandes eine „Mahnung", eine überflüssige Verfassungsnorm.

---

[90] Vom 1. Dezember 1946; Art. 146 Abs. 1 lautet: „Es ist Pflicht eines jeden, für den Bestand der Verfassung mit allen ihm zu Gebote stehenden Kräften einzutreten."

[91] *Wengler*, Buchbesprechung, NJW 1952, 1405 f.; *Salzwedel / Erbel*, in: Peters, Geschichtliche Entwicklung und Grundfragen der Verfassung, 293 Fußn. 226; *Bettermann*, Universitätstage 1963, 65 spricht von „Tatbestandsidentität" zwischen Art. 5 Abs. 3 Satz 2 GG und Art. 18 GG — Alt. Lehrfreiheit.

Zu diesem Ergebnis gelangt der Interpret des Art. 5 Abs. 3 Satz 2 GG aber auch dann, wenn er sich der h. M. anschließt, die unter einem Mißbrauch der Lehrfreiheit nach Art. 18 GG die unwissenschaftliche politische Agitation versteht, die im Gewand der Lehrfreiheit auftritt[92]. Diese Auslegung zwingt nämlich zu dem eingangs formulierten Umkehrschluß, die Verfassung habe in Art. 18 GG die aus dem militanten Charakter des GG resultierenden Bindungen des Grundrechts der Lehrfreiheit abschließend geregelt. Dieser Umkehrschluß stützt sich auf die unterschiedlichen Rechtsfolgen, die sich an einen Mißbrauch der Lehrfreiheit nach Art. 18 GG einerseits und die wissenschaftliche Proklamation verfassungsuntreuer Lehrmeinungen nach Art. 5 Abs. 3 Satz 2 GG — also an eine Verletzung der Pflicht zur Verfassungstreue — andererseits knüpfen. Allein Art. 18 GG verwirklicht konsequent den Gedanken demokratischer Selbstverteidigung, denn die Androhung einer Verwirkung der zum Kampf gegen die freiheitliche demokratische Grundordnung mißbrauchten Lehrfreiheit erscheint geeignet, den im Tarngewand der Lehrfreiheit gegen die Verfassung agitierenden wissenschaftlichen Lehrer zu einem verfassungskonformen Gebrauch der Lehrfreiheit zu veranlassen. Insoweit fügt sich Art. 18 GG — Alt. Lehrfreiheit — nahtlos in das System des verfassungsrechtlichen Verfassungsschutzes ein; die Art. 9 Abs. 2, 21 Abs. 2 und 98 Abs. 2 GG zeichnen sich dadurch aus, daß sie bestimmte verfassungsfeindliche Betätigungen mit einschneidenden Sanktionen bedrohen.

Diese eindeutige Zielsetzung des verfassungsrechtlichen Verfassungsschutzes haben *Köttgen* und *Schmitt Glaeser* bei ihrer Auslegung des Art. 5 Abs. 3 Satz 2 GG nicht angemessen berücksichtigt. Beide Autoren verzichten nämlich darauf, an die Rechtsfolgen einer verfassungsfeindlichen Lehre i. S. des Art. 5 Abs. 3 Satz 2 GG den Maßstab der in den Art. 9 Abs. 2, 18, 21 Abs. 2 und 98 Abs. 2 GG formulierten Absicht des Verfassungsgebers anzulegen, Feinde der freiheitlichen demokratischen Grundordnung durch Androhung einschneidender Sanktionen abzuschrecken. Zwar deutet *Köttgen* die Treueklausel als eine Bestätigung einer allen Grundrechtsträgern auferlegten — vom GG als selbstverständlich vorausgesetzten — Pflicht zur Verfassungstreue[93]. Er verzichtet aber auf eine Untersuchung der Rechtsfolgen, die sich an eine „reine“ verfassungsfeindliche Lehre und die dadurch implizierte Verletzung der Pflicht zur Verfassungstreue anschließen. Damit reduziert sich auch nach der Konzeption Köttgens die in Art. 5 Abs. 3 Satz 2 GG benannte Treuepflicht des wissenschaftlichen Lehrers auf eine vom GG ausgesprochene Mahnung, eine wissenschaftliche Veröffentlichung verfassungsfeindlicher Ideen zu unterlassen.

---

[92] Vgl. Fußn. 64 zu diesem Abschnitt.

[93] *Köttgen*, Freiheit der Wissenschaft, 314 f.

Dagegen erörtert *Schmitt Glaeser* auch die Rechtsfolgen einer verfassungsfeindlichen Lehre: er meint, eine wissenschaftliche Ablehnung der freiheitlichen demokratischen Grundordnung werde nicht mehr von der Funktion des Grundrechts gedeckt, ihr sei der grundrechtliche Schutz zu versagen[94]. Diese Argumentation scheint die hier vertretene These zu widerlegen, nach der die Treueklausel als Grundlage einer auch dem wissenschaftlichen Lehrer auferlegten Schweigepflicht innerhalb des verfassungsrechtlichen Verfassungsschutzes einen Fremdkörper bilde. Ist man nämlich mit Schmitt Glaeser der Ansicht, eine verfassungsfeindliche Lehre werde nicht mehr von der „Funktion" des Grundrechts der Lehrfreiheit gedeckt, so besteht die Rechtsfolge — durchaus eine Sanktion — einer derartigen wissenschaftlichen Betätigung darin, daß sie nicht mehr an der nur durch „oberste Grundwerte der Verfassung" begrenzten Wissenschaftsfreiheit partizipiert.

Gegen diese mögliche Verteidigung der Ansicht von *Schmitt Glaeser* spricht aber die folgende Überlegung. Scheidet eine „reine" verfassungsfeindliche Lehre aus dem Normbereich des Art. 5 Abs. 3 GG aus, so wäre ihr zwar jeglicher grundrechtliche Schutz entzogen, da Art. 5 Abs. 3 Satz 2 GG — so Schmitt Glaeser — eine allen Grundrechten immanente Pflichtenbindung aufgreift. Im übrigen brauchte der wissenschaftliche Lehrer aber keine spürbaren Sanktionen zu befürchten, ja ihm stünde weiterhin das Grundrecht der Lehrfreiheit zur Seite. Damit eröffnet die Verfassung in Art. 5 Abs. 3 Satz 2 GG keinen Weg, die wissenschaftliche Veröffentlichung verfassungsfeindlicher Lehrmeinungen effektiv zu unterbinden. Auch Schmitt Glaeser verleiht somit der Treueklausel — wie schon Köttgen — die Funktion einer an den wissenschaftlichen Lehrer ausdrücklich gerichteten „Mahnung", den Kernbestand der freiheitlichen demokratischen Grundordnung als Schranke des wissenschaftlichen Wirkens in politicis zu respektieren. Dieser Befund erhärtet die oben formulierte These, Art. 18 GG habe das Verhältnis der Lehrfreiheit zur militanten Wertordnung abschließend geregelt: die Treueklausel kann deshalb nicht als sedes materiae einer Schweigepflicht des wissenschaftlichen Lehrers in den Normenkomplex des verfassungsrechtlichen Verfassungsschutzes eingereiht werden, weil der Tatbestand der mißbilligten verfassungsuntreuen Lehre nicht — wie es dem Gedanken demokratischer Selbstverteidigung entsprochen hätte — mit einer Sanktion geahndet werden kann[95].

---

[94] *Schmitt Glaeser*, DVBl. 1966, 9 f. und Mißbrauch, 77, 151.

[95] Aus diesem Grunde kann auch *Roelleckes* Auslegung der Treueklausel nicht überzeugen (Anmerkung zu VG Berlin, JZ 1971, 615, JZ 1971, 620 ff.): Unter Hinweis auf die Entstehungsgeschichte deutet *Roellecke* die Treueklausel als spezifische Schranke der Lehrfreiheit (ebd., 621) und meint, Art. 5 Abs. 3 Satz 2 GG sei nicht überflüssig, „soweit staatliche Bedienstete lehren". Da der Unterschied zwischen der Meinungsfreiheit aller und der Lehrfreiheit staatlicher Lehrer darin bestehe, „daß der staatliche Lehrer vom Staat

Diese an den Wortlaut des Art. 5 Abs. 3 Satz 2 GG anknüpfenden systematischen Überlegungen bestätigen somit — insoweit stimmt die hier vertretene Auffassung mit der h. M. und auch mit *Wehrhahn* überein — den schon im historisch geprägten Telos der Lehrfreiheit angelegten Befund: dieses Grundrecht verbietet es, den wissenschaftlichen Verfassungskritiker aus Gründen demokratischer Selbstverteidigung an die Leine zu nehmen, die freiheitliche demokratische Grundordnung aus Gründen der Staatsraison seinem Erkenntnisstreben zu entziehen, zu tabuisieren.

6. *Zwischenergebnis*

Die bisherigen Ausführungen haben somit die Feststellung *Schlinks* bestätigt, der dem verfassungsrechtlichem Schrifttum vorwirft, es könne mit der Treueklausel nichts anfangen[96]. Die hier vorgetragene Kritik an den unterschiedlichen Positionen gründete sich insbesondere darauf, daß die meisten Autoren mit einer bemerkenswerten Lässigkeit den Wortlaut der Treueklausel unterschlagen. So deutet die h. M. eine in Art. 5 Abs. 3 Satz 2 GG vorausgesetzte Pflicht zur Verfassungstreue in eine bereits im Begriff der wissenschaftlichen Lehre angelegte Pflicht zur wissenschaftlichen Verfassungskritik um. Andere Autoren — so insbesondere *Köttgen* und *Schmitt Glaeser* — sehen in Art. 5 Abs. 3 Satz 2 GG zwar zutreffend eine Bestätigung einer im GG konstituierten Pflicht zur Verfassungstreue. Ihre hieran anknüpfende Auffassung, die Treueklausel untersage jedem wissenschaftlichen Lehrer eine wissenschaftliche Ablehnung des Kernbestandes der freiheitlichen demokratischen Grundordnung, war aber insbesondere deshalb abzulehnen, weil aus Art. 18 GG — Alt. Lehrfreiheit — folgt, daß die nach ihrer historischen Entstehung Freiheit von politischen Bindungen intendierende Lehrfreiheit auch unter dem Gesichtspunkt der militanten Wertordnung des GG im allgemeinen Staatsbürgerverhältnis allein unter den Voraussetzungen des Art. 18 GG beschränkt werden darf.

Angesichts dieses Befundes möchte der Interpret des Art. 5 Abs. 3 Satz 2 GG endgültig resignieren: Die Schrifttumsauffassungen überzeugen, insbesondere deshalb nicht, weil sie sich — ohne Begründung — über den eindeutigen Wortlaut der Treueklausel hinwegsetzen, der auf eine außerhalb der Wissenschaftsfreiheit angesiedelte Pflicht zur Verfassungstreue verweist. Systematische Erwägungen offenbaren hin-

---

abgeleitete politische Macht ausübt", sei es geboten, von ihm eine besondere Loyalität gegenüber dem Grundgesetz zu verlangen, da ... „alle Bürger annähernd die gleiche politische Macht haben sollen" (ebd., 622). *Roellecke* hätte zumindest die Frage erörtern müssen, welche arbeitsrechtlichen oder beamtenrechtlichen Folgen eine von einem staatlichen Lehrer begangene Treuepflichtverletzung auslösen kann.

[96] Der Staat 10 (1971), 248.

gegen, daß die Verfassung keine allgemeine Pflicht zur Verfassungstreue i. S. einer Schweigepflicht normiert hat. Dennoch besteht kein Grund, mit der h. M. die Treueklausel in eine überflüssige Mahnung zur wissenschaftlichen Verfassungskritik umzudeuten. Der Schlüssel zum Verständnis der Treueklausel liegt nämlich — wie im folgenden darzulegen ist — im Beamtenrecht.

III. Die eigene beamtenrechtliche Auslegung der Treueklausel

1. Die Pflicht des Beamten zur Verfassungstreue als Gegenstand der Verweisung i. S. des Art. 5 Abs. 3 Satz 2 GG

Nach Art. 33 Abs. 4 GG i. V. m. § 2 Abs. 1 BBG steht der Beamte zu seinem Dienstherrn in einem „öffentlich-rechtlichen Treueverhältnis". Diese Treuebindung konstituiert nach h. M. auch eine Pflicht des Beamten zur „Verfassungstreue"[97]. Für diese Auslegung des Art. 33 Abs. 4 GG als Grundlage auch einer Treuepflicht des Beamten gegenüber der Verfassung spricht Art. 79 Abs. 3 GG, in dem die Verfassung ihren Kernbestand — insbesondere die in den Art. 1 und 20 GG verbürgten Grundsätze der freiheitlichen demokratischen Grundordnung — der politischen Verfügungsgewalt entzogen hat. Aus dieser Verfassungsentscheidung folgt, daß der Dienstherr des Beamten nur eine freiheitliche demokratische Grundordnung besitzen kann, eine Pflicht zur Treue gegenüber dem Dienstherrn daher auch den nach Art. 79 Abs. 3 GG unantastbaren Kernbestand der Verfassung ergreifen muß[98]. Diese verfassungsrechtlich vorgeschriebene Einbindung des beamtenrechtlichen Sonderstatus in den freiheitlichen demokratischen Staat widerlegt auch einen Einwand, den *Kröger* gegen eine allgemeine Pflicht der Beamten zur Verfassungstreue vorgetragen hat. Kröger meint, „Treue gegenüber dem modernen Staat als einer im Werden begriffenen Struktur, einer im geschichtlichen Wandel offenen Struktur", sei irreal und unvorstellbar[99]. Dieser Argumentation ist entgegenzuhalten, daß Art. 79 Abs. 3 GG zumindest den Kernbestand der freiheitlichen demokratischen Grundordnung jeglichem „geschichtlichen Wandel" entzogen hat. Eine Pflicht des Beamten zur Treue gegenüber dieser Grundord-

---

[97] *Behnke*, Einf. Rdn. 56; *Claussen / Janzen*, Einl. C Rdn. 8; *Lochbrunner*, Rdn. 90; *Maunz / Dürig / Herzog*, GG, Art. 33 Rdn. 71 ff.; *Maurer*, NJW 1972, 602; *Hamann / Lenz*, GG, Art. 33 Anm. 7 b; *Ule*, BRRG, § 2 Rdn. 3; *derselbe*, Öffentlicher Dienst, 572 f.; *Schneider*, Stellungnahmen, 156. Ähnlich BVerwGE 10, 213, 215 f.; VG Bremen, ZBR 1973, 15, 16.

[98] *Böttcher*, 120 f., weist auf den Zusammenhang zwischen Art. 79 Abs. 3 GG und der politischen Treuepflicht — Pflicht zur Verfassungstreue — hin; ähnlich *Thieme*, Der öffentliche Dienst, 74 und *Stern*, Verfassungstreue, 10 f.

[99] *Kröger*, AöR 88 (1963), 135 unter Bezug auf *Heller*, Staatslehre (1934), 51, 63.

nung ist daher denkbar, ja verfassungsrechtlich in Art. 33 Abs. 4 GG vorgeschrieben.

Angesichts dieser wohl eindeutigen Konstellation bietet sich geradezu eine beamtenrechtliche Auslegung der Treueklausel an, also Art. 5 Abs. 3 Satz 2 GG als Hinweis auf die in Art. 33 Abs. 4 GG begründete besondere Pflicht des Beamten zur Verfassungstreue zu deuten[100].

2. Die Vorzüge dieser beamtenrechtlichen Interpretation der Treueklausel — Diskussion einzelner Einwände

Dieses noch in Thesenform vorgetragene Verständnis der Treueklausel dürfte gerade den Leser dieser Arbeit überraschen, in der mehrfach betont wurde, die Wissenschaftsfreiheit des Art. 5 Abs. 3 GG verbürge weder ein „Privileg" der akademischen Lehrer noch gar der beamteten Wissenschaftler. Vor einer Erörterung möglicher Einwände gegen eine beamtenrechtliche Auslegung der Treueklausel sind jedoch zunächst ihre Vorzüge darzustellen.

Das beamtenrechtliche Verständnis der Treueklausel fügt sich nahtlos in den eindeutigen Wortlaut des Art. 5 Abs. 3 GG ein: Gegenstand der in Art. 5 Abs. 3 Satz 2 GG ausgesprochenen Verweisung wäre eine außerhalb des Art. 5 Abs. 3 GG konstituierte Pflicht zur Verfassungstreue. Die von der h. M. und *Wehrhahn* vorgenommene problematische Korrektur des eindeutigen Wortlautes der Treueklausel wäre mithin nicht erforderlich. Eine Beschränkung der Treueklausel auf die wissenschaftliche Lehre des Beamten würde auch dem historisch begründeten Telos der Lehrfreiheit gerecht werden, da jeder nicht beamtete Verfassungskritiker auch die axiomatische Entscheidung der Verfassung zugunsten der freiheitlichen demokratischen Grundordnung in Frage stellen könnte, ohne Sanktionen wegen dieses Inhalts seines Lehrvortrages befürchten zu müssen. Erst wenn er die Schwelle des Art. 18 GG — Alt. Lehrfreiheit — überschreitet, kann er das Grundrecht der Lehrfreiheit verwirken. Gerade die hiernach notwendige, von der h. M. bisher aber nicht gelöste Abgrenzung zwischen der Treueklausel und dem Verwirkungstatbestand[100a] des Art. 18 GG — Alt. Lehrfreiheit — bereitet nach der hier entwickelten beamtenrechtlichen Deutung der Treueklausel keine Schwierigkeiten mehr.

Ein Beamter, der in seinem Lehrvortrag den politisch unantastbaren Kernbestand der Verfassung ablehnt, kann wegen dieser Verletzung

[100] So schon — wenn auch ohne Begründung — *Thieme*, Der öffentliche Dienst, 74 und *Scheuner*, Gutachten, 78 f. Auch *Stern* ordnet die Treueklausel in den Kreis der Normen ein, die nach seiner Ansicht eine Pflicht des Beamten zur Verfassungstreue begründen (Verfassungstreue, 13, 26, 31, 33, 35, 37, 51).

[100a] Vgl. oben, 2. Teil, 1. Abschnitt, A II 2 am Ende.

seiner beamtenrechtlichen Pflicht zur Verfassungstreue nach Art. 5 Abs. 3 Satz 2 GG i. V. m. § 52 Abs. 2 BBG disziplinarrechtlich zur Verantwortung gezogen werden. Insoweit obliegt ihm auch als Wissenschaftler eine Schweigepflicht in politicis, die im allgemeinen Gewaltverhältnis nicht gilt. Der Tatbestand einer Verwirkung der Lehrfreiheit ist dagegen erst dann erfüllt, wenn der wissenschaftliche Lehrer gegen die Verfassung agitiert, sie verächtlich macht. Diese Form der Verfassungskritik kann zwar nach dem Wissenschaftsbegriff des Art. 5 Abs. 3 GG noch wissenschaftliche Lehre sein[101]. Art. 18 GG bedroht diesen Lehrer jedoch aus Gründen der Selbsterhaltung mit dem nach der bisherigen Verfassungspraxis stumpfen Schwert der Verwirkung.

Schließlich würde die hier vorgeschlagene Exegese der Treueklausel auch eine andere — allen Schrifttumsauffassungen gemeinsame — Schwäche vermeiden, da eine Verletzung der Pflicht zur Verfassungstreue i. S. des Art. 33 Abs. 4 i. V. m. Art. 5 Abs. 3 Satz 2 GG disziplinarrechtliche Sanktionen auslösen kann. Die Bedeutung der Treueklausel beschränkte sich also nicht auf eine im Grundrechtsteil überflüssige „Mahnung", jede Verfassungskritik wissenschaftlich vorzutragen (so die h. M.) oder von einer Proklamation verfassungsfeindlicher Ideen abzusehen *(Köttgen, Schmitt Glaeser).*

Schon diese Überlegungen zeigen, daß eine beamtenrechtliche Interpretation der Treueklausel im Vergleich zu den oben diskutierten Schrifttumsauffassungen erhebliche Vorzüge aufweist. Ehe von der hier entwickelten Position aus das Verhältnis der Lehrfreiheit zur politischen Treuepflicht i. S. des § 52 Abs. 2 BBG zu klären ist, sind noch zwei Einwände zu widerlegen, die gegen eine beamtenrechtliche Auslegung der Treueklausel ins Feld geführt werden könnten.

Da gerade diese Arbeit eine Beschränkung der Wissenschaftsfreiheit auf den Kreis der beamteten Lehrer abgelehnt hat, liegt es nahe, auch die Treueklausel als Schranke der allgemeinen Lehrfreiheit — nicht aber als beamtenrechtliche Sonderschranke der Lehrfreiheit — auszulegen. Dieser von *Wehrhahn* angedeutete Schluß[102] ist indessen nicht zwingend, da der Wortlaut des Art. 5 Abs. 3 Satz 2 GG insoweit nicht eindeutig ist. Der Treueklausel ist allein zu entnehmen, daß eine außerhalb des Art. 5 Abs. 3 GG konstituierte Pflicht zur Verfassungstreue einem Personenkreis obliegt, dem nicht nur wissenschaftliche Lehrer angehören. Da nicht jeder zur Verfassungstreue verpflichtete Beamte ein wissenschaftlicher Lehrer ist, bestehen keine Bedenken, als Adressaten der Treueklausel allein die beamteten wissenschaftlichen Lehrer zu benennen. Diese Beweisführung mag sophistisch wir-

---

[101] 1. Teil, 1. Abschnitt, E II 3.

[102] *Wehrhahn,* in: Hans Thieme / Wehrhahn, Freiheit der Künste und Wissenschaften, 78.

ken. Im Vergleich zu den Schrifttumsauffassungen, die — so die h. M. — eine Pflicht zur Verfassungstreue in eine schon dem Begriff der Lehre immanente Pflicht zur wissenschaftlichen Verfassungskritik umdeuten oder — wie Wehrhahn — aus der in Art. 5 Abs. 3 Satz 2 GG vorausgesetzten Pflicht zur Verfassungstreue ein allein dem wissenschaftlichen Lehrer auferlegtes Moderationsgebot herausliest, sollte die hier verfochtene beamtenrechtliche Auslegung der Treueklausel als die überzeugendere Problemlösung akzeptiert werden: die Einordnung der Treueklausel in den Kodex der Beamtenpflichten mag zwar angesichts des hierauf nicht indizierenden Wortlautes überraschen, sie wird aber von der Formulierung des Art. 5 Abs. 3 Satz 2 GG noch gedeckt.

Schließlich ist die hier vorgeschlagene Deutung der Treueklausel vor einem weiteren möglichen Einwand in Schutz zu nehmen. Die Kritik an der h. M. wurde auch darauf gestützt, daß die von der h. M. vorgeschlagene Umdeutung der Pflicht zur Verfassungstreue in eine Pflicht zur wissenschaftlichen Verfassungskritik die Treueklausel zu einer überflüssigen Verfassungsnorm degradiere, da die Treueklausel nach diesem Verständnis eine schon dem Begriff der Lehre immanente Schranke wiederhole. Dieser Vorwurf könnte auch gegenüber der beamtenrechtlichen Auslegung der Treueklausel erhoben werden: auch sie weise die Treueklausel als eine überflüssige Verfassungsnorm aus, da eine Pflicht des lehrenden Beamten zur Verfassungstreue schon in Art. 33 Abs. 4 GG verfassungsrechtlich begründet und in § 52 Abs. 2 BBG ausgestaltet worden sei.

Doch auch diese immerhin mögliche Argumentation könnte die hier entwickelte beamtenrechtliche Deutung der Treueklausel nicht widerlegen. Die Treueklausel wäre — verstanden als beamtenrechtliche Vorschrift — schon deshalb keine überflüssige Vorschrift, weil sie klarstellte, daß zumindest die Pflicht des Beamten zur Verfassungstreue auch die im übrigen formal schrankenfrei verbürgte Lehrfreiheit inhaltlich beschneiden kann. Ohne die Treueklausel wäre nämlich die folgende Argumentation zum Verhältnis der Lehrfreiheit zur politischen Treuepflicht des Beamten möglich: Schon unter der Geltung des Art. 142 WRV sei zweifelhaft gewesen, ob der beamtete wissenschaftliche Lehrer in seinem Lehrvortrag an die Grundlagen der Verfassung gebunden sei[103]; da das GG die Lehrfreiheit im Vergleich zu Art. 142 WRV aufgewertet habe, sei nunmehr entschieden, daß die politische Treuepflicht des Beamten zumindest nicht die Lehrfreiheit des beamteten Hochschullehrers inhaltlich beschränke.

---

[103] Dafür etwa *Wende*, 40 f. und *Smend*, VVDStRL 4, 68 f.; ablehnend dagegen *Köttgen*, Universitätsrecht, 105, 133; *Rothenbücher*, Gruchot 72, 137 Fußn. 3, der meint, auch Staatsrechtslehrer dürften Kommunisten sein; *Vervier*, AöR NF 6 (1924), 7 Fußn. 5 hält es für zulässig, daß ein beamteter Lehrer intellektuell für die Monarchie eintritt.

Diesem möglichen Argument schiebt das beamtenrechtliche Verständnis der Treueklausel einen Riegel vor. Jedes Plädoyer für ein durch Art. 5 Abs. 3 GG verfassungsrechtlich verbürgtes Recht des Beamten, die unantastbaren Grundsätze der Art. 1 und 20 GG intellektuell abzulehnen, muß sich daher mit der Treueklausel des Art. 5 Abs. 3 Satz 2 GG befassen, also versuchen, das Verhältnis der Lehrfreiheit zur beamtenrechtlichen Pflicht zur Verfassungstreue verfassungskonform — im Sinne „praktischer Konkordanz" — zu bestimmen. Die hier entwickelte beamtenrechtliche Deutung degradiert die Treueklausel mithin nicht zu einer überflüssigen Verfassungsnorm[103].

Diese zugunsten einer Pflicht des beamteten Verfassungskritikers — auch des beamteten Hochschullehrers — ins Feld geführten Argumente mögen jeden engagierten Verfechter einer von politischen Bindungen befreiten Lehrfreiheit zunächst erschrecken. Es wird sich jedoch zeigen, daß gerade das beamtenrechtliche Verständnis der Treueklausel den Weg für eine wirklich verfassungskonforme Bereinigung des Konfliktes zwischen dem Erkenntnisstreben des Beamten und der politischen Treuepflicht i. S. des § 52 Abs. 2 BBG eröffnet.

IV. Die Pflicht des wissenschaftlich tätigen Beamten zur Verfassungstreue

1. *Pflicht zur Verfassungstreue — ein mehrdeutiger Begriff*

Zwar läßt sich auch nach der in dieser Arbeit vertretenen Ansicht aus der in Art. 33 Abs. 4 GG normierten Treuepflicht — diese allgemeine Treuepflicht bildet den wohl bedeutsamsten Grundsatz des Berufsbeamtentums i. S. des Art. 33 Abs. 5 GG[104] — eine Pflicht des Beamten zur Verfassungstreue herauslesen. Problematisch erscheint dagegen der von einigen Autoren vollzogene Schluß, § 52 Abs. 2 BBG wiederhole diese verfassungsrechtliche Treuebindung und greife schon *deshalb* als verfassungsmäßige Begrenzung der Grundrechte des Beamten ein[105]. Schon der Begriff der Pflicht zur Verfassungstreue erlaubt eine unterschiedliche Interpretation dieser verfassungsrechtlichen Pflichtenbindung des Beamten. In strikter Beachtung der erst unter der Geltung des GG erkämpften Anerkennung und Aufwertung der privaten Sphäre des Beamten könnte man der Auffassung zuneigen, der Beamte sei allein innerhalb des Dienstes — als Amtswalter — zur Verfassungstreue verpflichtet. Nach dieser neuerdings von *Wiese* ver-

---

[104] Zur allgemeinen Treuepflicht des Beamten *Lecheler*, Die Treuepflicht des Beamten — Leerformel oder Zentrum der Beamtenpflichten? ZBR 1972, 228.

[105] *Maurer*, NJW 1972, 602; BVerwGE 10, 213, 217.

tretenen Auffassung könnte ein „Beamter allein wegen Verletzung der institutionellen Treuepflicht i. S. der Art. 9 Abs. 2, 18 und 21 Abs. 2 GG disziplinarrechtlich zur Verantwortung gezogen werden[106].

Diese mögliche Auslegung der beamtenrechtlichen Pflicht zur Verfassungstreue ist für das Problem der wissenschaftlichen Nebentätigkeit von erheblicher praktischer Bedeutung: trotz des eindeutigen Wortlauts des § 52 Abs. 2 BBG wäre jeder Beamte berechtigt, außerhalb seines Amtes — etwa im Rahmen einer Lehrtätigkeit — die freiheitliche demokratische Grundordnung abzulehnen, § 52 Abs. 2 BBG wäre verfassungswidrig, soweit diese Bestimmung vom Beamten verlangt, sich auch als Privatmann zur freiheitlichen demokratischen Grundordnung zu bekennen, also auch auf eine wissenschaftliche Ablehnung dieser Ordnung zu verzichten.

Doch auch wer vor dieser restriktiven Interpretation der beamtenrechtlichen Pflicht zur Verfassungstreue zurückschreckt, könnte — wiederum gestützt auf den Treuebegriff — den Beamten von der einschneidenden Pflichtenbindung des § 52 Abs. 2 BBG befreien. Nach dem oben[107] aufgefächerten möglichen Inhalt einer rechtlichen Treuepflicht erschiene es vertretbar, die Pflicht zur Verfassungstreue in ein „Unterlassungsgebot" umzudeuten, dem Beamten also Betätigungen zu untersagen, die sich — ohne schon den Tatbestand des Art. 18 GG zu erfüllen — als gezielte Angriffe gegen die freiheitliche demokratische Grundordnung darstellen. Zumindest eine „ehrliche" wissenschaftliche Kritik, ja Ablehnung der freiheitlichen demokratischen Grundordnung wäre danach kein Verstoß gegen die Pflicht zur Verfassungstreue und schiede damit als Gegenstand eines Disziplinarverfahrens aus[108]. Insbesondere im Hinblick auf die Aufgabe der Wissenschaftsfreiheit, die Voraussetzungslosigkeit menschlichen Erkenntnisstrebens zu gewährleisten, jeden Wissenschaftler vor einer Verpflichtung auf politische Tabus — dazu gehört auch der nach Art. 79 Abs. 3 GG unantastbare Kernbestand der freiheitlichen demokratischen Grundordnung! — zu schützen, sind die Vorzüge dieser restriktiven Interpretation der beamtenrechtlichen Pflicht zur Verfassungstreue nicht zu übersehen: sie stellt den beamteten Verfassungskritiker mit den Wissenschaftlern auf eine Stufe, die sich im allgemeinen Staatsbürgerverhältnis einer von Art. 5 Abs. 3 GG gedeckten scharfen Verfassungskritik verschrieben haben, ermöglicht aber im Sonderstatus des Beamten schon *vor*

[106] Wiese, 142 f. und 135; ähnlich *Rinken*, Stellungnahmen, 272 und *Zwirner*, Politische Treuepflicht, 207 Fußn. 2.

[107] 2. Teil, 1. Abschnitt, A II 5 b.

[108] So etwa *Herzog*, in: Maunz / Dürig / Herzog, GG, Art. 5 Rdn. 111: Zumindest „polemische" Stellungnahmen gegen die freiheitliche demokratische Grundordnung stellten eine Verletzung der politischen Treuepflicht i. S. des § 52 Abs. 2 BBG dar.

der Schwelle des Art. 18 GG ein disziplinarrechtliches Einschreiten, wenn ein Beamter die freiheitliche demokratische Grundordnung „verächtlich“ macht, ja durch politische Betätigung angreift[109].

Schon diese Überlegungen zeigen, daß die in Art. 33 Abs. 4 GG begründete Pflicht des Beamten zur Verfassungstreue nicht eine politische Treuepflicht i. S. des § 52 Abs. 2 BBG impliziert; die Frage nach der Verfassungsmäßigkeit dieser Vorschrift bleibt daher offen.

2. Die politische Treuepflicht i. S. des § 52 Abs. 2 BBG — ein hergebrachter Grundsatz des Berufsbeamtentums?

Einige Autoren sind elegant der „Gretchenfrage“ der Verfassungsmäßigkeit des § 52 Abs. 2 BBG ausgewichen: nach ihrer Ansicht wiederholt § 52 Abs. 2 BBG lediglich einen hergebrachten Grundsatz des Berufsbeamtentums i. S. des Art. 33 Abs. 5 GG und greift daher als eine verfassungsmäßige Begrenzung der Grundrechte des Beamten — insbesondere der Meinungsfreiheit — ein[110].

Dieser Auffassung muß widersprochen werden. Nach Art. 130 Abs. 2 WRV war dem Beamten die Freiheit der politischen Gesinnung verbürgt. Dieses Grundrecht — es beruhte auf der Wertneutralität der Weimarer Verfassung (Art. 76 WRV) — wurde zwar nach der Ermordung Rathenaus durch das verfassungsändernde Gesetz zum Schutz der Republik vom 21. Juli 1922[111] partiell beseitigt. Einer der politischen Treuepflicht des § 52 Abs. 2 BBG auch nur vergleichbaren Pflichtenbindung war der Beamte der Weimarer Zeit aber nicht unterworfen. Das Republikschutzgesetz verpflichtete den Beamten lediglich dazu, „in seiner amtlichen Tätigkeit für die verfassungsmäßige republikanische Staatsgewalt einzutreten“ oder gehässige Äußerungen gegen die WRV zu unterlassen, unterschied sich also deutlich von § 52 Abs. 2 BBG, der nach seinem Wortlaut jedem Beamten ein Bekenntnis für die freiheitliche demokratische Grundordnung abverlangt. Im übrigen konzentrierte sich die damalige Diskussion auf die Frage, ob ein Beamter berechtigt war, sich zugunsten einer „revolutionären“ Partei zu betätigen. Das Pr.OVG unterschied im 78. Band zwischen dem zulässigen Bekenntnis zu einer Partei und den unterschiedlichen „Stufen einer politischen Betätigung“ für eine revolutionäre Partei, vom „Beitritte zur Partei und der üblichen Beitragszahlung bis zur agitatorischen

---

109 Ein Ruhestandsbeamter kann nach § 77 Abs. 2 Nr. 1 BBG disziplinarrechtlich zur Verantwortung gezogen werden, wenn er sich gegen die freiheitliche demokratische Grundordnung „betätigt“.

110 *Ule*, BRRG, § 35 Rdn. 3; *derselbe*, Öffentlicher Dienst, 572 f.; *Hamann / Lenz*, Art. 33 Anm. B 7, b, (434); *v. Mangoldt / Klein*, GG, Art. 33 Anm. VII 2 (816); *Maurer*, NJW 1972, 602; so auch BVerwGE 10, 213, 217.

111 RGBl. I S. 585.

Wirksamkeit und leitenden Parteistellung“[112]. Diese Formen einer Betätigung für eine revolutionäre Partei konnten nach Auffassung des Pr.OVG ein Dienstvergehen darstellen. Nur ein Teil des Schrifttums schloß sich dieser — wie *Anschütz* zutreffend bemerkt[113] — von Art. 130 Abs. 2 WRV kaum gedeckten Differenzierung an[114]; strittig blieb bis zuletzt die Frage, ob ein Beamter schon durch seine Mitgliedschaft in der KPD oder NSDAP seine Pflichten verletzte[115].

Angesichts dieser Rechtslage erscheint es problematisch, § 52 Abs. 2 BBG mit der Feststellung zu entschärfen, es handele sich um einen hergebrachten Grundsatz des Berufsbeamtentums[116]. Zwar knüpfen die oben erwähnten Beschlüsse der Verwaltungspraxis implicite an den Meinungsstand zu Art. 130 Abs. 2 WRV an, denn sie untersagen nicht schon die Mitgliedschaft in verfassungsfeindlichen Parteien, sondern allein verfassungsfeindliche „Aktivitäten“, „Bestrebungen“[117]. Der Wortlaut des für die heutige Rechtslage allein maßgeblichen § 52 Abs. 2 BBG schließt jedoch schon ein intellektuelles Bekenntnis zu verfassungsfeindlichen Ideen aus, wertet somit ein Verhalten als Pflichtverletzung, das unter der Geltung der WRV auch nach dem Inkrafttreten des Republikschutzgesetzes verfassungsmäßig war[118].

---

[112] Pr. OVGE 78, 448, 455.

[113] *Anschütz*, Die politische Betätigung der Beamten, 29.

[114] Wie das Pr. OVG etwa *Giese*, WRV, Art. 30 Anm. 2 (279). Dagegen hielt *Häntzschel*, RuPrVBl. 51 (1930), 509, 669, 670, jede Mitgliedschaft in einer revolutionären Partei für unzulässig. Eine komprimierte Darstellung des unübersichtlichen Meinungsstandes findet sich bei *Anschütz*, Die politische Betätigung der Beamten, insbesondere 16 ff.

[115] Das Preußische Staatsministerium hatte in einem Beschluß vom 25. Juni 1930 (MBl. für die innere Verwaltung, 595) jede „Teilnahme“ — also auch die bloße Mitgliedschaft — eines Beamten in der NSDAP und der KPD untersagt. Diesen Beschluß erklärte das Pr. OVG in einem Urteil vom 18. Oktober 1932 (Pr. OVGE 89, 391) für verfassungswidrig, soweit die Mitgliedschaft in der NSDAP verboten wurde. Das Gericht stützte sich auf Hitlers Erklärung im Ulmer Reichswehrprozeß, er wolle seine Ziele auf legalem Wege erreichen (Pr.OVGE 89, 396). Diese Auffassung stand im Einklang mit Art. 76 WRV, denn diese Bestimmung erlaubte nach h. M. eine legale Beseitigung der geltenden Staatsordnung, *Anschütz*, Die politische Betätigung der Beamten, 30. Es überrascht zumindest, daß die Gegner der jüngsten Beschlüsse der Verwaltungspraxis zur Mitgliedschaft in verfassungsfeindlichen Parteien zwar historische Parallelen zum Sozialistengesetz und zum „Gesetz über die Wiederherstellung des Berufsbeamtentums“ aufzeichnen, die Entwicklung des parallelen Problems zu Art. 130 Abs. 2 WRV aber verschweigen. Zum historischen Hintergrund der politischen Treuepflicht neuerdings *Rejewski*, Die Pflicht zur politischen Treue im preußischen Beamtenrecht (1850 - 1918), Berlin 1973.

[116] Wie hier im Ergebnis *Grabendorff*, DÖV 1951, 551; *Lochbrunner*, Rdn. 90; *Schneider*, Stellungnahmen, 156.

[117] Zum Text oben 2. Teil, 1. Abschnitt, A I 1.

[118] Eindeutig etwa *Merkl*, VVDStRL 7, 59, 90 f., 99 und *Gerber*, VVDStRL 7, 49 f.

3. Der verfassungsrechtlich zulässige Inhalt einer Pflicht des Wissenschaftlers zur Verfassungstreue

Somit ist auch der Weg verschlossen, die politische Treuepflicht des § 52 Abs. 2 BBG als einen hergebrachten Grundsatz des Berufsbeamtentums zu deuten und als Begrenzung auch der Wissenschaftsfreiheit zu rechtfertigen. Es bleibt allein die Möglichkeit, die Intensität der von der Verfassung zwar vorausgesetzten, inhaltlich aber nicht bestimmten Pflicht der Beamten zur Verfassungstreue nach dem Gesetz „praktischer Konkordanz" aufzudecken: jede Inpflichtnahme des beamteten Verfassungskritikers zugunsten der freiheitlichen demokratischen Grundordnung muß auch unter dem Blickwinkel der politische Tabus negierenden Wissenschaftsfreiheit unerläßlich sein, um die Funktionsfähigkeit des Beamtenverhältnisses zu gewährleisten.

Von diesem Ansatz aus kann endlich eine Position im Streit über den Inhalt einer beamtenrechtlichen Pflicht zur Verfassungstreue bezogen werden. Der Beamte ist zwar nicht Repräsentant des freiheitlichen Rechtsstaates[119], wohl aber verpflichtet, seinen Gemeinwohlauftrag im Geist der freiheitlichen demokratischen Grundordnung zu erfüllen (Art. 1 Abs. 3, 20 Abs. 3 GG i. V. m. Art. 79 Abs. 3 GG). Da sich das Volk — ihm dient der Beamte nach § 52 Abs. 1 BBG — in seiner Mehrheit für den freiheitlichen demokratischen Rechtsstaat entschieden hat[120], ist kaum noch der Schluß zu umgehen, daß die demokratische Glaubwürdigkeit des Beamtentums, aber auch des einzelnen Beamtenverhältnisses, leiden kann, wenn der Beamte öffentlich diese freiheitliche demokratische Grundordnung ablehnt, sogar bekämpft[121]. Der amtlichen Bindung des Beamten an diese Grundordnung korrespondiert somit die Pflicht, alles zu unterlassen, was in der Öffentlichkeit Zweifel entstehen lassen könnte, ob der Beamte sich auch als Amtswalter an die Grundsätze des freiheitlichen demokratischen Rechtsstaates gebunden fühlt. Allein dieses schutzwürdige Vertrauen der Öffentlichkeit auf ein demokratisch handelndes, den Grundsätzen der Art. 1 und 20 GG verpflichtetes Beamtentum weist somit den Weg für eine inhaltliche Ausfüllung der Pflicht zur Verfassungstreue und damit

[119] Während unter der Geltung der WRV zum Teil die Auffassung vertreten wurde, der Beamte sei im Sinne der allgemeinen Staatslehre Repräsentant der Staatsidee (z. B. *Köttgen*, HdbDStR II, 6 f.), herrscht unter der Geltung des GG die Ansicht vor, der Beamte sei als Repräsentant im untechnischen Sinn dazu berufen, die in Verfassung und Gesetz bestimmten Werte zu „bestimmen", *Gerber*, DVBl. 1951, 491 mit Darstellung des Meinungsstandes; *Kalisch*, AöR 78 (1952/53), 343; *Thiele*, DöD 1960, 62 f.; ausführlich neuerdings *Wiese*, 50 ff. m. w. N.

[120] Auf diesen Umstand weist *Ule*, BRRG, § 35 Rdn. 3 hin.

[121] BVerwGE 10, 213, 217; *Maurer*, NJW 1972, 602; *Böttcher*, 124 f.; erfreulich deutlich auch OVG Koblenz, DVBl. 1973, 818; zustimmend *Stern*, Verfassungstreue, 19.

auch für eine Lösung des in Art. 5 Abs. 3 Satz 2 GG i. V. m. § 52 Abs. 2 BBG angesiedelten Konfliktes.

Da die Pflicht des Beamten zur Verfassungstreue der demokratischen Glaubwürdigkeit des Berufsbeamtentums dient, hat der Beamte auch außerhalb seines Dienstes alles zu unterlassen, was diese Glaubwürdigkeit erschüttern könnte. Danach wäre ein Mißbrauch der Grundrechte i. S. des Art. 18 GG — insbesondere auch eine politische Agitation gegen die freiheitliche demokratische Grundordnung im Deckmantel der Lehrfreiheit —, aber auch die Betätigung eines Beamten in „verfassungsfeindlichen" Organisationen (Art. 9 Abs. 2 GG) und Parteien (Art. 21 Abs. 2 GG) eine Verletzung der Pflicht zur Verfassungstreue. Entgegen der Auffassung von *Zwirner*, *Rinken* und *Wiese*[122] erschöpfen diese schon im allgemeinen Staatsbürgerverhältnis unzulässigen Betätigungen indessen nicht den Begriff eines verfassungsuntreuen Verhaltens. Diese Autoren bleiben nämlich den Nachweis schuldig, daß eine nach h. M. von der Funktion der Meinungsfreiheit wie auch der Wissenschaftsfreiheit noch gedeckte verfassungsfeindliche Argumentation — etwa das öffentliche, leidenschaftliche Plädoyer für totalitäre Staatsformen — die demokratische Glaubwürdigkeit des Berufsbeamtentums *nicht* erschüttern kann. Gerade eine öffentliche, dezidierte[123], ja von der Autorität des beamteten Lehrers getragene wissenschaftliche Ablehnung der freiheitlichen demokratischen Grundordnung kann das Vertrauen der Öffentlichkeit in ein demokratisches Beamtentum viel einschneidender treffen als eine Betätigung eines Beamten in einer verfassungsfeindlichen Partei. Aus diesem Grunde kann sich die Pflicht zur Verfassungstreue zu einer *partiellen Schweigepflicht* des beamteten Verfassungskritikers verdichten.

Ein weiteres, ja das entscheidende Argument in diesem Plädoyer für eine auch das wissenschaftliche Wirken des Beamten umgreifende Pflicht zur Verfassungstreue i. S. einer Schweigepflicht folgt aus dem systematischen Standort der Treueklausel. Beschränkte man nämlich die Pflicht des Beamten zur Verfassungstreue auf die jedem Bürger obliegende, in den Art. 9 Abs. 2, 18, 21 Abs. 2 GG umschriebene „institutionelle Treuepflicht"[124], so erschiene die Entscheidung des Verfassungsgebers unverständlich, ausdrücklich gerade den wissenschaftlichen Lehrer zur Verfassungstreue zu verpflichten. Da nämlich trotz allen

---

[122] Vgl. Fußn. 106 zu diesem Abschnitt.

[123] *Böttcher*, 133, 135 und *Kriele*, ZRP 1971, 274.

[124] So aber *Wiese*, 55: „Der Inhalt der Staatsidee nur, die Fundamentaleinrichtungen und Fundamentalnormen, ist in der Demokratie Gegenstand der — institutionellen — Verfassungstreue, verstanden als „Bindung an das Verfassungswertgefüge" jedes Bürgers. Eine im Vergleich zu den übrigen Bürgern größere Verfassungstreue (sc.: des Beamten) ... besteht nicht mehr."

Streites über den Wissenschaftsbegriff Einigkeit darüber herrscht, daß zumindest die „reine“ wissenschaftliche Lehre nach Art. 5 Abs. 3 Satz 1 GG verfassungsrechtlich geschützt ist, zwingt der systematische Standort der Treueklausel dazu, den beamteten Wissenschaftler auch in seinem „reinen“ Lehrvortrag auf die Verfassung, d. h. den Kernbestand der freiheitlichen demokratischen Grundordnung zu verpflichten.

§ 52 Abs. 2 BBG wird diesem Verständnis der Pflicht des Beamten zur Verfassungstreue nur teilweise gerecht. Soweit sein Wortlaut eine Verpflichtung des beamteten Verfassungskritikers indiziert, die freiheitliche demokratische Grundordnung stets lobend darzustellen („bekennen“), ja diese Ordnung auch vor ihren wissenschaftlichen Widersachern in Schutz zu nehmen, wäre § 52 Abs. 2 BBG als Grundlage einer auch den privaten Bereich des Beamten umgreifenden Propagandapflicht verfassungswidrig[125]. Der insoweit zumindest mißverständliche Wortlaut des § 52 Abs. 2 BBG sollte schon deshalb korrigiert werden, um der Phalanx der Gegner einer Pflicht des Beamten zur Verfassungstreue ein gewichtiges Argument aus den Händen zu schlagen.

Eine weitere Schwäche des § 52 Abs. 2 BBG besteht darin, daß diese Vorschrift keinen Weg eröffnet, den Umfang der Pflicht des Beamten zur politischen Treue, zur Verfassungstreue, nach der Funktion, dem konkreten Amt des einzelnen Beamten aufzuspüren. Erzeugt nämlich das Vertrauen der Öffentlichkeit eine auch außerhalb des Dienstes wirksame Pflicht des Beamten zur Verfassungstreue, so ist es unerläßlich, den amtlichen Status des Beamten als Maßstab an sein außerdienstliches „verfassungsuntreues“ Verhalten anzulegen: je stärker ein Beamter seine verfassungsfeindlichen Gedanken in seine amtliche Tätigkeit einfließen lassen kann, desto einschneidender muß ihn die Pflicht zur Verfassungstreue binden: für einen Beamten des Verfassungsschutzes oder der Ausländerbehörden gelten andere Grundsätze als für einen beamteten Meeresforscher[126].

Obgleich § 52 Abs. 2 BBG auch diesen „amtlichen Kontakt“ des Beamten zur freiheitlichen demokratischen Grundordnung nicht erwähnt und auch deshalb eine gefährliche Einbruchstelle in die Wissenschaftsfreiheit des Beamten bildet, kann diese Bestimmung trotz

[125] Unter Hinweis auf eine Stellungnahme des Beamtenrechtsausschusses zu § 52 Abs. 2 BBG (abgedruckt bei *Bochalli*, BBG, § 52 Anm. 2) meint z. B. Böttcher, 138, ein Beamter sei u. U. verpflichtet, das Wort zur Verteidigung der freiheitlichen demokratischen Grundordnung zu ergreifen, wenn diese auf einer von ihm besuchten Veranstaltung angegriffen werde; *Thieme*, DUZ 1960, Heft XI, 8, ist der Ansicht, ein Beamter müsse eine derartige Veranstaltung verlassen.

[126] Gegen eine Differenzierung aber *Stern*, Verfassungstreue, 23 und OVG Koblenz, DVBl. 1973, 816, 821.

dieses Mangels nicht auf eine Stufe mit dem „Sozialistengesetz“ oder gar dem „Gesetz zur Wiederherstellung des Berufsbeamtentums“ gestellt werden. Ihre Kritiker übersehen nämlich, daß § 77 Abs. 1 Satz 2 BBG — die bereits erwähnte Neufassung des Tatbestandes eines außerhalb des Amtes begangenen Dienstvergehens[127] — eine rechtsstaatliche Lösung des Konfliktes zwischen den Grundrechten des Beamten und der politischen Treuepflicht erlaubt, ja fordert und damit die problematische Pflichtenbindung des § 52 Abs. 2 BBG weitgehend entschärft. Jedes verfassungsfeindliche Verhalten des Beamten rechtfertigt erst dann ein disziplinarrechtliches Einschreiten, also Sanktionen, die im allgemeinen staatsbürgerlichen Status unzulässig wären, wenn der schuldhafte Verstoß des Beamten gegen § 52 Abs. 2 BBG „Achtung und Vertrauen in einer für sein Amt oder das Ansehen des Beamtentums bedeutsamen Weise beeinträchtigen kann“. Daraus folgt das Gebot, vor einem auf eine Verletzung der politischen Treuepflicht gegründeten Einschreiten die Funktion des Beamten *und* die mögliche Wirkung seines verfassungsfeindlichen Lehrvortrages auf die Öffentlichkeit zu berücksichtigen. Da schließlich die Ausübung disziplinarrechtlicher Befugnisse im Ermessen des Disziplinarorgans steht, sollte die sicherlich unbefriedigende Fassung des § 52 Abs. 2 BBG als „noch“ rechtsstaatsgemäß akzeptiert werden.

Um die bisherigen Überlegungen zum Verhältnis der Wissenschaftsfreiheit des Beamten zu der ihm auferlegten politischen Treuepflicht i. S. des § 52 Abs. 2 BBG zusammenzufassen: Die Bedeutung der Treueklausel des Art. 5 Abs. 3 Satz 2 GG besteht darin, daß sie auch den beamteten wissenschaftlichen Lehrer einer außerhalb des Art. 5 Abs. 3 Satz 2 GG konstituierten Pflicht zur Verfassungstreue unterwirft. Diese Pflicht existiert entgegen einer im Schrifttum vertretenen Ansicht nicht nur in den Grenzen der jedem Bürger obliegenden „institutionellen Treuepflicht“ (Art. 9 Abs. 2, 18, 21 Abs. 2 GG). Sie verdichtet sich vielmehr zu einer Schweigepflicht aller beamteten Wissenschaftler, da der systematische Standort der beamtenrechtlichen Treueklausel als Anhängsel der wissenschaftlichen Lehrfreiheit zu dem Schluß zwingt, daß sich auch die typische, historisch geprägte Form der wissenschaftlichen Lehre, also die argumentative Teilnahme am Prozeß der wissenschaftlichen Kommunikation, nicht gegen den Kernbestand der Verfassung richten darf.

Ob sich indessen Sanktionen an eine derartige Treuepflichtverletzung des beamteten wissenschaftlichen Lehrers knüpfen, bestimmt sich allein nach § 77 Abs. 1 Satz 2 BBG. Ehe jedoch dieser Einfluß des § 77 Abs. 1 Satz 2 BBG auf die politische Treuepflicht des wissenschaftlich tätigen Beamten darzustellen ist, soll im folgenden noch kurz die Frage

[127] Wortlaut oben Fußn. 1 zu diesem Abschnitt.

erörtert werden, ob die Art. 9 Abs. 2, 18 und 21 Abs. 2 GG nicht eine „Sperrwirkung" entfalten.

4. Die Bedeutung der Art. 9 Abs. 2, 18 und 21 Abs. 2 GG für die disziplinarrechtliche Ahndung einer Treuepflichtverletzung

a) Keine Sperrwirkung des Art. 21 Abs. 2 GG

In der erneut entfachten Diskussion über den Umfang der politischen Treuepflicht des Beamten steht ein Argument im Vordergrund, das — sollte es stechen — die politische Treuepflicht des § 52 Abs. 2 BBG auch mit dem in dieser Arbeit aufgefächerten Inhalt zu einer Lex Imperfecta degradierte. Beispielhaft für die wohl h. M. formuliert etwa *Ridder:* „Benachteiligende Entscheidungen zur Abwehr von Angriffen auf die freiheitliche demokratische Grundordnung, bei der es sich um ein hochzielendes zentrales Verfassungsgebot und nicht um eine Identifizierung mit der jeweiligen sog. Verfassungswirklichkeit handelt, wenn der geschichtliche Sinn des Grundgesetzes nicht verfälscht werden soll, dürfen gegen politische Parteien (Art. 21 Abs. 2) ... nur vom Bundesverfassungsgericht getroffen werden. Alle beamtenrechtlichen Vorschriften und alle Interpretationen von beamtenrechtlichen Vorschriften, die dieses für äußerste Fälle geschaffene Entscheidungsmonopol des Bundesverfassungsgerichts unterlaufen, sind verfassungswidrig[128]."

Schließt man sich dieser auch von einigen Gerichten vertretenen Ansicht[129] an, so könnte ein Beamter, der als Mitglied einer verfassungsfeindlichen, aber nicht verbotenen Partei deren Ziele wissenschaftlich propagiert, für diese Äußerungen erst nach einem Verbot seiner Partei disziplinarrechtlich wegen Verletzung der politischen Treuepflicht zur Verantwortung gezogen werden. Diese Auffassung stützt sich auf die Rechtsprechung des BVerfG zum Umfang des Parteienprivilegs. Das BVerfG hat im 12. Band ausgeführt, Art. 21 Abs. 2 GG verbürge auch ein „Pönalisierungsverbot", erstrecke sich auf die Parteiorganisation und die mit „allgemein erlaubten Mitteln arbeitende partei-offizielle Tätigkeit der Funktionäre und Anhänger einer Partei"[130]. Diese überfällige Entscheidung des BVerfG gründet sich letztlich auf den selbst-

---

[128] *Ridder,* Stellungnahmen, 147; für eine Sperrwirkung des Art. 21 Abs. 2 GG etwa *Azzola / Lautner,* ZBR 1973, 128 und ZRP 1973, 244; *Battis,* JZ 1972, 388; *Kröger,* AöR 88 (1963), 153; *Frowein, 33; Hannover,* Stellungnahmen, 134; Friedrich *Müller,* Stellungnahmen, 139 f.; *Rinken,* Stellungnahmen, 272; *Schmidt-Lermann,* Stellungnahmen, 279; *Rudolph,* DVBl. 1967, 649 f. und 651; *Isensee,* JuS 1973, 268 f.; *Ule,* BRRG, § 4 Rdn. 5 und Öffentlicher Dienst, 604; *Dicke,* ZBR 1973, 7 f.; *Maurer,* NJW 1972, 603; *Wiese,* 145; *Kriele,* ZRP 1971, 271 f.

[129] OLG Hamburg — Richterdienstsenat —, ZBR 1973, 22, 24; VG Neustadt, ZBR 1973, 147, 148 ff.; VG München, ZBR 1973, 272, 274.

[130] BVerfGE 12, 296, 305; ähnlich 13, 46, 52; 13, 123, 126; 17, 155, 166.

verständlichen Grundsatz, das Strafrecht dürfe nicht die verfassungsrechtlich nach Art. 21 Abs. 2 GG geschützte politische Betätigung zugunsten einer zugelassenen Partei untersagen[131].

Der Versuch, diese vom BVerfG aufgestellten Grundsätze auf das Beamtenrecht zu übertragen, das Parteienprivileg des Art. 21 Abs. 2 GG als ein auch im Sonderstatus des Beamten wirksames „Benachteiligungsverbot" zu deuten, kann nicht überzeugen. Zwar erscheint es problematisch, jede Mitgliedschaft eines Beamten in einer nach Auffassung der Einstellungs- und Disziplinarbehörde verfassungsfeindlichen Partei als Verletzung der politischen Treuepflicht zu werten. Andererseits kann die Mitgliedschaft in einer zugelassenen Partei aber nicht als Freibrief des Beamten für verfassungsfeindliche „Aktivitäten" verstanden werden. Dient nämlich die auch den außerdienstlichen Bereich umgreifende Pflicht des Beamten zur Verfassungstreue der demokratischen Glaubwürdigkeit des Beamten wie auch des Berufsbeamtentums, so umgreift diese Pflichtenbindung alle außerdienstlichen Betätigungen des Beamten, die in die Öffentlichkeit hineinwirken. Unter diesem Gesichtspunkt kann es keinen Unterschied machen, ob ein Beamter als Parteimitglied oder als parteipolitisch ungebundener Verfassungsgegner in wissenschaftlicher Form verfassungsfeindliche Ideen vorträgt. Im Gegenteil: ein Beamter, der seine wissenschaftlichen Überzeugungen in den Dienst einer politischen Partei stellt, kann das Vertrauen der Öffentlichkeit in seine demokratische Amtsführung besonders stark erschüttern, da er die politische Arena betreten hat und zumindest der Schluß naheliegt, er werde seine Denkmodelle mit Hilfe seiner Partei verwirklichen[132].

Gegen die von *Ridder* u. a. vertretene Auslegung des Art. 21 Abs. 2 GG ist eine weitere Überlegung ins Feld zu führen. Sollte diese Bestimmung eine in das Disziplinarrecht hineinreichende Sperrwirkung entfalten, so hätte letztlich jeder Beamte die Möglichkeit, sich durch den Eintritt in eine zugelassene Partei der politischen Treuepflicht zu entziehen[133]. Allein jene Beamten, die — aus welchen Gründen auch immer — keiner Partei beitreten wollen, müßten wegen ihrer verfas-

---

[131] BVerfGE 12, 296, 307.

[132] In der Regel dürfte die Mitgliedschaft in einer verfassungsfeindlichen Partei daher „ein schwerwiegendes Indiz" (*Arndt*, DÖV 1973, 599) dafür sein, daß der Bewerber oder Beamte nicht bereit ist, sich jederzeit für die freiheitliche demokratische Grundordnung zu bekennen und einzusetzen. Ein Parteimitglied identifiziert sich nämlich regelmäßig mit dem Programm seiner Partei, so richtig *Stern*, Verfassungstreue, 48 und *Plümer*, NJW 1973, 8.

[133] Für diese Privilegierung von Parteimitgliedern ausdrücklich *Hannover*, der formuliert: „... eine Aktivität, die, für sich genommen, diffamiert werden könnte, wird legitimiert, wenn sie sich aus der Mitgliedschaft oder sonstigen Verbundenheit zu einer nicht verbotenen Partei rechtfertigt" (Stellungnahmen, 134).

sungsfeindlichen Argumentation disziplinarrechtliche Maßnahmen befürchten. Verfassungsfeindliche Parteien und Vereinigungen entwickelten sich somit zu Freiräumen für beamtete Verfassungsfeinde, erhielten eine Funktion, die sich weder mit der Pflicht zur Verfassungstreue noch mit dem Willkürverbot des Art. 3 Abs. 1 GG vereinbaren ließe[133a].

Legt man schließlich auch an den Konflikt zwischen dem Parteienprivileg und der ebenfalls verfassungsrechtlich begründeten Pflicht des Beamten zur Verfassungstreue (Art. 33 Abs. 4 i. V. m. Art. 5 Abs. 3 Satz 2 GG) den Maßstab praktischer Konkordanz an, so gewinnt die hier gegen eine in das Disziplinarrecht des Beamten hineinreichende Sperrwirkung des Art. 21 Abs. 2 GG vorgetragene Beweisführung nur an Überzeugungskraft. Das Recht des Beamten auf politische Betätigung innerhalb und zugunsten einer Partei wird nur unwesentlich beeinträchtigt, wenn man dem Beamten das Recht verwehrt, öffentlich und dezidiert im Namen seiner Partei verfassungsfeindliche Ziele zu entwickeln. Dem Beamten verbleibt ein weites Spektrum parteibezogenen Wirkens: er kann im Parteiapparat mitarbeiten, sich an parteiinternen Wahlen beteiligen, Spenden sammeln ... Die Schwelle zu verfassungsfeindlichen Bestrebungen betritt der Beamte erst, wenn er sich öffentlich für Ziele der Partei einsetzt, die sich eindeutig gegen den Kernbestand der freiheitlichen demokratischen Grundordnung richten: etwa gegen das Mehrparteienprinzip, die Unabhängigkeit der Gerichte oder gegen Freiheit und Menschenwürde.

Schließlich sollte nicht übersehen werden, daß die von *Ridder* u. a. vorgeschlagene extensive Deutung des in Art. 21 Abs. 2 verankerten Entscheidungsmonopols des BVerfG i. S. eines „Disziplinierungsverbotes" die Disziplinarbehörden faktisch daran hinderte, eine — folgt man dem hier entwickelten, rein beamtenrechtlichen Verständnis der Treueklausel — immerhin ausdrücklich in der Verfassung verankerte Pflicht des Beamten mit der Waffe des Disziplinarrechts durchzusetzen. Sollte nämlich das disziplinarrechtliche Einschreiten gegen einen Beamten erst zulässig sein, wenn das BVerfG rechtskräftig das Verdikt der Verfassungsfeindlichkeit gefällt hat, so müßte das zuständige Disziplinarorgan auf ein Verbotsverfahren nach Art. 21 Abs. 2 GG hinwirken. Der verfassungsfeindlich agitierende und argumentierende Beamte könnte sich bis zur rechtskräftigen Entscheidung über die Verfassungsfeindlichkeit seiner Organisation unter dem Schild des Art. 21 Abs. 2 GG gegen die freiheitliche demokratische Grundordnung betätigen. Die von der militanten Wertordnung des GG als Reaktion auf die Zustände in der Auflösungsphase der Weimarer Republik — erinnert sei an das fatale Urteil des Pr.OVG zum Beschluß des Staatsministeriums über den revolutionären Charakter der NSDAP[134]! — konstituierte Pflicht

[133a] Wie hier VG Bremen, ZBR 1973, 16, 22; *Arndt*, DÖV 1973, 591.

des Beamten zur Verfassungstreue wäre ein stumpfes Schwert im Kampf gegen beamtete Feinde der freiheitlichen demokratischen Grundordnung[135].

Das folgende Beispiel zeigt deutlich, daß die von *Ridder* u. a. vorgeschlagene Bindung der Disziplinarbehörden an die in dem Verfahren nach Art. 21 Abs. 2 GG i. V. m. §§ 43 ff. BVerfGG rechtskräftig gefällten Entscheidungen zu ungereimten, wenn nicht unhaltbaren Ergebnissen führen kann: Sollten Bundesregierung, Bundesrat oder Bundestag, also die für den Verbotsantrag allein zuständigen Verfassungsorgane aus rechtlichen oder politischen Gründen davon absehen, den Verbotsantrag nach Art. 21 GG i. V. m. § 43 Abs. 1 BVerfGG zu stellen, so hat die landesrechtliche Disziplinarbehörde keine Möglichkeit, gegen einen Beamten disziplinarrechtlich einzuschreiten, der sich besonders engagiert für die eindeutig verfassungsfeindlichen Partien des Programms seiner Partei einsetzt. Etwas anderes gilt nur dann, wenn sich die Organisation der Partei auf den Geltungsbereich eines Bundeslandes erstreckt, denn nur unter dieser Voraussetzung ist nach § 43 Abs. 2 BVerfGG auch eine Landesregierung für den Verbotsantrag zuständig.

b) Keine Sperrwirkung der Art. 9 Abs. 2 GG, 18 GG

Nach einer von Ridder und anderen Autoren vertretenen Ansicht[135a] entfalten auch die Art. 9 Abs. 2 GG und Art. 18 GG keine Sperrwirkung gegenüber Sanktionen, die sich auf eine Verletzung der politischen Treuepflicht stützen. Art. 18 GG — Alt. Lehrfreiheit — verbietet keine disziplinarrechtlichen Maßnahmen wegen des verfassungsfeindlichen Inhalts eines Lehrvortrages, weil es — wie jüngst das VG Bremen formuliert hat — „nicht der Sinn des Art. 18 GG (ist), dem Schutz der streitbaren Demokratie dienende Maßnahmen außerhalb der Wirkung, deren Regelung das GG dem Gesetzgeber überlassen hat, beim BVerfG zu konzentrieren“[135b].

---

[134] Dazu oben 2. Teil, 1. Abschnitt, A IV 2, insbesondere Fußn. 115.

[135] Wie hier *Claussen / Janzen*, Einl. C Rdn. 9; *Henke*, 175 f.; *Semler*, ZBR 1971, 107; *Grewe*, Gutachten, 59 ff.; *Scheuner*, 84 f.; *Arndt*, DÖV 1973, 588 ff.; *Stern*, Verfassungstreue, 31 ff., 43 ff. Weitere Nachweise bei *Arndt*, DÖV 1973, 588 Fußn. 33 und 34 sowie in der Stellungnahme des nordrhein-westfälischen Innenministers zum Fall Götz, ZBR 1973, 257, 260. In der neuesten Rechtsprechung haben sich dieser Auffassung etwa angeschlossen: OVG Lüneburg, ZBR 1973, 12, 15; VG Bremen, ZBR 1973, 16, 21 f.; OVG Koblenz, DVBl. 1973, 816, 820 ff.; VG Ansbach, Urteil vom 12. 10. 1973, Az: AN 1348 — I/73.

[135a] *Ridder*, Stellungnahmen, 147; *Abendroth*, Stellungnahmen, 121; *Däubler*, Stellungnahmen, 131; *Azzola / Lautner*, ZBR 1973, 131 (nur hinsichtlich des Art. 9 Abs. 2 GG).

[135b] VG Bremen, ZBR 1973, 17; ähnlich OVG Lüneburg, ZBR 1973, 12, 15; *Böttcher*, 80; *Stern*, Verfassungstreue, 43; ähnlich zum Verhältnis des Strafrechts zu Art. 18 GG BVerfGE 10, 118.

Hinsichtlich einer Sperrwirkung des Art. 9 Abs. 2 GG gelten die Ausführungen zu Art. 21 Abs. 2 GG entsprechend. Auch Sinn und Zweck dieser Vorschrift sowie der Gleichheitsgrundsatz verbieten es, einen verfassungsfeindlich argumentierenden oder agitierenden Beamten von der Treuepflicht allein deshalb zu entbinden, weil er Mitglied einer verfassungsfeindlichen Vereinigung ist.

5. *Die gebotene Differenzierung nach der Funktion des Beamten*

Wie schon angedeutet wurde, entschärft § 77 Abs. 1 Satz 2 BBG die in den Art. 33 Abs. 4, 5 Abs. 3 Satz 2 GG i. V. m. § 52 Abs. 2 BBG konstituierte Pflicht des Beamten zur Verfassungstreue. Nach dieser Bestimmung kann ein Beamter wegen einer wissenschaftlichen Veröffentlichung verfassungsfeindlicher Ideen dann disziplinarrechtlich zur Verantwortung gezogen werden, wenn diese Lehre „nach den Umständen des Einzelfalles in besonderem Maße geeignet ist, Achtung und Vertrauen in einer für sein Amt oder das Ansehen des Beamtentums bedeutsamen Weise zu beeinträchtigen". Damit ist es unerläßlich, die Intensität der beamtenrechtlichen Pflicht zur Verfassungstreue nach der amtlichen Funktion des Beamten zu bestimmen.

Erinnert man sich an die Aufgabe der politischen Treuepflicht, das Vertrauen des Bürgers in eine demokratische Amtsführung, ja die demokratische Glaubwürdigkeit des Berufsbeamtentums zu wahren, so kann kein Zweifel bestehen, daß zumindest ein Verwaltungsbeamter wegen verfassungsfeindlicher Äußerungen disziplinarrechtlich verfolgt werden kann. Sollte ein Bürger nämlich erfahren, daß ein Verwaltungsbeamter verfassungsfeindliche Vorstellungen vertritt, so könnten in ihm berechtigte Zweifel entstehen, ob dieser Beamte sich bei der Amtsführung von diesen Ansichten befreien und seinen Gemeinwohlauftrag noch im Sinn der von ihm strikt abgelehnten freiheitlichen demokratischen Grundordnung erfüllen kann.

Als Korrektiv für diese Auslegung der politischen Treuepflicht i. S. einer mit den Mitteln des Disziplinarrechts durchsetzbaren Schweigepflicht des beamteten Verfassungskritikers dient der in § 77 Abs. 1 Satz 2 BBG — fast überdeutlich — umschriebene Grundsatz der Verhältnismäßigkeit, aber auch das dem Disziplinarorgan eingeräumte Ermessen. Danach müssen der Rang des Beamten, seine Funktion wie auch sein bisheriges Verhalten gewürdigt werden, ehe gegen ihn wegen Verletzung der politischen Treuepflicht disziplinarrechtliche Maßnahmen ausgesprochen werden können.

Diese Grundsätze gelten entgegen einer im Schrifttum vertretenen Auffassung[186] auch für die Lehrer, die außerhalb ihres Amtes — etwa im Rahmen einer Vorlesungstätigkeit an einer Hochschule — verfassungsfeindliche Vorstellungen entwickeln. Auch dieses Verhalten erscheint geeignet, zumindest die Glaubwürdigkeit ihres konkreten Amtes zu erschüttern. Da die Lehrer nämlich verpflichtet sind, die Schüler zu „selbständig denkenden und verantwortungsbewußt handelnden Bürgern eines demokratischen und sozialen Rechtsstaates zu bilden und zu erziehen“[137], kann zumindest das Vertrauen einzelner Eltern in eine ordnungsgemäße Erfüllung dieses demokratischen Erziehungsauftrages[138] erschüttert werden, wenn ein Lehrer außerhalb seines Dienstes verfassungsfeindliche Ideen anpreist. Dabei sollte besonders berücksichtigt werden, daß die Eltern sich in einer schwierigen Beweislage befinden[139]. Auch wenn sie Zweifel hegen, ob der Lehrer sich im Unterricht von seinen außerdienstlich und dezidiert entwickelten verfassungsfeindlichen Ideen trennen kann, so müssen sie häufig zu fast inquisitorischen Maßnahmen greifen, um diesen Verdacht belegen zu können. Diese „Beweisnot“ sollte als zusätzliches Argument für eine außerdienstliche Schweigepflicht des Lehrers anerkannt werden.

Die hier vertretene Auslegung der politischen Treuepflicht des Beamten als bedeutsame inhaltliche Schranke seiner Lehrfreiheit mag zwar den engagierten Verfechter einer von politischen Bindungen befreiten — „voraussetzungslosen“ — Wissenschaft überraschen, ja zum Widerspruch reizen. Angesichts der eindeutigen Entscheidung der Verfassung für eine Pflicht des Beamten zur Verfassungstreue besteht aber de lege lata keine Möglichkeit, den lehrenden Beamten von dieser Pflicht zu entbinden. Die Gegner dieser Auslegung der politischen Treuepflicht übersehen meist, daß im allgemeinen Staatsbürgerverhältnis eine Veröffentlichung verfassungsfeindlicher Ideen nicht nur zulässig, sondern auch von der Funktion des jeweiligen Grundrechts — meist der Meinungsfreiheit oder der Wissenschaftsfreiheit — gedeckt wird[140]. Schon aus diesem Grunde überzeugt es kaum, wenn einige Autoren die konsequent an den Gedanken der militanten Wertordnung des GG anknüpfende politische Treuepflicht des Beamten mit dem „Sozialistengesetz“ oder gar dem „Gesetz zur Wiederherstellung des Berufsbeamtentums“ auf eine Stufe stellen.

---

[136] *Stock*, 235.

[137] So beispielhaft die „schulrechtliche Generalklausel“ des § 3 Nds. SchG.

[138] Gegen die Verfassungsmäßigkeit der schulrechtlichen Generalklausel bestehen m. E. keine verfassungsrechtlichen Bedenken: da der Staat nach Art. 7 Abs. 1 GG die Aufsicht über das staatliche Schulwesen hat, entspricht es letztlich dem Gedanken demokratischer Selbstverteidigung, daß zumindest der Versuch unternommen wird, die Schüler zu — kritischen — Anhängern der freiheitlichen demokratischen Grundordnung zu erziehen.

[139] Richtig OVG Koblenz, DVBl. 1973, 816, 819 links.

[140] Anders *Köttgen* und *Schmitt Glaeser*, oben 2. Teil, 1. Abschnitt, B II 5 a.

Schließlich ermöglicht das hier entwickelte, letztlich auf Art. 5 Abs. 3 Satz 2 GG gegründete Verständnis der politischen Treuepflicht des Beamten auch eine zumindest vertretbare Behandlung des Konflikts zwischen der akademischen Lehrfreiheit des beamteten Hochschullehrers und der auch ihm obliegenden Pflicht zur Verfassungstreue i. S. des Art. 5 Abs. 3 Satz 2 GG. Da auch ein Hochschullehrer zur politischen Treue — Verfassungstreue — verpflichtet ist, kann die Übernahme eines Hochschullehrers aus beamtenrechtlichen Gründen abgelehnt werden[141]. Aus diesem Grunde bestehen gegen die Entscheidung des Berliner Senats, Professor *Mandel* nicht zum beamteten Hochschullehrer zu ernennen, zumindest aus dem Blickwinkel des Art. 5 Abs. 3 GG keine Bedenken[142]. Von dieser Problematik scharf zu unterscheiden ist die Frage, ob ein beamteter Hochschullehrer wegen des verfassungsfeindlichen Inhalts seiner Lehre disziplinarrechtlich belangt werden kann. Hier schlägt das Pendel, anders als beim Verwaltungsbeamten oder beim Schullehrer, zugunsten der Freiheit des akademischen Lehrers aus: schon aus historischen Gründen sollte eine intellektuelle Inpflichtnahme des akademischen Lehrers auf die geltende Staatsform ausgeschlossen werden[143].

B. Wissenschaftsfreiheit und beamtenrechtliche „Loyalitätspflicht“

I. Das Problem

1. Zur Einführung: Die Fälle Seifert und Schnippenkötter

Im Schrifttum vertreten zwar viele Autoren die Ansicht, der Beamte müsse sich — insbesondere in der politischen Arena — seinem Dienstherrn gegenüber „loyal“ verhalten[144]. Welche rechtlichen Schranken

141 So auch die Begründung von Prof. *Stein*, in: Das politische Studio, Was ist los an der FU Berlin?, NDR III vom 27. März 1972.

142 So im Ergebnis auch das VG Bremen im Fall Holzer, ZBR 1973, 16, 17. Holzer — Mitglied der DKP — hatte das Land Bremen verklagt, ihn zum beamteten Hochschullehrer auf Lebenszeit zu ernennen. Das VG wies die Klage mit der zutreffenden Begründung ab: „Der Staat des Grundgesetzes ist daher nicht gehalten, solche Wissenschaftler, Forscher und Lehrer zu fördern, die die freiheitliche demokratische Grundordnung nicht gewährleisten“ (ZBR 1973, 17). Ähnlich VG Berlin, Urteil vom 27. 9. 1973 (VG II A 16.72, bisher nicht veröffentlicht) hinsichtlich der Ernennung eines Bewerbers zum wissenschaftlichen Angestellten im Hochschulbereich. Zur Bedeutung der Treuepflicht bei der Berufung eines Hochschullehrers *Toews*, MittHV 1972, 397 ff.

143 So nachdrücklich *Thieme*, Hochschulrecht, 246 f.

144 *Schmidt*, Politische Betätigungsfreiheit, 66 f.; *Wilhelm*, Die freie Meinung, 43; *derselbe*, ZBR 1963, 370; *Döring*, ZBR 1968, 293 f. Zur politischen Betätigung eines Beamten neuerdings *Schauer*, ZBR 1973, 8.

diese Pflicht zur Loyalität den Grundrechten des Beamten zieht, bleibt jedoch meist verborgen[145]. Aus dem weiten Feld der Loyalitätspflicht soll im folgenden allein die Frage behandelt werden, ob der Beamte bei der wissenschaftlichen Erörterung politischer Themen — verstanden im weitesten Sinne[146] — über die politische Treuepflicht hinaus aus Gründen der Loyalität zur Zurückhaltung, wenn nicht ausnahmsweise zum Schweigen verpflichtet ist.

Zwei aktuelle Fälle sollen die Problematik zunächst verdeutlichen:

1. Der Fall *Seifert:* Am 25. Januar 1972 veranstaltete ein Komitee „Solidarität mit *Peter Brückner*" auf dem Gelände der TU Hannover ein TEACH-IN[147]. Prof. Jürgen Seifert — Ordinarius für Politische Wissenschaften an der TU Hannover — formulierte in einer vorbereiteten Rede u. a. die folgenden Vorwürfe: „Was hat das alles mit der Wahrheitsfindung im Ruhland-Prozeß zu tun? Wo ist die liberale Presse, die sagt, das läuft ab wie ein Schauprozeß? Der Düsseldorfer Prozeß enthält — wenigstens im Ansatz — die Verfahrensweisen, die die von Stalin inszenierten Schauprozesse kennzeichnen[148]."

Das gegen Prof. *Seifert* eingeleitete Disziplinarverfahren wurde am 23. Mai 1972 eingestellt[149]. Kultusminister *von Oertzen* hat diese Entscheidung auf § 85 Abs. 1 Satz 2 NBG (= § 77 Abs. 1 Satz 2 BBG) gestützt: die beanstandeten Formulierungen der Rede seien „nicht in *besonderem* Maße" geeignet gewesen, „Achtung und Vertrauen in einer für Ihr Amt oder das Ansehen des Beamtentums bedeutsamen Weise zu beeinträchtigen". Dieser Fall Seifert ist deshalb von Bedeutung für das Verhältnis der Wissenschaftsfreiheit zu den Beamtenpflichten[150],

---

[145] So bezeichnet *Böttcher*, 130, die politische Treuepflicht i. S. des § 52 Abs. 2 BBG als „politische Loyalitätspflicht", während *Wilhelm*, Die freie Meinung, 33, die Loyalitätspflicht im außerrechtlichen Bereich ansiedelt.

[146] Dazu gehört insbesondere eine Auseinandersetzung mit dem politischen Programm des Dienstherrn, aber auch eine Kritik an den Zuständen des öffentlichen Lebens (in Anlehnung an *Schmidt*, Politische Betätigungsfreiheit, 67).

[147] Prof. *Brückner* — Ordinarius für Psychologie an der TU Hannover — wurde am 20. Januar 1972 nach § 67 NBG (= § 60 BBG) mit sofortiger Wirkung vom Dienst suspendiert. Ihm wurde Begünstigung im Zusammenhang mit der Baader-Meinhof-Fahndung vorgeworfen. Zum Fall Brückner etwa *Peter Graf Kielmannsegg*, Frankfurter Hefte 3/1972, 155; *Hans Maier*, Frankfurter Hefte 4/1972, 246; *v. Kielmannsegg / Theodor Eschenburg*, Frankfurter Hefte 7/1972, 471 ff.

[148] Die Rede ist abgedruckt in *Jürgen Seifert*, Solidarität mit Peter Brückner, Hrsg.: Sozialistisches Büro, 605, Offenbach 4, Postfach 591.

[149] Az.: 104 - 822 - 1/72, abgedruckt in: Vorgänge 1972, 234 ff.

[150] Zumindest nach dem in dieser Arbeit vertretenen Lehrbegriff ist die Rede von Prof. *Seifert* dem Bereich der akademischen Lehre i. S. des Art. Abs. 3 GG zuzuordnen, da es sich um eine tagespolitische Stellungnahme

weil Prof. von Oertzen in seinem Einstellungsbescheid auf die besondere Rechtsstellung des Hochschullehrers hingewiesen hat, die „weitgehende Unabhängigkeit" gewähre und ein „größeres politisches Engagement" rechtfertige als es z. B. einem Verwaltungsbeamten erlaubt wäre. Danach müßte ein Beamter — diese Feststellung sei erlaubt — in Niedersachsen wegen einer ähnlich scharfen Kritik an einer Prozeßführung disziplinarrechtliche Maßnahmen befürchten.

2. Der Fall *Schnippenkötter / Grewe:* Auf der 6. Internationalen Wehrkunde-Tagung in München äußerten sich die Botschafter *Grewe* und *Schnippenkötter* in ihren Referaten kritisch zu der Absicht der Bundesregierung, dem Atomwaffensperrvertrag beizutreten. Der Staatssekretär des Auswärtigen Amtes, *Duckwitz,* der aus der Presse über die Referate informiert worden war, ersuchte die beiden Botschafter um Vorlage der Manuskripte und wies sie zugleich an, sich weiterer Stellungnahmen zur Frage des Atomwaffensperrvertrages zu enthalten[151]. Dieser Konflikt zwischen der Wissenschaftsfreiheit und der Loyalitätspflicht konnte — anders als der Fall Seifert — noch im Vorfeld des Disziplinarrechts entschärft werden. Das Auswärtige Amt wies in einer Presseerklärung darauf hin, daß die Äußerungen der Botschafter Grewe und Schnippenkötter mit der amtlichen Auffassung übereinstimmten ... „Ein Redeverbot für leitende Mitarbeiter gibt es nicht[152]."

2. Die sporadische Behandlung des Problems im Schrifttum und in der Verwaltungspraxis

Im Schrifttum haben nur wenige Autoren das Verhältnis der Wissenschaftsfreiheit zur beamtenrechtlichen Loyalitätspflicht erörtert[153]. Die meisten Autoren erwähnen die Loyalitätspflicht allein im Zusammenhang mit der politischen Betätigungsfreiheit i. S. des § 53 BBG. Die hierzu aufgestellten Grundsätze lassen sich wie folgt zusammenfassen: Der Beamte sei regelmäßig nicht verpflichtet, in privaten Stellungnahmen zu politischen Ereignissen, zum politischen Programm seines Dienstherrn die offizielle Auffassung zu vertreten. Vielmehr stehe auch eine scharfe Kritik an Staat, Gesellschaft und den „Richt-

---

eines Politologen handelte, dazu oben 1. Teil, 1. Abschnitt, E II 3. Wie hier *Denninger* in einem Gutachten zum Fall Seifert und schon vorher der Arbeitskreis von Assistenten an der TU Hannover (Hannoversche Allgemeine Zeitung vom 31. Januar 1972) sowie der „Bundesfachgruppenausschuß Hochschule" der GEW (FAZ vom 1. Februar 1972).

[151] Zur parlamentarischen Diskussion dieses Falles Deutscher Bundestag 5. Wahlperiode, Stenographischer Bericht, 11561 ff.

[152] Stenographischer Bericht, ebd., 11562.

[153] *Wilhelm,* Die freie Meinung, 33 f., 43 f.; *Konow,* ZBR 1972, 50; *Döring,* ZBR 1968, 293 f.

linien der Politik" im Einklang mit den Beamtenpflichten[154]. Allerdings könne sich die Pflicht des Beamten zur Loyalität ausnahmsweise zu einer Schweigepflicht verdichten. So dürfe etwa — um ein Parade-beispiel zu nennen — ein hoher Ministerialbeamter nicht die Absichten seines Ministers öffentlich kritisieren[155]. *Evers* vertritt gar die Ansicht, ein höherer Beamter sei nicht berechtigt, sich kritisch zur Außenpolitik seines Dienstherrn zu äußern; ein öffentliches Plädoyer für eine Anerkennung der Oder-Neiße-Linie — so ein Beispiel von Evers aus dem Jahr 1961 — widerspreche der Pflicht des Beamten zur Loyalität[156]. Eine Ausnahme gelte allerdings, wenn der Beamte seine ablehnende Stellungnahme in einem Gutachten vortrage[157]. Von diesen beiden einprägsamen Beispielen abgesehen, begnügen sich viele Schriftsteller mit der Feststellung, im Einzelfall sei auf die Funktion des Beamten und seinen Rang abzustellen[158]. In jedem Fall sei der Beamte verpflichtet, seine politischen Ansichten sachlich und taktvoll vorzutragen, insbesondere auf Gehässigkeiten zu verzichten[159]. Im übrigen müsse die Konkretisierung der Loyalitätspflicht der Rechtsprechung überlassen bleiben[160]. Diese Auffassung des Schrifttums hat auch Eingang in die Verwaltungspraxis gefunden. So betont ein noch geltender Erlaß der Bundesminister des Inneren und der Justiz vom 2. Dezember 1958[161] das Recht des Beamten, sich in angemessener und sachlicher Form kritisch zur Regierungspolitik zu äußern. Allerdings sei der Beamte „bei Vorliegen besonderer Umstände auf Grund der Loyalität verpflichtet, sich der schriftstellerischen Behandlung bestimmter Gegenstände zu enthalten oder aber, wenn er sich äußere, die Auffassung der Bundesregierung oder seiner Behörde zu vertreten". In jedem Fall habe der Beamte eine der offiziellen Ansicht widersprechende Stellungnahme als private Veröffentlichung zu kennzeichnen.

Ein Erlaß des Auswärtigen Amtes vom 14. Mai 1965[162] — er spielte bei der parlamentarischen Debatte über den Fall *Schnippenkötter* /

---

[154] *Claussen / Janzen*, Einl. C Rdn. 10; *Ule*, BRRG, § 35 Rdn. 4; *Plog / Wiedow / Beck*, BBG, § 52 Rdn. 3 und § 53 Rdn. 4; *Schütz*, Disziplinarrecht, Teil C II, Rdn. 7; *Scheuner*, Gutachten, 73; *Wilhelm*, Die freie Meinung, 43 f.; *derselbe*, ZBR 1963, 369; *Wolff*, Verwaltungsrecht II, § 114 IV a (462); großzügig schon *Kitzinger*, 501.

[155] *Ule*, BRRG, § 42 Rdn. 7; *Plog / Wiedow / Beck*, BBG, § 66 Rdn. 12.

[156] *Evers*, Beamter und Politik, 31 f.

[157] *Evers*, Beamter und Politik, 31 f.

[158] So etwa *Wolff*, Verwaltungsrecht II, § 114 IV a (462); *Claussen / Janzen*, Einl. C Rdn. 10; *Lindgen*, Disziplinarrecht I, 417.

[159] *Schmidt*, Politische Betätigungsfreiheit, 68; *Ule*, BRRG, § 35 Rdn. 4; *Evers*, Beamter und Politik, 30.

[160] *Schmidt*, Politische Betätigungsfreiheit, 68.

[161] Az.: BMJ II A 1 - 21263 - 606/58. Vollständig abgedruckt bei *Lindgen*, Bundesdisziplinarrecht, Auflage 1960, 88 ff. und teilweise bei *Wilhelm*, Die freie Meinung, 30 f.

Grewe eine Rolle — hat diese Grundsätze z. T. wörtlich übernommen, aber auch die Voraussetzungen einer Schweigepflicht des Beamten näher umschrieben. Danach hat ein Referent „bei der schriftstellerischen Behandlung aktueller Themen aus seinem Arbeitsgebiet die nach Lage der Sache gebotene Zurückhaltung zu üben“. Weiter heißt es: „Von Veröffentlichungen über Themen, deren Behandlung die innere oder äußere Sicherheit der Bundesrepublik gefährden oder ihre internationalen Beziehungen beeinträchtigen könnte, — dies wäre vor allem bei Abhandlungen über die auswärtigen Angelegenheiten der Bundesregierung oder anderer Staaten in jedem Fall sorgfältig zu prüfen — ist Abstand zu nehmen.“

Im Gegensatz zu dieser wohl h. M., die sich nicht scheut, aus der Loyalitätspflicht des Beamten ausnahmsweise eine auch die Wissenschaftsfreiheit überlagernde Schweigepflicht zu gewinnen, steht eine neuerdings von *Wilhelm* verfochtene Auffassung. Wilhelm beschränkt die Pflicht des Beamten zur Loyalität auf den dienstlichen Bereich. Ein Konflikt zwischen der Wissenschaftsfreiheit des Beamten und der ihm obliegenden Loyalitätspflicht könne nicht entstehen, weil der Beamte als Privatmann nicht auf die Politik seines Dienstherrn verpflichtet sei[163]. Da sich eine wissenschaftliche Betätigung im übrigen begrifflich durch Sachlichkeit und Fairneß auszeichne, scheide auch ein Konflikt zwischen der Wissenschaftsfreiheit und der Pflicht zur Mäßigung und Zurückhaltung i. S. des § 53 BBG aus[164].

Das Problem des Verhältnisses der Wissenschaftsfreiheit zur beamtenrechtlichen Loyalitätspflicht ist damit abgesteckt: Sollte diese von allen Autoren vorausgesetzte Pflicht des Beamten überhaupt als Schranke der Wissenschaftsfreiheit zum Zuge kommen (im folgenden unter II, 1), so empfiehlt es sich aus Gründen begrifflicher Klarheit, die grundrechtsbegrenzende Loyalitätspflicht unter zwei Aspekten zu diskutieren: Einmal stellt sich die Frage, ob ein Beamter wegen des — sachlich vorgetragenen — Inhalts seiner wissenschaftlichen Äußerung disziplinarrechtlich zur Verantwortung gezogen werden kann (II, 2). Daneben muß auch geklärt werden, ob ein Beamter wegen der „Art und Weise“, der Form seiner Stellungnahme disziplinarrechtliche Maßnahmen befürchten muß (II, 3).

---

[162] Abgedruckt in: Deutscher Bundestag, 5. Wahlperiode, Stenographischer Bericht, 11565 f.

[163] *Wilhelm,* Die freie Meinung, 44; ähnlich *Konow,* ZBR 1972, 49, 50 und — allerdings mit Blick auf das Beamtenrecht der Hochschullehrer — *Denninger* in dem für Prof. Seifert erstellten Gutachten (zitiert nach Vorgänge 1972, 434).

[164] *Wilhelm,* Die freie Meinung, 34; ähnlich *Porr,* Diss., 140.

II. Der eigene Lösungsvorschlag

1. *Die Einordnung der Loyalitätspflicht in den Kontext der Beamtenpflichten*

Entgegen der insbesondere von *Wilhelm* verfochtenen Ansicht ist zunächst festzustellen, daß sich die Pflicht des Beamten zu loyalem Verhalten nicht darauf beschränkt, die Gebote von „Takt und Fairneß" zu beachten. Vielmehr beschneidet die Loyalitätspflicht auch die Wissenschaftsfreiheit des Beamten. Dieses Verständnis der Loyalitätspflicht ergibt sich aus einer Gesamtschau der §§ 53, 54 BBG. Da der Beamte bei einer politischen Betätigung die „Mäßigung und Zurückhaltung" zu wahren hat, die sich „aus seiner Stellung gegenüber der Gesamtheit und aus der Rücksicht auf die Pflichten seines Amtes ergeben" (§ 53 BBG), muß er auch in der politischen Arena der „Achtung und dem Vertrauen gerecht werden, die sein Beruf erfordert" („Würdigkeitsklausel" des § 54 Satz 2 BBG), sich auch insoweit loyal verhalten. Erscheint es zwar problematisch, unter einer „politischen Betätigung" i. S. des § 53 BBG ein wissenschaftliches Wirken mit politischem Bezug zu verstehen[165], so überzeugt es zumindest nicht, den Beamten allein deshalb von der Kardinalpflicht des § 54 Satz 2 BBG zu entbinden, weil er sich als Wissenschaftler zu politischen Themen äußert. Hat man sich einmal dafür entschieden, das Grundrecht der Wissenschaftsfreiheit trotz seiner Schrankenfreiheit beamtenrechtlichen Grundrechtsbegrenzungen zu unterwerfen, so entfällt jeder Grund dafür, den Beamten als Wissenschaftler von der in § 54 Satz 2 BBG konstituierten Pflicht zu loyalem Verhalten zu entbinden[166].

Diese rechtliche Grundlegung der Loyalitätspflicht offenbart bereits die Schwäche der insbesondere von *Wilhelm* verfochtenen Minderansicht. Soweit *Wilhelm* nämlich meint, ein Beamter sei — eine Ausnahme gelte allein für politische Beamte — bei der wissenschaftlichen Erörterung eines Themas von politischer Bedeutung niemals an die regierungskonforme Ansicht, die Richtlinien der Politik[167] gebunden, bleibt Wilhelm zumindest den Nachweis schuldig, daß ein Beamter durch den Inhalt seiner wissenschaftlichen Stellungnahme zur Politik nicht gegen die Würdigkeitsklausel des § 54 Satz 2 BBG verstoßen kann, die nach der hier vertretenen Auffassung eine Pflicht zu loyalem Verhalten umgreift.

---

[165] *Wilhelm*, Die freie Meinung, 34.

[166] Wie hier im Ergebnis *Döring*, ZBR 1968, 293 f.

[167] Das Programm der jeweiligen Regierungspartei bindet den Beamten noch nicht, *Wilhelm*, Die freie Meinung, 43 f.

Im folgenden soll versucht werden, allgemeine Maßstäbe für eine verfassungskonforme Behandlung eines Konflikts zwischen der Wissenschaftsfreiheit und der beamtenrechtlichen Loyalitätspflicht aufzustellen.

2. Besteht aus Gründen der Loyalität eine Schweigepflicht des Wissenschaftlers?

Auch nach der hier vertretenen Ansicht ist ein Beamter, der sich als Wissenschaftler kritisch zum politischen Programm seines Dienstherrn äußert, nur ausnahmsweise aus Gründen der Loyalität zum Schweigen verpflichtet. Da insoweit im Schrifttum noch Einigkeit herrscht, sollen die wesentlichen Argumente nur zusammengefaßt werden: Der Pflicht des Beamten zum Dienst am „Gemeinen Wohl“, zur Unparteilichkeit, korrespondiert das Recht, sich bei wissenschaftlichen Stellungnahmen zur Politik vom Standpunkt seines Dienstherrn zu befreien[168]. Eine öffentliche Kritik des Beamten an den politischen Vorstellungen seines Dienstherrn dient häufig sogar dem Ansehen des Beamtentums, da der Beamte sich durch sein kritisches Engagement als Persönlichkeit ausweist, die den Mut besitzt, sich gegen das politische Programm des Dienstherrn, aber auch gegen wirkliche oder vermeintliche Mißstände in Staat und Gesellschaft aufzulehnen[169].

Das Problem einer Schweigepflicht des Beamten konzentriert sich damit auf die Frage, unter welchen Voraussetzungen der Beamte — wie der Erlaß des Auswärtigen Amtes vom 14. Mai 1965 formuliert — zumindest bei der wissenschaftlichen Erörterung aktueller Themen „aus seinem Arbeitsgebiet“ die „nach Lage der Sache“ gebotene Zurückhaltung zu üben hat. Diese gummiweiche Formulierung erlaubt es kaum, den Umfang der Loyalitätspflicht des Beamten aufzuspüren. Deutet man diese Pflicht als eine bedeutsame Komponente der ihm gestellten Aufgabe, die Glaubwürdigkeit seiner Amtsführung und des Beamtentums nicht zu erschüttern, so sollten allein jene Äußerungen eines Beamten als Verletzung der Loyalitätspflicht gebrandmarkt werden, die sich gegen eine von ihm in eigener Regie, zumindest aber unter seiner Mitwirkung erarbeitete politische Entscheidung richten. Allein dieser Gedanke eines „venire contra factum proprium“ sollte als causa einer Schweigepflicht anerkannt werden: das Vertrauen der Öffentlichkeit auf eine dem „Gemeinen Wohl“ verpflichtete, stets sachgerechte Entscheidungen anstrebende Verwaltung wäre erschüttert,

---

[168] *Wilhelm*, Die freie Meinung, 44.

[169] Zur Rechtslage im Dritten Reich bemerkenswert offen *Brand*, DBG: „Die zahlreichen sog. freiheitlichen Beamtenrechte des liberalen Staates gibt es nicht mehr ... Es gibt keinen Interessengegensatz mehr zwischen Beamten und Staat ... Er (sc. der Beamte) ist politischer Soldat in Zivil und hat jederzeit für den neuen Staat einzutreten“ (§ 3 Anm. 2).

wenn ein Beamter das von ihm dienstlich verfochtene politische Programm seines Dienstherrn als Privatmann öffentlich kritisierte und damit schon im Stadium der Entstehung in Frage stellte[170]. Nicht der Rang des Beamten oder seine Funktion, sondern allein seine dienstliche Mitarbeit an einem politischen Programm erzeugt somit aus Gründen der Loyalität eine Pflicht, eine außerdienstliche Kritik dieser politischen Entscheidung zu unterlassen[171]. Nach diesen Grundsätzen beschränkt sich eine derartige Schweigepflicht nicht auf Ministerialbeamte. Auch ein Beamter einer Mittelbehörde ist aus Rechtsgründen daran gehindert, eine von ihm ausgearbeitete Entscheidung — etwa einen Schulentwicklungsplan oder Verwaltungsrichtlinien — öffentlich zu kritisieren. Als Korrektiv dient wieder die Kette der in den §§ 54 Satz 2, 77 Abs. 1 Satz 2 BBG enthaltenen unbestimmten Rechtsbegriffe, aber auch das disziplinarrechtliche Ermessen. Dabei hat das Disziplinarorgan insbesondere die potentielle Wirkung der beanstandeten wissenschaftlichen Äußerung des Beamten zu berücksichtigen.

Weitere Tatbestände einer Schweigepflicht können nicht anerkannt werden. In der Öffentlichkeit mag zwar ein ungünstiger Eindruck entstehen, wenn ein Beamter sich privat gegen das in seiner Behörde ausgearbeitete, von seinem Minister politisch zu verantwortende Programm wendet. Die irrige Vorstellung der Öffentlichkeit, eine politische Entscheidung sei schon dann unglaubwürdig, nicht sachgerecht, wenn sie von einzelnen Beamten kritisiert werde, darf sich aber nicht zum Nachteil des wissenschaftlich interessierten Beamten auswirken.

Diesem Verständnis der Loyalitätspflicht als Grundlage einer Schweigepflicht des Beamten widerspricht der Erlaß des Auswärtigen Amtes. Soweit der Erlaß dem Beamten das Recht verwehrt, auch im Rahmen einer wissenschaftlichen Nebentätigkeit eine Auffassung zu vertreten, welche die „internationalen Beziehungen" der BRD gefährden könnte, verletzt er das Gesetz „praktischer Konkordanz", das jede Begrenzung der Wissenschaftsfreiheit des Beamten verbietet, sofern sie nicht unerläßlich ist, um die Funktionsfähigkeit des Beamtenverhältnisses zu gewährleisten[171a]. Insbesondere die Ansicht, die Wissenschaftsfreiheit des Beamten werde durch das Schutzgut der internationalen Beziehungen der BRD begrenzt, kann nicht überzeugen. Auch und gerade die außenpolitischen Zielsetzungen der Regierung sind vor einer vorzeitigen öffentlichen Diskussion durch die Verschwiegenheitspflicht nach § 61 Abs. 1 BBG i. V. m. § 353 b StGB effektiv geschützt. Ist

---

[170] *Finger*, ZBR 1965, 227.

[171] Zu eng wohl *Kitzinger*, 501, der darauf abstellt, ob der Beamte die von ihm privat kritisierte politische Richtung dienstlich allein weisungsgemäß vertreten hat.

[171a] Vgl. oben 1. Teil, 2. Abschnitt, B I.

die Absicht der Regierung offenkundig geworden, so ist auch der Beamte des Auswärtigen Amtes, der dienstlich mit diesem Komplex nicht befaßt war, berechtigt, im Rahmen einer wissenschaftlichen Stellungnahme die Schwäche der Außenpolitik seines Dienstherren aufzudecken. Der Beamte beteiligt sich insoweit doch nur an einer öffentlichen Diskussion, welche die internationalen Beziehungen der BRD gefährden kann. Die Vorstellung eines Partners der BRD, die Bundesregierung könne sich nicht auf loyale Beamte stützen, ihre Außenpolitik finde keinen Rückhalt in der Beamtenschaft des Auswärtigen Amtes, ist ein ungeeigneter Maßstab für die Auslegung des Grundrechts der Wissenschaftsfreiheit[172].

3. *Der Umfang einer Pflicht zur fairen, sachlichen Kritik*

Ob die von der h. M. vorgeschlagene Unterscheidung zwischen zulässiger, ja erwünschter sachlicher Kritik und unfairen Stellungnahmen, „Gehässigkeiten“, praktikabel ist, muß ebenfalls bezweifelt werden. Gerade die Grenze zwischen diesen unterschiedlichen Formen wissenschaftlicher Stellungnahmen eines Beamten ist nur schwer aufzuspüren, ja die h. M. verleitet fast dazu, zwischen „aufbauender“ und „zersetzender“ Kritik zu differenzieren und nur die letztere als Verletzung der Pflicht zur Mäßigung, zur Loyalität zu verfolgen[173].

Diese — übrigens kaum begründete — h. M. übersieht aber insbesondere, daß schon das Strafrecht einzelne Formen der unsachlichen Kritik, der Hetze, mit Sanktionen bedroht. So schützen etwa die §§ 185 ff. StGB einzelne Personen und Personengruppen vor politischer Hetze, vor Gehässigkeiten. Ein Beamter, der seine Kritik an der Politik seines Dienstherrn in die Form einer Beleidigung oder einer üblen Nachrede kleidet, kann strafrechtlich belangt werden. Dabei ist zu beachten, daß sich die Beleidigung auch gegen eine Behörde (§ 196 StGB), gegen Gesetzgebungsorgane oder sonstige politische Körperschaften (§ 197 StGB) richten kann[174]. Das Strafrecht schützt aber auch

[172] Wie der Erlaß aber *Porr*, Diss. 143 und *Evers*, Beamter und Politik, 31 f., die den Beamten ermahnen, bei der Kritik an der Außenpolitik seines Dienstherrn Zurückhaltung zu wahren. Eine Ausnahme gilt — so *Evers* — für den Beamten, der sich als Gutachter mit außenpolitischen Themen befaßt. Diese Unterscheidung überzeugt nicht. Der Südtirol-Fall des BVerwG (BVerwGE 21, 50) liegt auf einer anderen Ebene, da die Mitwirkung eines deutschen Beamten (oder Richters) an illegalen politischen Aktionen im Ausland durchaus außenpolitische Schwierigkeiten auslösen kann (BVerwGE 21, 50, 54; dazu *v. Münch*, Urteilsanmerkung, ZBR 1966, 369 f. und *Frowein*, 32).

[173] *Fischbach*, BBG, Anm. zu § 53 (407).

[174] *Schönke / Schröder*, StGB (17., neubearbeitete Auflage, 1974), § 197 Rdn. 3 unter Hinweis auf RGSt. 47, 64. Dabei ist zu beachten, daß auch die Bundesregierung eine politische Körperschaft ist, *Schönke / Schröder*, § 197, Rdn. 2.

den Dienstherrn des Beamten in seinem Bestand als Staatswesen vor bestimmten „unsachlichen“ Äußerungen des Beamten: Wer öffentlich, insbesondere „in einer Versammlung oder durch Verbreiten von Schriften ... die Bundesrepublik Deutschland oder eines ihrer Länder oder ihre verfassungsmäßige Ordnung beschimpft oder böswillig verächtlich macht“, wird nach § 90 a Abs. 1 Nr. 1 StGB mit Freiheitsstrafe bis zu drei Jahren bestraft. Versteht man unter einer Beschimpfung i. S. dieser Vorschrift „jede durch Form und Inhalt besonders verletzende rohe Äußerung der Mißachtung“[175], so markiert auch diese Vorschrift eine bedeutsame Grenze des Rechts des Beamten, sich als Wissenschaftler mit politischen Themen auseinanderzusetzen.

Trägt ein Beamter seine wissenschaftliche Kritik am Staat insgesamt oder an seinem Dienstherrn in einer Weise vor, die schon im allgemeinen Staatsbürgerverhältnis nach den §§ 185 ff., 90 a StGB strafrechtlich verfolgt werden kann, so verletzt er durch diese politische Stellungnahme stets seine Loyalitätspflicht. Die Glaubwürdigkeit des Amtes, insbesondere aber das Ansehen des Berufsbeamtentums (§ 77 Abs. 1 Satz 2 BBG) leiden, wenn der dem Gemeinwohl verpflichtete Beamte entweder das in den §§ 185 ff. StGB geschützte Persönlichkeitsrecht politischer Widersacher verletzt oder gar gegen die in § 90 a StGB jedem Bürger aus Gründen der Staatsraison auferlegte Schweigepflicht verstößt. Zumindest die wissenschaftliche Kritik eines Beamten an der Politik seines Dienstherrn, die zugleich einen Tatbestand der §§ 185, 186, 196, 197, 90 a StGB verletzt, muß daher als Verstoß gegen die Pflicht zu loyalem Verhalten angesehen werden.

Schließt man sich dieser Argumentation an, so reduziert sich das Problem eines formalen Loyalitätskonflikts auf die Frage, ob ein Beamter wegen seiner „unfairen“, gegen die Politik des Dienstherrn zielenden wissenschaftlichen Äußerungen allein unter diesen Voraussetzungen disziplinarrechtlich zur Verantwortung gezogen werden kann, sonstige Stellungnahmen zur Politik dagegen zumindest nicht wegen der Form, der Art und Weise[176] ihres Vortrags als Verletzung der Loyalitätspflicht auch disziplinarrechtliche Maßnahmen auslösen könnten.

Die folgenden Beispiele zeigen zwar, daß ein Beamter auch gegen die Würdigkeitsklausel des § 54 Satz 2 BBG — die Grundlage der beamtenrechtlichen Loyalitätspflicht — verstoßen kann, ohne zugleich die genannten Straftatbestände zu erfüllen. So verstieße etwa eine scharfe, keine persönlichen Angriffe formulierende Kritik an der Bürokratie nicht gegen die Tatbestände der §§ 185, 186, 196, 197 und 90 a StGB[177]

---

[175] *Schönke / Schröder*, StGB, § 90 a Rdn. 5 m. w. N.

[176] *Wiese*, 116 f.

[177] *Schönke / Schröder*, StGB, § 90 a Rdn. 3; BGHSt. 6, 324, 325.

und könnte daher — leitete man den Umfang der Loyalitätspflicht aus dem Strafrecht ab — nicht disziplinarrechtlich verfolgt werden. Auf Schwierigkeiten stieße auch der Versuch, eine in der Diktion „harte" Kritik an der Regierungspolitik als eine strafbare Handlung und damit als Verletzung der Loyalitätspflicht zu werten. Dennoch sollten die vielfältigen Spielarten einer unfairen Kritik an der Politik des Dienstherrn nicht mit den Waffen des Disziplinarrechts bekämpft werden. Da der Verfassungsgeber auch dem Beamten das Recht zur Teilnahme am politischen Leben verbrieft hat, sollte dem Beamten schon aus Gründen der Waffengleichheit die Befugnis zugesprochen werden, sich der allgemein erlaubten Mittel einer politischen Auseinandersetzung zu bedienen. Allein das Strafrecht markiert somit die Grenze, die der Beamte aus Gründen der Loyalität auch dann nicht überschreiten darf, wenn er sich als Wissenschaftler zu politischen Themen äußert.

Der wohl entscheidende Vorzug der hier verfochtenen Parallelschaltung von Strafrecht und Disziplinarrecht besteht darin, daß sie die Disziplinarbehörde von der lästigen, wenn nicht unlösbaren Aufgabe entbindet, zwischen sachlicher, ja aufbauender Kritik und gehässigen, taktlosen politischen Stellungnahmen zu unterscheiden, d. h. letztlich auf willkürliche und damit dem Prinzip der Rechtsstaatlichkeit widersprechende Kriterien zurückzugreifen. Besteht der Verdacht, daß ein Beamter durch die Form seiner wissenschaftlichen Äußerung gegen die skizzierten Tatbestände verstoßen hat, so kann die Behörde disziplinarrechtliche Maßnahmen — etwa einen Verweis — aussprechen.

Gerade am mehrfach erwähnten Fall *Seifert* offenbaren sich die Vorzüge der hier vertretenen Auffassung, den Maßstab für die Art und Weise einer im Beamtenstatus noch zulässigen Kritik am Dienstherrn wie auch am Zustand von Staat und Gesellschaft allein aus dem Strafrecht zu gewinnen. Kultusminister *v. Oertzen* hat das Disziplinarverfahren mit der Begründung eingestellt, Prof. Seiferts Kritik am Ruhland-Prozeß sei nicht in *besonderem* Maße geeignet gewesen, Achtung und Vertrauen in einer für das Amt oder das Ansehen des Beamtentums bedeutsamen Weise zu beeinträchtigen[178]. Diese Begründung überzeugt nicht: die Verleumdung eines Gerichtes und seiner Mitglieder wäre nach der hier vertretenen Auffassung stets als Dienstvergehen, als Verletzung der Pflicht zu loyalem Verhalten, zu werten. Kultusminister v. Oertzen hätte daher allein aus Ermessensgründen, nicht aber unter Hinweis auf § 85 Abs. 1 Satz 2 NBG von disziplinarrechtlichen Maßnahmen absehen können.

[178] Vorgänge 1972, 234 ff.

C. Wissenschaftsfreiheit und beamtenrechtliche Verschwiegenheitspflicht

I. Skizze des Problems

Eine ebenfalls bedeutsame Einbruchstelle in das Grundrecht der Wissenschaftsfreiheit des Beamten markiert die in § 61 Abs. 1 BBG verankerte beamtenrechtliche Verschwiegenheitspflicht[179]. Nach dieser Bestimmung hat der Beamte „über die ihm bei seiner amtlichen Tätigkeit bekanntgewordenen Angelegenheiten Verschwiegenheit zu bewahren". Diese Pflicht erstreckt sich allerdings nicht auf Tatsachen, die „offenkundig sind oder ihrer Bedeutung nach keiner Geheimhaltung bedürfen". Diese Begrenzung der Wissenschaftsfreiheit des Beamten wirft zahlreiche Streitfragen auf. Das beamtenrechtliche Schrifttum und auch die Rechtsprechung machen es sich wieder leicht. Allein die Feststellung, § 61 Abs. 1 BBG beschneide in verfassungsrechtlich zulässiger Weise die Grundrechte des Beamten[180], weist der Verwaltungspraxis noch keinen Weg für eine verfassungskonforme Abwägung zwischen der Wissenschaftsfreiheit mit den nach § 61 Abs. 1 BBG schutzwürdigen Geheimhaltungsinteressen. Zwei Beispiele belegen diese Feststellung:

1. Nach einer Formulierung des BDH aus dem Jahre 1962 dient diese „wichtigste Pflicht"[181] des Beamten dem Schutz des internen Bereiches der Verwaltung vor „unzeitiger, sachfremder und übermäßiger Kritik"[182]. In diese Feststellung fügt sich nahtlos die Bemerkung *Lochbrunners* ein, § 61 Abs. 1 BBG solle „unliebsames politisches Aufsehen" unterbinden[183]. Diese Interpretation der beamtenrechtlichen Verschwie-

---

[179] Entsprechend § 39 Abs. 1 BRRG. Zum Landesrecht vgl. *Ule*, BRRG, § 39 Rdn. 8 ff.

[180] *Düwel*, 118 f., m. w. N. in Fußn. 36; *Cornelius / Gester / Woschech*, 29; *Hesse*, Grundzüge, 135; *Weimar*, RiA 1963, 231; *Schütz / Ulland*, NWLBG, § 64 Rdn. 4. Aus der Rechtsprechung: BVerfGE 28, 191, 200 f. (Pätsch-Urteil); BVerwGE 37, 265, 268 zum Verhältnis von Wissenschaftsfreiheit und Verschwiegenheitspflicht. Gegen die Auffassung, § 61 Abs. 1 BBG beschränke die Grundrechte des Beamten, wendet sich mit beachtlichen Argumenten *Wiese*, 125. W. stützt sich darauf, daß „die Verschwiegenheitspflicht aus der amtskausalen Kenntniserlangung" folge und daher den Beamten mit anderen Bürgern auf eine Stufe stelle. Im folgenden wird an der herkömmlichen Terminologie festgehalten. Gegen Wieses zunächst bestechenden Einwand spricht z. B. die Überlegung, daß zumindest bei Zweifeln über die Offenkundigkeit einer Tatsache § 61 Abs. 1 BBG grundrechtsbeschränkende Funktion entfaltet, wenn der Vorgesetzte diese Tatsache als nicht offenkundig deklariert.

[181] BVerfGE 28, 191, 201.

[182] BDHE 6, 94; zustimmend *Behnke*, Einführung, Rdn. 96; scharfe Kritik dagegen bei *Löffler*, Presserecht II, § 4 LPG Rdn. 49.

[183] *Lochbrunner*, Rdn. 163.

genheitspflicht bedarf — soweit die Wirkung des § 61 Abs. 1 BBG als beamtenrechtliche Sonderschranke der Wissenschaftsfreiheit aufzuspüren ist — schon deshalb einer sorgfältigen Begründung, weil eine Aufgabe der Wissenschaft gerade darin besteht, Mißstände in Staat und Gesellschaft anzuprangern und Tabus zu entzaubern. Die Vorstellung eines der wissenschaftlichen Kritik des Beamten weitgehend entzogenen „Forum internum" der Verwaltung muß sich zumindest einige Korrekturen gefallen lassen[184].

2. Einer sorgfältigen Untersuchung bedarf auch die praktisch bedeutsame Frage, ob die Vorgesetzten des Beamten befugt sind, verbindlich über die Geheimhaltungsbedürftigkeit einer Tatsache zu entscheiden, mithin eine nach Art. 5 Abs. 3 GG unzulässige Zensur auszuüben. Das beamtenrechtliche Schrifttum hält zwar an einem derart weiten Geheimnisbegriff fest[185], verzichtet aber auf jede Begründung dieser den unbefangenen Interpreten des § 61 Abs. 1 BBG wie auch der Wissenschaftsfreiheit überraschenden Auffassung[186].

Diese hier skizzierten Problemkreise des § 61 Abs. 1 BBG bedingen den weiteren Aufbau der Untersuchung. An eine Abwägung der in § 61 Abs. 1 BBG geschützten privaten und öffentlichen Geheimhaltungsinteressen mit der formal schrankenfrei verbürgten Wissenschaftsfreiheit fügen sich Bemerkungen zum Geheimnisbegriff des Beamtenrechts an.

II. Wissenschaftsfreiheit und private Geheimhaltungsinteressen

§ 61 Abs. 1 Satz 2 BBG befreit bestimmte Tatsachen von der in § 61 Abs. 1 Satz 1 BBG als Regel normierten Geheimhaltungspflicht. Diese Bestimmung setzt Geheimhaltungsinteressen voraus, die sich — insoweit herrscht noch Einigkeit — in private und öffentliche Geheimhaltungsinteressen aufspalten[187].

---

[184] Die Bemerkung *Behnkes*, ein Beamter könne sich nicht darauf berufen, er habe dem öffentlichen Interesse an Publizität gedient, sollte zumindest angesichts der beiden Pätsch-Urteile (BGHSt. 20, 342 ff. und BVerfGE 28, 191 ff.) nicht ungeprüft übernommen werden, dazu unten 2. Teil, 1. Abschnitt, C III 2. Wenig überzeugend auch *Lindgen*, Disziplinarrecht I, 564, der unterstellt, ein Beamter offenbare Tatsachen i. S. des § 61 Abs. 1 Satz 2 BBG niemals aus uneigensüchtigen Motiven (!).

[185] *Plog / Wiedow / Beck*, BBG, § 61 Rdn. 6; *Ule*, BRRG, § 39 Rdn. 2; weitere Nachweise unten 2. Teil, 2. Abschnitt, B III 3, Fußn. 211.

[186] Schon *Kitzinger*, 502, wies auf die Problematik dieses Geheimnisbegriffes hin und forderte nachdrücklich eine gesetzliche Grundlage für derartige Anordnungen!

[187] *Düwel*, 97; *Schütz / Ulland*, NWLBG, § 64 Rdn. 15; *Wiese*, 124. Aus der Rechtsprechung: OVG Münster, OVGE 9, 92, 98. So implicite auch die Rechtsprechung der Zivilgerichte, nach der die Verschwiegenheitspflicht eine dem Dritten i. S. des § 839 Abs. 1 BGB gegenüber obliegende Amtspflicht darstellt, so RGZ 88, 171 f.; BGHZ 34, 184, 186 f.

Die Wirkungskraft der privaten Geheimhaltungsinteressen ist leicht aufzudecken, da sich dieser Gegenstand der beamtenrechtlichen Verschwiegenheitspflicht präzise definieren und in den Kontext der Verfassung einordnen läßt. Ein privates Geheimhaltungsinteresse an einer Tatsache entsteht insbesondere, wenn der Staat bei Erfüllung seiner Aufgaben in die private Sphäre des Bürgers eingreift, sich auf diesem Weg Kenntnis privater Angelegenheiten verschafft und diese „speichert“[188]. Ferner hat der Bürger ein Interesse an einem staatlichen Schutz der privaten Tatsachen, von denen ein Beamter zufällig — „amtskausal“ — Kenntnis erlangt hat[189]. Der Beamte darf diese Tatsachen nicht in seine wissenschaftliche Nebentätigkeit einfließen lassen, etwa — um zwei Beispiele zu bilden — eine nicht offenkundige „Parteibuchernennung“ unter dem Blickwinkel des Art. 3 Abs. 3 GG erörtern oder als Stadtplaner die ihm aus seiner Amtstätigkeit bekannten Lebensumstände Asozialer in einer Fallstudie beschreiben.

Dieses Plädoyer für eine die Wissenschaftsfreiheit des Beamten verdrängende Wirkung der privaten Geheimhaltungsinteressen gründet sich auf zwei verfassungsrechtliche Argumente. Das GG schützt einzelne Ausformungen des Privatgeheimnisses: so das Brief-, Post- und Fernmeldegeheimnis in Art. 10 GG, das eine bestimmte Geheimsphäre umgreifende Eigentum in Art. 14 GG und in Art. 6 GG Ehe und Familie und die ihnen verbürgte Intimsphäre. Wegen dieses nur partiellen verfassungsrechtlichen Schutzes des Privatgeheimnisses hat sich die h. M. dafür entschieden, aus dem von der allgemeinen Handlungsfreiheit des Art. 2 Abs. 1 GG umhegten allgemeinen Persönlichkeitsrecht das Recht des einzelnen auf umfassenden staatlichen Schutz seines nicht schon in den erwähnten Grundrechten vor staatlichen Eingriffen abgeschirmten Lebenskreises herzuleiten[190]. Diesem in Art. 2 Abs. 1 GG angelegten verfassungsrechtlichen Schutz des Privatgeheimnisses korrespondiert eine „Obhutspflicht“ des Staates und seiner Organe, Tatsachen privaten Charakters nicht ohne Einwilligung des Betroffenen zu veröffentlichen. Diese Pflicht trifft nach § 61 Abs. 1 BBG auch den Beamten, der private Angelegenheiten aus dem Bereich seines Amtes in wissenschaftlicher Form veröffentlichen will. Auch im Hinblick auf die verfassungsrechtliche Spitzenstellung der Wissenschaftsfreiheit ist diese im Beamtenrecht wurzelnde gegenständliche Beschränkung seines Erkenntnisstrebens vertretbar, da der Beamte den geheimhaltungsbedürftigen Vorgang nicht nur mit Einwilligung des Bürgers, sondern auch nach Veränderung des Sachverhaltes der wissenschaftlich interessierten Öffentlichkeit mitteilen kann.

---

[188] *Düwel*, 103; *Wiese*, 125.

[189] *Wiese*, 125.

[190] *Düwel*, 101 f. m. w. N. in Fußn. 18.

Diese Argumentation harmonisiert im übrigen mit der trotz allen Streites über die Schrankenproblematik des Art. 5 Abs. 3 GG anerkannten Auffassung, nach der die Wissenschaftsfreiheit kein Sonderrecht auf „Materialbeschaffung" verbrieft[191]. Diese Regel gilt auch und — wegen der „Obhutspflicht" des Staates — erst recht für die Wissenschaftsfreiheit des Beamten[192].

III. Wissenschaftsfreiheit und öffentliche Geheimhaltungsinteressen

1. Das Schutzgut dieser Geheimhaltungsinteressen

Im folgenden ist der grundrechtsbeschränkende Charakter der in § 61 Abs. 1 BBG geschützten öffentlichen Geheimhaltungsinteressen aufzudecken. Schrifttum und Rechtsprechung haben dieses Problem bisher nicht überzeugend gelöst. Auch jene Autoren und Gerichte, die den Sinn der Verschwiegenheitspflicht nicht darin erblicken, den Innenbereich der Verwaltung vor „übermäßiger Publizität" abzuschirmen oder „politisch unerwünschtes Aufsehen" zu unterbinden, drücken sich — mehr oder weniger elegant — um die Gretchenfrage nach dem grundrechtsbeschränkenden Charakter der öffentlichen Geheimhaltungsinteressen. Die wohl h. M. spiegelt sich in der Formel wider, ein Beamter dürfe nur jene Tatsachen offenbaren, die offensichtlich bedeutungslos sind und auch künftig keine Bedeutung erlangen können[193].

Schon diese Definition muß sich eine Korrektur gefallen lassen. Da die nach § 61 Abs. 1 Satz 2 BBG geheimhaltungsbedürftigen Tatsachen dem wissenschaftlichen Erkenntnisstreben des Beamten entzogen sind, ist nach den für die verfassungsrechtliche Konstruktion beamtenrechtlicher Schranken der Wissenschaftsfreiheit geltenden Grundsätzen ein strenger Maßstab an die Bestimmung des grundrechtsbeschränkenden Tatbestandsmerkmals der „Geheimhaltungsbedürftigkeit" anzulegen. Danach reicht es nicht aus, daß die Veröffentlichung einer Tatsache künftig Nachteile für die Behörde entfalten könnte. Vielmehr muß die gegenwärtige politische Konstellation den Schluß rechtfertigen, eine Bekanntgabe der Angelegenheit würde mit großer Wahrscheinlichkeit das Ansehen, die Glaubwürdigkeit der Behörde und damit per se auch des Berufsbeamtentums erheblich schädigen[194].

---

[191] *Dürig*, Grundrechtsverwirklichung, 95; *Frohberg*, Diss. 13.

[192] Im Sinne einer Obhutspflicht auch *Düwel*, 103 Fußn. 26: es gehöre „zum Wesen der Grundrechtsverbürgung", daß „dem Staat eine gesteigerte Verantwortlichkeit gegenüber dem einzelnen" obliege.

[193] *Plog / Wiedow / Beck*, BBG, § 61 Rdn. 6 (Beispiel: Beamter befindet sich in Urlaub); *Schütz / Ulland*, NWLBG, § 64 Rdn. 9 m. w. N.; *Lindgen*, Disziplinarrecht I, 563; weniger streng *Behnke*, BDO, Einführung, Rdn. 91.

Nach diesen Grundsätzen bestehen zumindest Bedenken gegen eine Entscheidung des BVerwG, in der das Gericht — zum Verhältnis von Wissenschaftsfreiheit und beamtenrechtlicher Verschwiegenheitspflicht — ausgeführt hat, daß ein Beamter mit Rücksicht auf den „Arbeitsfrieden" darauf verzichten müsse, eine wissenschaftliche Untersuchung über Organisationsmängel in seiner Behörde zu veröffentlichen[195]. Auch im Lichte der Wissenschaftsfreiheit betrachtet, scheint gegen eine Pflicht zum Verschweigen dieser verwaltungsinternen „Mißstände" kein überzeugender Einwand denkbar. Eine Pflicht des Beamten, diese Vorfälle nicht der Öffentlichkeit mitzuteilen, beschneidet sein wissenschaftliches Erkenntnisstreben nur unwesentlich, da er die von ihm beanstandeten Vorgänge zumindest „abstrakt" — von ihrer politischen Brisanz befreit — in eine öffentliche wissenschaftliche Diskussion einführen könnte. Außerdem stellt ihn die Verschwiegenheitspflicht mit allen Staatsbürgern rechtlich auf eine Stufe, da diese keinen allgemeinen Informationsanspruch gegen die Behörden besitzen[196] und damit ebenfalls keine Möglichkeit haben, das geheimhaltungsbedürftige Tatsachenmaterial wissenschaftlich zu verwerten.

Diese Überlegungen bleiben jedoch vordergründig, solange sie nicht ein Interesse der Öffentlichkeit auf umfassende Information über das „Innenleben" der Verwaltung in ihre Erwägungen einfügen. Sollte die Öffentlichkeit oder ihr bedeutsamstes Sprachrohr — die Presse — einen gegen die Behörden zielenden Informationsanspruch besitzen, so dehnte sich das Spannungsverhältnis zwischen der Wissenschaftsfreiheit des Beamten und der ihm obliegenden Verschwiegenheitspflicht zu einer tripolaren Konfliktsituation aus. Ein verfassungsrechtlich verbürgter Informationsanspruch der Öffentlichkeit könnte den grundrechtsbeschränkenden Charakter der öffentlichen Geheimhaltungsinteressen überlagern, wenn nicht gar aufheben. Die weitere Untersuchung muß sich damit — diesen Gesichtspunkt übersehen die meisten Autoren[197] — auf die Frage konzentrieren, ob die in der Demokratie notwendige „Publizität des politischen Prozesses"[198] im beamtenrechtlichen Sonderstatus die Intensität der Verschwiegenheitspflicht bestimmen und damit — deutet man mit der h. M.[199] § 61 Abs. 1 BBG als Grundrechtsbeschränkung — grundrechtsverstärkende Funktionen entfalten kann.

[194] Zu diesem Sinn der Verschwiegenheitspflicht BVerwGE 37, 265, 268 und BVerfGE 28, 191, 198.

[195] BVerwGE 37, 265, 270.

[196] *Löffler*, Presserecht I, Rdn. 40 zu Abschn. H 5; *derselbe*, Presserecht II, Rdn. 14 zu § 4 LPG; *Düwel*, 122 f.

[197] Kritisch insoweit *Düwel*, 119.

[198] *Hesse*, Grundzüge, 62.

[199] Zum Meinungsstand oben 2. Teil, 1. Abschnitt, C I, Fußn. 180.

2. *Verschwiegenheitspflicht und Informationsanspruch der Öffentlichkeit*

Die wohl h. M. gewinnt aus der institutionellen Pressefreiheit einen den Behörden gegenüber durchsetzbaren Informationsanspruch der Presse[200], den § 4 der Landespressegesetze inhaltlich ausgestaltet hat. Nach der beispielhaften Formulierung des § 4 Abs. 1 LPG von Schleswig-Holstein sind die Behörden verpflichtet, „den Vertretern der Presse die der Erfüllung ihrer öffentlichen Aufgabe dienenden Auskünfte zu erteilen"[201]. Dieser im Verfassungsrecht konstituierte presserechtliche Informationsanspruch entzieht — so scheint es — der hier entwickelten Arbeitsthese bereits den Boden. Da sich der Informationsanspruch der Presse allein gegen die Behörde, nicht aber gegen den einzelnen Beamten richtet[202], scheidet — so möchte man im Wege eines Umkehrschlusses argumentieren — eine das Grundrecht der Wissenschaftsfreiheit verstärkende Wirkung dieses Informationsanspruches aus.

Die Formulierung der Landespressegesetze ermöglicht der Behörde jedoch eine partielle Aushöhlung des presserechtlichen Informationsanspruches. So bestimmt § 4 Abs. 2 des LPG von Schleswig-Holstein, die Behörde könne eine Auskunft im Sinne des § 4 Abs. 1 LPG verweigern, soweit ein „überwiegendes öffentliches Interesse" verletzt würde (§ 4 Abs. 2 Nr. 3 LPG) oder „ihr Umfang das zumutbare Maß überschreitet" (§ 4 Abs. 2 Nr. 4 LPG). Diese rechtsstaatlich problematische Kautschukbestimmung[203] provoziert immerhin die Frage, ob nicht auch ein Beamter ausnahmsweise ein „demokratisches Wächteramt" ausüben darf, das ihn zu einer im öffentlichen Interesse begründeten „Flucht in die Öffentlichkeit" ermächtigt.

Der Gesetzgeber hat den Umfang eines im verfassungsrechtlichen Gemeinwohlauftrag des Beamtentums verankerten demokratischen Wächteramtes des Beamten deutlich in § 61 Abs. 4 BBG abgesteckt. Nach dieser Bestimmung berührt die Verschwiegenheitspflicht des Beamten nicht die ihm nach § 52 Abs. 2 BBG obliegende Verpflichtung, bei Gefährdung der freiheitlichen demokratischen Grundordnung für deren Erhaltung einzutreten. Der Beamte ist somit berechtigt, auch im Rah-

---

[200] So besonders *Löffler*, Presserecht II, Rdn. 16 zu § 4 LPG m. w. N.; *Hamann / Lenz*, GG, Art. 5 Anm. B 6 (189); *Düwel*, 146; a. A. insbesondere *Herzog*, in: Maunz / Dürig / Herzog, GG, Art. 5 Rdn. 137 - 139; ablehnend auch BGHZ 14, 319, 322; differenzierend *Hesse*, Grundzüge, 159.

[201] Abgedruckt bei *Löffler*, Presserecht II, S. 78; dort auch die Texte der anderen Landespressegesetze.

[202] *Löffler*, Presserecht II, Rdn. 30 zu § 4 LPG; zur internen Zuständigkeit bestimmt § 63 BBG: „Auskünfte an die Presse erteilt der Vorstand der Behörde oder der von ihm bestimmte Beamte."

[203] Kritisch *Löffler*, Presserecht II, Rdn. 55 zu § 4 LPG.

men einer wissenschaftlichen Nebentätigkeit auf diese Gefahren hinzuweisen. Die politische Treuepflicht des Beamten verdrängt ein öffentliches Interesse an einer Geheimhaltung dieser Mißstände, ja eine Unterrichtung der Öffentlichkeit und damit eine Grundrechtsausübung liegt im öffentlichen Interesse.

Einen Ansatz für eine Ausweitung des in § 61 Abs. 4 BBG formulierten Rechts zur Flucht in die Öffentlichkeit haben der BGH und das BVerfG in ihrer fast übereinstimmenden verfassungsrechtlichen Würdigung des Falles Pätsch entwickelt[204]. Danach sind Angestellte des öffentlichen Dienstes und — erst recht — Beamte berechtigt, die von ihrer Behörde begangenen „Verfassungsverstöße" der Öffentlichkeit zu offenbaren[205]. Allerdings begründe der öffentliche Status dieses Personenkreises die Pflicht, vor einer Flucht in die Öffentlichkeit die in der institutionellen Ordnung des demokratischen Staates liegenden Abhilfemöglichkeiten auszuschöpfen, also von der Gegenvorstellung beim Dienstvorgesetzten bis zur Petition alle Hebel anzusetzen, um die Behörde zu verfassungsgerechtem Handeln zu zwingen[206]. Eine Ausnahme gelte jedoch für Verstöße gegen den „Kernbereich" des Verfassungsrechts, gegen „oberste Rechts- und Verfassungswerte"; bei Kenntnis derartiger Vorfälle dürfe der Beamte eine unmittelbare Flucht in die Öffentlichkeit antreten[207].

Diese zum Verhältnis der Meinungsfreiheit zu § 353 b StGB gefällten Entscheidungen lassen zwar ausdrücklich die Frage offen, ob eine öffentliche Rüge amtsinterner Verfassungsverstöße schon die Tatbestandsmäßigkeit oder erst die Rechtswidrigkeit einer nach § 353 b StGB strafbaren Verletzung des Amtsgeheimnisses ausschließt[208]. Da jedoch nach der in dieser Arbeit vertretenen Ansicht ein Interesse der Öffent-

---

[204] BGHSt. 20, 342 ff. mit Anmerkung von *Hellmuth v. Weber*, JZ 1966, 249; BVerfGE 28, 191 ff. mit Anmerkung von *Richard Schmid*, JZ 1970, 686.

[205] BGHSt. 20, 370; BVerfGE 28, 203 f.; zu Recht bemerkt *Häberle*, Öffentliches Interesse, 364 f., dieses Recht gelte erst recht für Beamte, da diese „auf die substantiellen Gemeinwohlgehalte der Verfassung" verpflichtet seien. Diese Auffassung läßt sich auch unmittelbar auf § 61 Abs. 4 BBG stützen.

[206] BGHSt. 20, 364 f.; BVerfGE 28, 203 f.

[207] Zustimmend zu dieser Rechtsprechung etwa *Häberle*, Öffentliches Interesse, 364; *Löffler*, Presserecht I, 109; *Ule*, BBG, § 61 Rdn. 4. Kritisch aber *Schmid*, JZ 1970, 686 f., der meint, der von Pätsch gerügte Verstoß gegen Art. 10 GG sei als Verletzung des Kernbestandes der Verfassung zu werten und hätte daher eine unmittelbare öffentliche Rüge erlaubt. Die beiden Urteile unterscheiden sich in einem Punkt. Das BVerfG (E 28, 203 f.) hegt Zweifel, ob die vom BGH entwickelte Stufentheorie — danach besteht allein bei Verletzung oberster Rechts- und Verfassungswerte ein Recht zur unmittelbaren öffentlichen Rüge — praktikabel sei. Das BVerfG verzichtete auf eine Entscheidung dieser Frage, weil es das Verhalten des Bundesamtes für Verfassungsschutz im „Keller-Fall" als „einfachen" Verfassungsverstoß wertete, BVerfGE 28, 205.

[208] BGHSt. 20, 342, Leitsatz 3; BVerfGE 28, 201.

lichkeit an Information über verwaltungsinterne Vorfälle das nach § 61 Abs. 1 Satz 2 BBG geschützte öffentliche Geheimhaltungsinteresse überlagern kann, erfüllt eine berechtigte Flucht des Beamten in die Öffentlichkeit schon nicht den Tatbestand einer Verletzung der Verschwiegenheitspflicht[209]. Nach der Argumentation dieser beiden grundlegenden Entscheidungen zum Umfang der öffentlichen Geheimhaltungsinteressen stellt sich im Rahmen dieser Arbeit damit fast zwangsläufig die Frage, ob der Beamte auch zur öffentlichen Rüge sonstiger — nicht offenkundiger — Rechtsverletzungen berechtigt ist.

Der im Verfassungsrecht konstituierte Gemeinwohlauftrag des Beamten könnte eine extensive Auslegung des „demokratischen Wächteramtes" rechtfertigen. Da der Beamte nach § 52 Abs. 1 BBG der Allgemeinheit dient, die Rechtsstaatsidee „repräsentiert", kollidiert die ihm auferlegte Verschwiegenheitspflicht über den Tatbestand des § 61 Abs. 4 BBG hinaus auch dann mit der Pflicht, dem Recht zu dienen, wenn er dienstlich erfährt, daß seine Behörde zwar keine Verfassungsverstöße begangen, wohl aber das einfache Recht verletzt hat. Diese Parallelität der Konfliktsituationen scheint eine Ausweitung der vom BGH und dem BVerfG im Fall Pätsch entwickelten „Stufentheorie" nahezulegen.

Diese immerhin vertretbare Argumentation muß sich aber einen Einwand gefallen lassen. Der Gesetzgeber hat in § 4 LPG den verfassungsrechtlichen Anspruch der Presse auf Information über verwaltungsinterne Vorgänge näher ausgestaltet. Da nach dieser Bestimmung die Behörde vor einer Veröffentlichung dienstlicher Tatsachen eine äußerst diffizile Interessenabwägung durchführen muß, liegt der Einwand nahe, daß der einzelne Beamte — abgesehen vom Tatbestand des § 61 Abs. 4 BBG und dem Recht zur Rüge von Verfassungsverstößen — auch kraft seines Gemeinwohlauftrages nicht berechtigt ist, einfache Rechtsverletzungen der Öffentlichkeit mitzuteilen. Das Verhältnis des presserechtlichen Informationsanspruches zum Inhalt des „demokratischen Wächteramtes" des Beamten ist damit näher zu bestimmen.

Zu elegant erschiene der Vorschlag, dem Beamten das Recht zu gewähren, in eigener Verantwortung zu prüfen, ob die Voraussetzungen des Informationsanspruches des § 4 Abs. 1 LPG vorliegen. Gegen diese Interpretation der öffentlichen Geheimhaltungsinteressen spricht zunächst ein formales Argument. Die in § 63 BBG getroffene Zuständigkeitsregelung[210] beruht auf dem Gedanken, daß ein Bedürfnis der Öffentlichkeit auf Information über die Verwaltung nicht von einzelnen Beamten, sondern allein vom Behördenleiter — letztlich also vom ver-

---

[209] *Häberle*, Öffentliches Interesse, 365 Fußn. 63; anders *v. Weber*, JZ 1966, 250.

[210] Wortlaut in Fußn. 202 zu diesem Abschnitt.

antwortlichen Organ — befriedigt werden soll. Diese Regelung überzeugt auch vom Ergebnis her. Da eine Information über das „Innenleben" einer Behörde eine äußerst diffizile Interessenabwägung verlangt, könnte es nicht überzeugen, den einzelnen Beamten auch nur hilfsweise zu dieser Aufgabe zu ermächtigen. Gerade die Einordnung von Rechtsverletzungen in den Interessenkatalog des § 4 Abs. 2 LPG von Schleswig-Holstein dürfte so schwierig sein, daß der politisch für sein Verhalten nicht verantwortliche einzelne Beamte im Regelfall überfordert sein dürfte. Einer Aufweichung der Verschwiegenheitspflicht wären Tür und Tor geöffnet, wenn man den Beamten unter Hinweis auf seinen Gemeinwohlauftrag für berechtigt hielte, als demokratischer Wächter in eigener Verantwortung zu prüfen, ob die Behörde den presserechtlichen Informationsanspruch ordnungsgemäß erfüllt hat. Gerade besonders kritische und öffentlichkeitsbewußte Beamte könnten der Versuchung erliegen, einen subsidiären Informationsauftrag extensiv auszulegen und dadurch vermeintliche oder unbedeutende Rechtsverstöße öffentlich zu rügen.

Diese gegen eine Ausweitung des in § 61 Abs. 4 BBG formulierten und vom BGH wie auch dem BVerfG ausgebauten Rechts einer „Flucht in die Öffentlichkeit" vorgetragenen Überlegungen stehen auch nicht im Widerspruch zu den beiden Pätsch-Entscheidungen. Zwar haben beide Gerichte mit ihrem Plädoyer für ein beschränktes Recht des Beamten, Verfassungsverstöße zu offenbaren, ein neben § 4 LPG wirksames Recht des Beamten anerkannt, die Öffentlichkeit über verwaltungsinterne Mißstände zu unterrichten. Da aber die freiheitliche demokratische Grundordnung — als Folge der axiomatischen Entscheidung des Art. 79 Abs. 3 GG — auch im Pflichtenkatalog des Beamten einen hervorragenden Rang einnimmt, ist es durchaus konsequent, stets ein öffentliches Interesse an einer Publizität von Verfassungsverstößen anzunehmen, die von der Behörde nicht beseitigt werden. Damit entfällt bei Verfassungsverstößen auch die ratio der in § 63 BBG i. V. m. § 4 LPG getroffenen Zuständigkeitsregelung. Diese Vorschriften beruhen nämlich auf der Prämisse, daß an verwaltungsinternen Vorgängen ein Geheimhaltungsinteresse besteht, dessen Wirkung gegenüber einem öffentlichen Informationsbedürfnis allein im Wege einer diffizilen Interessenabwägung zu bestimmen ist.

Eine Abwägung zwischen dem Grundrecht der Wissenschaftsfreiheit und den nach § 61 Abs. 1 Satz 2 BBG geschützten öffentlichen Geheimhaltungsinteressen fällt somit zum Nachteil der Wissenschaftsfreiheit aus. Alle amtsinternen Vorfälle, deren Veröffentlichung nach der gegenwärtigen politischen Bedeutung das Ansehen und die Glaubwürdigkeit der staatlichen Verwaltung schädigen könnten, sind geheimhaltungsbedürftige Tatsachen. Eine Ausnahme gilt allein für Verfassungsverstöße, die der Beamte unmittelbar (§ 61 Abs. 4 BBG) oder nach Ausschöpfung der „institutionellen Abhilfemöglichkeiten" öffentlich und damit auch im Rahmen einer wissenschaftlichen Nebentätigkeit rügen darf.

3. Bemerkungen zum Begriff des Amtsgeheimnisses im Sinne des § 61 Abs. 1 Satz 2 BBG

Die bisherigen Ausführungen zur Wirkungskraft der Wissenschaftsfreiheit gegenüber den in § 61 Abs. 1 BBG geschützten Geheimhaltungsinteressen sind durch Überlegungen zum Begriff des Amtsgeheimnisses i. S. des § 61 Abs. 1 Satz 2 BBG abzurunden.

Die weitaus h. M. plädiert für eine Geltung des formell-materiellen Geheimnisbegriffs. Danach ist eine Tatsache stets geheimnisbedürftig, wenn sie durch eine Entscheidung des Vorgesetzten als „geheim", „vertraulich" deklariert wurde[211]. Die Gefahren dieses Geheimnisbegriffs liegen auf der Hand. Der Dienstvorgesetzte des Beamten könnte die Verschwiegenheitspflicht des Beamten auf verwaltungsinterne Vorgänge ausdehnen, die nach ihrem materiellen Charakter offenkundig sind oder keiner Geheimhaltung bedürfen. Damit könnten die für die Konstruktion beamtenrechtlicher Sonderschranken entwickelten strengen verfassungsrechtlichen Grundsätze im Fall des § 61 Abs. 1 BBG ausgehöhlt werden.

Der historische Befund scheint die h. M. zu stützen. Alle Vorläufer des § 61 Abs. 1 BBG ermächtigten die vorgesetzten Behörden des Beamten, die Geheimhaltungsbedürftigkeit einer Tatsache durch allgemeine Anordnungen verbindlich festzulegen[212]. Da § 61 keine entsprechende Ermächtigung enthält, bietet sich ein Umkehrschluß an. Bildet nämlich — so könnte man argumentieren — der formell-materielle Geheimnisbegriff einen hergebrachten Grundsatz des Berufsbeamtentums, so hätte der Gesetzgeber die Verwaltung ausdrücklich zur „Selbstdefinition" des Amtsgeheimnisses ermächtigen können. Sein Verzicht auf diese angesichts der früheren Rechtslage naheliegende Entscheidung indiziere daher eine bewußte Abkehr von den früheren Regelungen.

---

[211] *Plog / Wiedow / Beck*, BBG, § 61 Rdn. 6; *Ule*, BRRG, § 39 Rdn. 2; *Lochbrunner*, Rdn. 163; *Claussen / Janzen*, Einleitung C, Rdn. 27; *Lindgen*, Disziplinarrecht I, 563; OVG Münster, OVGE 9, 92 Ls 3.

[212] § 8 Abs. 1 DBG und § 11 RBG 1873 verpflichteten den Beamten, über „die vermöge seines Amtes ihm bekanntgewordenen Angelegenheiten, deren Geheimhaltung ihrer Natur nach erforderlich oder von seinem Vorgesetzten vorgeschrieben war", Verschwiegenheit zu wahren. Die preußische Kabinettsorder vom 21. November 1835 (GS 237) forderte die Behörde auf, „durch geeignete Maßnahmen" für eine Beachtung der „im Interesse des Dienstes unerläßlichen Verschwiegenheit zu sorgen".

Trotz dieses naheliegenden Argumentes sollte jedoch differenziert werden zwischen Tatsachen, die „offenkundig" sind, und Tatsachen, die „ihrer Bedeutung nach keiner Geheimhaltung bedürfen". Eine Definition des in dieser Arbeit bisher nicht diskutierten Begriffs der offenkundigen Tatsache i. S. des § 61 Abs. 1 Satz 2 BBG stößt in Lehre und Rechtsprechung auf keine Schwierigkeiten. Nach h. M. ist ein Vorgang offenkundig, wenn jeder Bürger die Möglichkeit hat, sich aus allgemein zugänglichen Quellen zu informieren[213]. Dem Beamten als einer eigenverantwortlichen Persönlichkeit sollte nicht die Befähigung abgesprochen werden, die Voraussetzungen der Offenkundigkeit ohne „Nachhilfe" zu prüfen. Die Behörde ist daher nicht befugt, eine materiell offenkundige Tatsache als geheimhaltungsbedürftig zu deklarieren und damit auch dem wissenschaftlichen Erkenntnisstreben des Beamten zu entziehen. Ein Beamter, der somit als Wissenschaftler eine nach seiner Auffassung offenkundige Tatsache veröffentlicht, handelt „auf eigene Gefahr".

Eine abweichende Beurteilung ist dagegen geboten, wenn die Behörde einen materiell nicht offenkundigen Vorgang ausdrücklich als „geheim" oder „Verschlußsache" einstuft. Gegen dieses Recht zur „Selbstdefinition" der Geheimhaltungsinteressen können keine überzeugenden verfassungsrechtlichen Einwände erhoben werden. Da nämlich die Entscheidung über eine im demokratischen Staat sicherlich erwünschte Veröffentlichung verwaltungsinterner Vorgänge eine meist komplexe Interessenabwägung verlangt, ist der in § 61 Abs. 1 BBG intendierte effektive Schutz vor einer Veröffentlichung nur gewahrt, wenn die Behörde berechtigt ist, jede nicht offenkundige Tatsache ausdrücklich als geheimhaltungsbedürftig auszuweisen. Als Korrektiv für diese Beschneidung des wissenschaftlichen Wirkens des Beamten dient das Recht des Beamten, diese Anordnung als Verwaltungsakt anzufechten und auf diesem Weg eine gerichtliche Entscheidung über die materielle Geheimhaltungsbedürftigkeit der umstrittenen Tatsache herbeizuführen.

---

[213] *Plog / Wiedow / Beck*, BBG, § 61 Rdn. 6; *Ule*, BRRG, § 39 Rdn. 2; *Schütz / Ulland*, NWLBG, § 64 Rdn. 8; *Schütz*, DöD 1957, 138; *Lindgen*, Disziplinarrecht I, 565.

Zweiter Abschnitt

Wissenschaftliche Nebentätigkeit und Mißbrauchsaufsicht (§ 66 Abs. 2 HS 2 BBG)

A. Die verfassungsrechtliche Problematik dieser Eingriffsermächtigung vor dem Hintergrund des Strafvollzugsbeschlusses

Ein breites Einfallstor in die Wissenschaftsfreiheit des Beamten schließt offensichtlich § 66 Abs. 2 HS 2 BBG auf[1]. Wie noch im einzelnen zu belegen ist, hat das Schrifttum die verfassungsrechtliche Problematik dieser „Mißbrauchsaufsicht" bisher nicht bewältigt. Zwar vertreten die meisten Autoren[1a] und die Rechtsprechung[2] die Auffassung, ein Dienstvorgesetzter dürfe auch eine genehmigungsfreie Nebentätigkeit notfalls untersagen. Während *Ule* aber schon bezweifelt, ob § 66 Abs. 2 HS 2 BBG ein derartiges Verbot deckt[3], halten *Schütz / Ulland* den Dienstvorgesetzten allein für berechtigt, Mißbräuche durch Mahnungen und „mißbilligende Äußerungen" i. S. des § 6 Abs. 2 BDO zu bekämpfen, ein Verbot einer genehmigungsfreien Nebentätigkeit sei unzulässig[4].

---

[1] § 66 Abs. 2 HS 2 BBG lautet: „... es ist Pflicht des Dienstvorgesetzten, Mißbräuchen entgegenzutreten". Mit § 66 Abs. 2 HS 2 BBG stimmen fast wörtlich überein: § 78 Abs. II HS 2 BWLBG, Art. 75 Abs. II HS 2 BayBG, § 30 Abs. II HS 2 BerlLBG, § 65 Abs. II HS 2 BreBG, § 68 Abs. II HS 2 HambgBG, § 80 Abs. 3Satz1HS2 HBG, § 74 Abs. II HS 2 NBG, § 74 Abs. II HS 2 RPLBG, § 79 Abs. II Satz1 SBG, § 82 Abs. II HS 1 SHLBG. Anders § 70 Abs. I NWLBG: „Bei Ausübung einer Nebentätigkeit bleibt die dienstliche Verantwortlichkeit des Beamten unberührt. Insbesondere dürfen bei Ausübung der Nebentätigkeit die dienstlichen Leistungen, die Unparteilichkeit oder die Unbefangenheit des Beamten oder andere dienstliche Interessen nicht beeinträchtigt werden. Es ist Pflicht des Dienstvorgesetzten, einzuschreiten, wenn die Nebentätigkeit dienstliche Interessen beeinträchtigt."

[1a] So etwa *Schütz*, DöD 1968, 25; *Lindgen*, Disziplinarrecht I, 659; *Häberle*, Öffentliches Interesse, 377. Weitere Nachweise unten Fußn. 17 und 18.

[2] OVG Münster, Verw. Rspr. 17 Nr. 107 und im Ergebnis auch BVerwGE 40, 12, 14 (zu einer nach § 78 Abs. 1 Nr. 6 BWLBG [= § 66 Abs. 1 Nr. 5 BBG] genehmigungsfreien Nebentätigkeit). Das BVerwG verneint in dieser Entscheidung allerdings die Voraussetzungen eines Mißbrauchs, ebd. 16 f.

[3] *Ule*, Öffentlicher Dienst, 621. Ule erörtert aber nicht die Frage, ob die Ausübung einer wissenschaftlichen Nebentätigkeit zumindest nach § 55 BBG verboten werden kann, dazu unten 2. Teil, 2. Abschnitt, B II 2.

[4] *Schütz / Ulland*, NWLBG, § 70 Rdn. 3.

Ob die in § 66 Abs. 2 HS 2 BBG begründete Verpflichtung des Dienstvorgesetzten, im Falle eines Mißbrauchs einer genehmigungsfreien Nebentätigkeit einzelne Grundrechte — auch die Wissenschaftsfreiheit — des Beamten zu beschränken, vor der Verfassung bestehen kann, ist zweifelhaft, ja der Strafvollzugsbeschluß des BVerfG[5] zwingt dazu, § 66 Abs. 2 HS 2 BBG auf dem rechtsstaatlichen Prüfstand der Normklarheit und Rechtssicherheit einer Kontrolle zu unterziehen.

Das BVerfG hat in ständiger Rechtsprechung strenge Grundsätze zur verfassungsrechtlichen Zulässigkeit unbestimmter Eingriffsermächtigungen aufgestellt. Nach der Auffassung des Gerichts steht eine Ermächtigung der Verwaltung zum Eingriff in die Grundrechte des einzelnen nur dann mit dem Rechtsstaatsprinzip im Einklang, wenn sie nach Inhalt, Zweck und Ausmaß hinreichend bestimmt ist und die Abgrenzung der Rechtssphäre des einzelnen nicht der Verwaltung überläßt[6]. Im Strafvollzugsbeschluß überträgt das BVerfG diese Grundsätze ausdrücklich auf die im besonderen Gewaltverhältnis des Strafgefangenen notwendigen Grundrechtsbegrenzungen. Danach dürfen die Grundrechte eines Strafgefangenen nur „durch oder aufgrund eines Gesetzes" eingeschränkt werden. Enthalte dieses Gesetz „Generalklauseln", so müssen diese „möglichst" engbegrenzt sein[7]. Diese Entscheidung des BVerfG sollte auch den Maßstab für die Auslegung beamtenrechtlicher Grundrechtsschranken bilden, weil sich das Gericht unmittelbar auf Art. 1 Abs. 3 GG stützt, also nicht unter dem verengten Blickwinkel des besonderen Gewaltverhältnisses des Strafgefangenen argumentiert. Diese Rechtsprechung des BVerfG mahnt zur Vorsicht bei der Auslegung der Mißbrauchsaufsicht, ja sie verführt dazu, die Verfassungswidrigkeit des § 66 Abs. 2 HS 2 BBG zu proklamieren. Diese Feststellung gilt in doppelter Hinsicht:

Schon der Begriff des Mißbrauches ist unterschiedlichen Interpretationen zugänglich. Mißbraucht ein Beamter sein Recht auf Ausübung einer wissenschaftlichen Nebentätigkeit etwa schon dann, wenn sich der Inhalt seiner wissenschaftlichen Erkenntnisse nicht mit einzelnen dienstlichen Interessen vereinbaren läßt oder sind an den Mißbrauchstatbestand strengere Anforderungen zu stellen?

Ähnliche Bedenken richten sich auch gegen die „Rechtsfolgeseite" der Mißbrauchsaufsicht. Zumindest der Wortlaut des § 66 Abs. 2 HS 2 BBG deckt ein ganzes Bündel von Maßnahmen des Dienstvorgesetzten, die geeignet erscheinen, einen Mißbrauch des Rechts auf Ausübung einer wissenschaftlichen Nebentätigkeit zu verhindern: notfalls könnte

---

[5] BVerfGE 33, 1 ff.

[6] Etwa BVerfGE 8, 274, 325; 9, 137, 147; 13, 153, 160 f.; 21, 209, 215; 31, 248, 264. Vgl. auch BVerwG, DVBl. 1971, 180, 182 f.

[7] BVerfGE 33, 1, 11.

der Dienstvorgesetzte einem Beamten die Ausübung einer wissenschaftlichen Nebentätigkeit untersagen, wenn nicht sogar durch Weisungen auf den Inhalt dieser Nebentätigkeit Einfluß nehmen.

Von diesem im Strafvollzugsbeschluß markierten Ansatz aus ist im folgenden an die Eingriffsermächtigung des § 66 Abs. 2 HS 2 BBG der rechtsstaatliche Maßstab der Rechtssicherheit und Normklarheit anzulegen. Dabei wird zwischen dem Tatbestand des Mißbrauchs und dem Inhalt der Mißbrauchsaufsicht unterschieden.

B. § 66 Abs. 2 HS 2 BBG — eine rechtsstaatlichen Grundsätzen widersprechende Eingriffsermächtigung?

I. Mißbrauchstatbestand und Rechtsstaatsprinzip

1. Der Meinungsstand zum Begriff des Mißbrauchs i. S. des § 66 Abs. 2 HS 2 BBG

Ein Blick in das beamtenrechtliche Schrifttum scheint die eingangs formulierte Arbeitshypothese zu bestätigen, wonach schon der Mißbrauchstatbestand derart „vage" und unbestimmt ist, daß § 66 Abs. 2 HS 2 BBG wegen Verstoßes gegen das Rechtsstaatsprinzip verfassungswidrig ist. Rechtsprechung und Schrifttum präsentieren insgesamt drei Vorschläge für eine Auslegung des Mißbrauchstatbestandes. Die wohl h. M. bejaht einen Mißbrauch i. S. des § 66 Abs. 2 HS 2 BBG schon dann, wenn der Beamte bei Ausübung einer genehmigungsfreien Nebentätigkeit einzelne „dienstliche Interessen" verletzt[8]. *Eschenburg* und *Hefele / Schmidt* ziehen die in § 65 Abs. 2 BBG aufgeführten Gründe für die *Versagung* einer nach § 65 Abs. 1 BBG erforderlichen Nebentätigkeitsgenehmigung zur Auslegung des Mißbrauchstatbestandes heran[9]. Danach erhalten die in § 65 Abs. 2 BBG auf den Kreis der nach § 65 Abs. 1 BBG genehmigungsbedürftigen Nebentätigkeiten zugeschnittenen und in § 5 Abs. 2 BNebtVO präzisierten Gründe für die Versagung einer Nebentätigkeitsgenehmigung in § 66 Abs. 2 BBG den Charakter von Beschränkungs- und Untersagungsgründen: unter den in § 65 Abs. 2

[8] *Fischbach*, BBG, § 62 Anm. III 3 (473); *Plog / Wiedow / Beck*, BBG, § 66 Rdn. 13; *Weimar*, RiA 1963, 231; *Schütz*, DöD 1959, 126; *Görg*, ZBR 1962, 318, hält es für einen hergebrachten Grundsatz i. S. des Art. 33 Abs. 5 GG, daß der Beamte bei der Gestaltung seiner Freizeit die dienstlichen Interessen zu berücksichtigen habe; *Hamann / Lenz*, GG, Art. 5 Anm. B 15 a (202) unterwerfen die Wissenschaftsfreiheit des Beamten „wesentlichen Interessen des Dienstherrn"; *Häberle*, Öffentliches Interesse, 377; OVG Münster, Verw. Rspr. 17 Nr. 107. Wie diese h. M. § 70 Abs. 1 Satz 2 LBG NW, der allgemein bestimmt: „Es ist Pflicht des Dienstvorgesetzten, einzuschreiten, wenn die Nebentätigkeit dienstliche Interessen beeinträchtigt."

[9] *Eschenburg*, Diss. 60; *Hefele / Schmidt*, Bay. BG, Art. 75 Rdn. 6.

BBG umschriebenen Voraussetzungen — also möglicherweise schon bei der *Besorgnis* einer Beeinträchtigung dienstlicher Interessen — müßte der Dienstvorgesetzte der Ausübung einer wissenschaftlichen Nebentätigkeit entgegentreten. Andere Autoren[10] nehmen dagegen einen Mißbrauch des Rechts auf Ausübung einer genehmigungsfreien Nebentätigkeit erst dann an, wenn der Beamte bei Ausübung seiner genehmigungsfreien — hier: wissenschaftlichen — Nebentätigkeit seine Pflichten verletzen würde. Dieser Ansicht hat sich neuerdings das BVerwG in seiner leider kaum beachteten Entscheidung zur Auslegung des § 78 Abs. 2 BWLBG (= § 66 Abs. 2 BBG) angeschlossen[11].

2. *Die Mehrdeutigkeit des Mißbrauchstatbestandes*

Zugunsten dieser beiden Vorschläge für eine Bestimmung des Mißbrauchstatbestandes i. S. des § 66 Abs. 2 BBG und der entsprechenden landesrechtlichen Vorschriften lassen sich jeweils gewichtige Argumente ins Feld führen[12].

Durch das Nebentätigkeitsrecht zieht sich wie ein roter Faden der Grundsatz, daß ein Beamter bei Ausübung einer Nebentätigkeit die „dienstlichen Interessen" zu beachten hat. Hierfür spricht neben dem bereits erwähnten § 65 Abs. 2 BBG auch § 5 Abs. 3 BNebtVO. Nach dieser Bestimmung ist eine Nebentätigkeit, die nach § 5 Abs. 1 BNebtVO als genehmigt gilt, zu untersagen, wenn sich infolge ihrer Ausübung

---

[10] *Ule*, BRRG, § 42 Rdn. 7; *Schütz*, DöD 1959, 123; *Thiele*, DöD 1957, 8.

[11] BVerwGE 40, 11, 16.

[12] Die hier vorgetragenen Überlegungen zum Mißbrauchstatbestand sind nicht etwa theoretischer Natur. Zumindest die bisherige Rechtsprechung des BVerwG offenbart eine gewisse Unsicherheit im Umgang mit dem Begriff der dienstlichen Interessen; danach brauchen dienstliche Interessen nicht im Zusammenhang mit den Dienstaufgaben des Beamten zu stehen (BVerwGE 12, 34, 36), ja schon eine drohende Beeinträchtigung dienstlicher Interessen „im weitesten Sinn" (BVerwGE 29, 304, 306) rechtfertige die Versagung einer Nebentätigkeitsgenehmigung nach § 65 Abs. 2 BBG. Sollte ein derart verstandenes dienstliches Interesse — auf welchem konstruktiven Wege auch immer — in die Auslegung des § 66 Abs. 2 HS 2 BBG hineingetragen werden (so das überwiegende Schrifttum ohne Begründung), so unterläge das im allgemeinen Staatsbürgerverhältnis nur durch „oberste Grundwerte der Verfassung" (BVerfGE 33, 52, 71) begrenzte Grundrecht der Wissenschaftsfreiheit im Sonderstatus des Beamten dem globalen Vorbehalt der „Beeinträchtigung dienstlicher Interessen". Überzeugender zum Begriff der dienstlichen Interessen dagegen BVerwG, NJW 1970, 2313: im Rahmen eines Genehmigungsverfahrens nach § 79 HBG (= § 65 BBG) — wissenschaftlicher Assistent will die Tätigkeit eines Rechtsanwalts ausüben — dürften unter dem Blickwinkel der dienstlichen Interessen nicht die Belange der BRAO gewürdigt werden; richtig auch BVerwG (Urteil vom 9. Februar 1972, Az.: VI C = 20.69) zum Begriff der „öffentlichen Belange" i. S. des § 111 Abs. 1 Nr. 5 BBG: abzustellen sei in erster Linie auf das dienstliche Interesse, d. h. auf ein auf die Aufgaben des Dienstherrn und die in diesem Rahmen von dem Beamten wahrgenommenen Obliegenheiten bezogenes Interesse.

eine Beeinträchtigung dienstlicher Interessen ergibt. Zwar ist es nicht unproblematisch, diese Bestimmungen im Wege einer Analogie auch als Schranke der nach § 66 Abs. 1 BBG stets genehmigungsfreien Nebentätigkeiten heranzuziehen[13]. Angesichts des § 65 Abs. 2 BBG wie auch des Verzichts des Gesetz- und auch des Verordnungsgebers auf eine inhaltliche Bestimmung der Mißbrauchstatbestände besteht aber zumindest die Versuchung, mit der wohl h. M. im Schrifttum den außerhalb seines Amtes wissenschaftlich wirkenden Beamten auch als Wissenschaftler auf die dienstlichen Interessen zu verpflichten[14].

Für diese Interpretation des Mißbrauchstatbestandes spricht eine weitere Erwägung. Die in § 66 Abs. 1 Nr. 2 BBG statuierte Genehmigungsfreiheit einer wissenschaftlichen Nebentätigkeit beruht auf der Erkenntnis, daß ein Beamter — etwa als Kommentator, als Lehrer an einer Hochschule oder als Gutachter — seine dienstlichen Erfahrungen vertieft und diese einer interessierten Öffentlichkeit vermittelt[14a]. Dieses im dienstlichen Interesse verbriefte Recht auf Ausübung einer wissenschaftlichen Nebentätigkeit „mißbraucht" der Beamte — so könnte argumentiert werden — zumindest dann, wenn er im Rahmen seiner wissenschaftlichen Nebentätigkeit andere — höherwertige — dienstliche Interessen verletzt.

Indessen läßt sich auch die Ansicht *Ules* und des BVerwG vertreten, die einen auf § 66 Abs. 2 HS 2 BBG gestützten Eingriff des Dienstvorgesetzten allein für zulässig erachten, wenn der Beamte durch Form, Art und Inhalt seiner genehmigungsfreien Nebentätigkeit die ihm in den §§ 52 ff. BBG und sonstigen Vorschriften auferlegten Pflichten verletzt hat oder ein Verstoß gegen seine Pflichten unvermeidlich erscheint. Schon das Schweigen des Gesetzgebers wie auch des Verordnungsgebers sollte als Mahnung gelten, die in § 65 Abs. 2 BBG i. V. m. § 5 Abs. 2 BNebtVO umschriebenen Gründe für die Versagung einer

---

[13] *Häberle*, Öffentliches Interesse, 377 formuliert: „Allerdings dürfen ausdrückliche gesetzliche Unterschiede nicht über voreilige Gemeinwohlanalogien eingeebnet werden", und benennt als Beispiel die gesetzliche Unterscheidung zwischen genehmigungspflichtigen (hier: § 65 BBG) und genehmigungsfreien Nebentätigkeiten (hier: § 66 Abs. 1 Nr. 2 i. V. m. Abs. 2 BBG). Ob Häberle dieser Prämisse gerecht wird, ist indessen fraglich, da nach seiner Ansicht eine wesentliche Beeinträchtigung „dienstlicher Belange" eine Untersagung auch einer genehmigungsfreien Nebentätigkeit rechtfertige, *Häberle*, ebd., 377 unter Hinweis auf OVG Münster, Verw. Rspr. 17 Nr. 107.

[14] Gegen diese Auslegung des Mißbrauchstatbestandes aber jetzt BVerwGE 40, 11, 15 f.

[14a] *Wilhelm*, ZBR 1963, 371; *Weimar*, RiA 1956, 8 und RiA 1963, 231; *Brand*, DBG, § 11 Anm. 1 a. Zur Wissenschaft als ein dem Gemeinwohl dienender Zweck etwa Art. 1 Abs. 3 Satz 2 des bayr. StiftG (vom 26. November 1954, BayBS II, 661) und BayVGH, Verw. Rspr. 12, Nr. 157; auch § 1 Abs. 2 Ziff. 2 GjS weist die Wissenschaft in die öffentlichen Interessen ein. *Häberle*, Öffentliches Interesse, 181 Fußn. 318, deutet das dienstliche Interesse als Unterfall des öffentlichen Interesses, ebenso BVerwGE 12, 34.

nach § 65 Abs. 1 BBG erforderlichen Nebentätigkeitsgenehmigung im Rahmen der nach § 66 Abs. 1 BBG privilegierten Nebentätigkeiten nicht in Mißbrauchstatbestände umzudeuten[15]. Nach dieser Auffassung wäre § 66 Abs. 2 HS 2 BBG auch ein sinnvolles Korrelat zu § 66 Abs. 2 HS 1 BBG: dem Dienstvorgesetzten stünde ein differenziertes Instrumentarium zur Bekämpfung von Mißbräuchen zur Verfügung. So könnte er den Pflichtverstößen, die ein Beamter bei seiner wissenschaftlichen Nebentätigkeit begeht, mit den Mitteln des Disziplinarrechts, aber — so insbesondere bei fehlendem Verschulden — auch im Wege der Mißbrauchsaufsicht entgegentreten.

Eine weitere mögliche Deutung des Mißbrauchstatbestandes hat das Schrifttum bisher — soweit ersichtlich — nicht einmal angeschnitten. Ein Mißbrauch i. S. des § 66 Abs. 2 HS 2 BBG könnte nämlich auch, ja insbesondere dann vorliegen, wenn der Beamte im formalen Rahmen einer wissenschaftlichen Nebentätigkeit eine unwissenschaftliche und auch nach den anderen Fällen des § 66 Abs. 1 BBG nicht genehmigungsfreie Nebentätigkeit ausübt. Ein Beispiel: Ein Beamter hat sich vertraglich zur Aufnahme einer wissenschaftlichen — und deshalb genehmigungsfreien! — Gutachtertätigkeit verpflichtet. Innerhalb dieses Auftrages erstattet er laufend unwissenschaftliche „Routinegutachten", übt also im Gewand einer wissenschaftlichen Nebentätigkeit eine genehmigungspflichtige Tätigkeit aus. Hier liegt es nahe, einen Mißbrauch i. S. des § 66 Abs. 2 HS 2 BBG anzunehmen und dem Dienstvorgesetzten das Recht zu gewähren, Maßnahmen der Mißbrauchsaufsicht auszusprechen.

Diese Überlegungen bestätigen somit endgültig die These, daß gegen die Verfassungsmäßigkeit der Mißbrauchsaufsicht erhebliche Bedenken bestehen. Obgleich der Gesetzgeber — etwa in Anlehnung an § 65 Abs. 2 BBG — die Voraussetzungen für die Ausübung der Mißbrauchsaufsicht eindeutig hätte näher umschreiben können, hat er dem Dienstvorgesetzten des Beamten in § 66 Abs. 2 HS 2 BBG ein „vages Ermessen" eingeräumt: letztlich kann der Dienstvorgesetzte darüber entscheiden, ob er schon dann die Mißbrauchsaufsicht ausübt, wenn der Beamte anläßlich einer wissenschaftlichen Nebentätigkeit dienstliche Interessen

[15] Auch *Wilhelm*, BNebtVO, § 5 Anm. 1 vertritt die Auffassung, § 5 BNebtVO sei allein auf den Kreis der genehmigungspflichtigen Nebentätigkeiten zugeschnitten. Wilhelm erörtert allerdings nicht die hier angeschnittene Frage, welche Vorschriften — wenn überhaupt — den Dienstvorgesetzten zum Verbot einer genehmigungsfreien, insbesondere auch wissenschaftlichen Nebentätigkeit ermächtigen. Unklar zumindest die folgende Formulierung: „Eine rechtliche Grundlage, die — ausgenommen den Mißbrauchstatbestand — irgendeinen Beamten daran hindern könnte, eine wissenschaftliche Arbeit zu publizieren, ... besteht im geltenden Recht ... nicht." (Die freie Meinung, 32). Wilhelm scheint danach ein auf § 66 Abs. 2 HS 2 BBG gestütztes Verbot für zulässig zu halten, verzichtet aber darauf, den problematischen Mißbrauchstatbestand zu umschreiben.

beeinträchtigt, oder ob er einen Eingriff in die wissenschaftliche Nebentätigkeit allein daran knüpft, daß der Beamte — etwa durch den Inhalt seiner wissenschaftlichen Lehre — einzelne Pflichten verletzt. Legt man unter diesem Blickwinkel an die Eingriffsermächtigung des § 66 Abs. 2 HS 2 BBG den im Strafvollzugsbeschluß des BVerfG aufgestellten Maßstab zur Zulässigkeit unbestimmter Eingriffsermächtigungen an, so muß man dem Gesetzgeber — vorsichtig formuliert — zumindest vorwerfen, daß er mit der Übernahme alten Rechts seiner Pflicht zum Gebrauch möglichst engbegrenzter Generalklauseln nur unvollkommen genügt hat[16]. Diese Bedenken gegen die Verfassungsmäßigkeit des § 66 Abs. 2 HS 2 BBG verstärken sich noch, wenn man versucht, den Umfang der Mißbrauchsaufsicht aufzudecken.

II. Mißbrauchsaufsicht und Rechtsstaatsprinzip

1. *Der Streit über den Inhalt der Mißbrauchsaufsicht*

Das Schrifttum übertüncht auch die verfassungsrechtliche und beamtenrechtliche Problematik der Rechtsfolgeseite des § 66 Abs. 2 HS 2 BBG mit einer bemerkenswerten Lässigkeit. Die oft nur thesenartig vorgetragenen Auffassungen lassen sich wie folgt zusammenfassen: Die wohl h. M. hält den Dienstvorgesetzten für verpflichtet, im Wege seiner Mißbrauchsaufsicht eine wissenschaftliche Nebentätigkeit zu verbieten, und zwar wegen ihres Umfanges[17], ausnahmsweise aber auch wegen ihres Inhalts[18]. Andere Autoren hegen keine Bedenken gegen ein Recht des Dienstvorgesetzten, durch Weisungen oder gar eine allgemeine „Dienstordnung“ eine Pflicht zur Anzeige einer wissenschaftlichen Nebentätigkeit zu begründen[19]. Dabei meint allerdings *Schütz*[20],

---

[16] Eine „Mißbrauchsaufsicht“ war erstmals in § 9 Abs. 3 des BRÄG enthalten: „... es ist Pflicht der vorgesetzten Behörde, Mißbräuchen entgegenzutreten.“ § 11 Abs. 1 DBG 1937 stimmt mit § 66 Abs. 2 BBG wörtlich überein.

[17] *Weimar*, RiA 1963, 231; *Thiele*, DöD 1958, 188; *Crisolli / Schwarz*, HBG, § 80 Rdn. 17; *Plog / Wiedow / Beck*, BBG, § 66 Rdn. 13. Aus der Rechtsprechung: OVG Münster, OVGE 21, 100, 103 f. = Verw. Rspr. 17 Nr. 107 (allerdings zur genehmigungsfreien Nebentätigkeit eines Beamten in einem Umlegungsausschuß) und BayVGH N. F. 10 I, 86, 90. Wie Lehre und Rechtsprechung auch die Verwaltungspraxis, so etwa VV zu § 70 NWLBG (bei *Schütz / Ulland*, NWLBG unter § 70).

[18] *Ule*, BRRG, § 42 Rdn. 7; *Plog / Wiedow / Beck*, BBG, § 66 Rdn. 13; *Thiele*, DöD 1958, 188.

[19] *Müller / Beck*, BWLBG, § 78 Rdn. 7; *Hefele / Schmidt*, Bay. BG, Art. 75 Rdn. 6; *Thiele*, DöD 1958, 188, meint zwar, dem einzelnen Beamten obliege generell keine Verpflichtung, seine schriftstellerische Nebentätigkeit anzuzeigen; mehreren Beamten könne aber eine Pflicht zur Anzeige auferlegt werden, wenn eine „Gefahr mißbräuchlicher Wahrnehmung besonders naheliegt“ (DöD 1958, 188 Fußn. 25).

[20] *Schütz*, DöD 1959, 126.

ein Beamter könne erst dann zur Anzeige über seine wissenschaftliche Nebentätigkeit verpflichtet werden, wenn sein Verhalten den Schluß rechtfertige, er werde das Privileg der Genehmigungsfreiheit mißbrauchen. *Thiele* schließlich hält eine „Vorlageanordnung" für zulässig[21]. Diese Deutung der Mißbrauchsaufsicht scheint auf der Vorstellung zu beruhen, die Veröffentlichung einer wissenschaftlichen Arbeit könne ausnahmsweise auch wegen ihres Inhalts verboten werden. Ferner sei der Dienstvorgesetzte berechtigt, die Ausübung einer wissenschaftlichen Nebentätigkeit durch eine Weisung generell zu untersagen[22]. Schließlich ist man sich auch darüber einig, daß der Beamte verpflichtet ist, über Art und Umfang seiner wissenschaftlichen Nebentätigkeit Auskunft zu erteilen[23].

Fügt man in dieses Meinungsspektrum noch die — immerhin beamtenfreundliche — Auffassung von *Schütz / Ulland* ein, die das Instrumentarium der Mißbrauchsaufsicht auf Maßnahmen der Dienstaufsicht — bis zur Schwelle der mißbilligenden Äußerung nach § 6 Abs. 2 BDO — beschränken[24], so läßt sich feststellen, daß über die Auslegung der Mißbrauchsaufsicht ein hoffnungsloser Streit herrscht, der die Anwendung des § 66 Abs. 2 HS 2 BBG in der Praxis des Nebentätigkeitsrechts mit einer problematischen Rechtsunsicherheit belastet.

Folgt aus dieser Unbestimmtheit des § 66 Abs. 2 HS 2 BBG zwar noch nicht per se ein Verstoß dieser Bestimmung gegen die rechtsstaatlichen Grundsätze der Normklarheit und Rechtssicherheit, so zeigt doch der folgende systematische Vergleich der Mißbrauchsaufsicht mit dem dienstlichen Weisungsrecht des § 55 BBG, daß § 66 Abs. 2 HS 2 BBG hinsichtlich seiner Reichweite eine völlig unbestimmte und daher verfassungswidrige Eingriffsermächtigung darstellt.

2. Das entscheidende Argument gegen die Verfassungsmäßigkeit des § 66 Abs. 2 HS 2 BBG

Das Schrifttum streitet sich zwar darüber, ob § 66 Abs. 2 HS 2 BBG die Untersagung einer genehmigungsfreien Nebentätigkeit deckt; fast alle Autoren verzichten aber darauf, das Verhältnis des § 66 Abs. 2 HS 2 BBG zum dienstlichen Weisungsrecht zu erörtern[25].

§ 55 BBG scheidet als Rechtsgrundlage eines Verbotes genehmigungsfreier Nebentätigkeiten i. S. des § 66 Abs. 1 BBG aus. Diese Vorschrift

---

[21] DöD 1958, 188.

[22] *Thiele*, DöD 1958, 188.

[23] *Weimar*, ZBR 1961, 70; *derselbe*, RiA 1963, 231; *Schütz / Ulland*, NWLBG, § 70 Rdn. 4; *Thiele*, DöD 1957, 9; *derselbe*, DöD 1958, 188; *Schütz*, DöD 1959, 126; *Crisolli / Schwarz*, HBG, § 80 Rdn. 18; *Lindgen*, RiA 1964, 182.

[24] *Schütz / Ulland*, NWLBG, § 70 Rdn. 3.

[25] *Ule*, Öffentlicher Dienst, 621, deutet die Problematik an.

ermächtigt den Vorgesetzten allein zum Ausspruch sachlicher — dienstlicher — Weisungen, die den Beamten zur ordnungsgemäßen Erfüllung seiner dienstlichen Aufgaben ermahnen. Persönliche Weisungen, die in die private Rechtssphäre des Beamten eingreifen, sind dagegen nach inzwischen h. M. rechtswidrig und verpflichten den Beamten nicht einmal zum Gehorsam[26]. Die hiernach notwendige Abgrenzung zwischen sachlichen Anordnungen i. S. des § 55 BBG und persönlichen Weisungen bereitet zwar erhebliche Schwierigkeiten[27]. Kein Streit herrscht aber darüber, daß der Beamte nicht durch eine verbindliche Weisung zu einer bestimmten „Freizeitgestaltung" gezwungen werden kann[28]. Das Verbot einer wissenschaftlichen Nebentätigkeit wäre daher nicht vom dienstlichen Weisungsrecht i. S. des § 55 BBG gedeckt.

Diese Überlegungen gelten entsprechend für weniger einschneidende Maßnahmen der Vorgesetzten. Eine Anordnung, auf eine Veröffentlichung bestimmter Auffassungen zu verzichten[29], die Ausübung einer wissenschaftlichen Nebentätigkeit anzuzeigen oder eine wissenschaftliche Abhandlung vor der Veröffentlichung dem Dienstvorgesetzten „zur Kenntnisnahme" vorzulegen, wäre keine dienstliche Weisung nach § 55 BBG.

Die Weichen für die notwendige rechtsstaatliche Eingrenzung der Mißbrauchsaufsicht sind damit endgültig gestellt. Untersagt § 55 BBG das Verbot einer genehmigungsfreien Nebentätigkeit und damit auch sonstige präventive Eingriffe in das Recht der genehmigungsfreien Nebentätigkeit, so bieten sich systematisch zwei Möglichkeiten einer Interpretation der Mißbrauchsaufsicht an, die sich mit wohl gleicher Überzeugungskraft vertreten lassen:

1. § 66 Abs. 2 HS 2 BBG könnte die Lücke schließen, die dadurch entsteht, daß weder § 55 BBG noch § 65 Abs. 2 BBG den Dienstvorgesetzten ermächtigt, durch persönliche Weisungen auf Art und Umfang einer genehmigungsfreien Nebentätigkeit Einfluß zu nehmen. Nach dieser Interpretation wäre das Verbot einer wissenschaftlichen Nebentätigkeit zulässig, außerdem stünde § 66 Abs. 2 HS 2 BBG — ähnlich wie die

---

[26] *Rittstieg*, ZBR 1970, 76; *Plog / Wiedow / Beck*, BBG, § 55 Rdn. 6; *Fischbach*, BBG, § 55 Anm. III 3 (424); *Ule*, BRRG, § 37 Rdn. 3; OVG Münster, ZBR 1965, 349. Unklar *Lindgen*, Disziplinarrecht I, 676, der meint, eine Gehorsamspflicht des Beamten entfalle, wenn die Weisung Grundrechte des Beamten berühre.

[27] Beispiele für persönliche Weisungen: Anordnung, eine Feier zum 17. Juni zu besuchen (OVG Münster, ZBR 1965, 349); Aufforderung zum Alkoholgenuß während einer Dienstfahrt (OVG Münster, ZBR 1966, 290 Leitsatz 3); BDH, ZBR 1966, 383 (Weisung an einen Beamten, einen Arbeiterposten zu bedienen).

[28] So ausdrücklich *Rittstieg*, ZBR 1970, 79; ähnlich *Ule*, BRRG, § 37 Rdn. 3.

[29] Eine — nicht unbedeutsame — Ausnahme gilt allerdings für eine Weisung, die eine Tatsache für geheimhaltungsbedürftig erklärt und damit den Geheimnischarakter konstituiert! Dazu oben 2. Teil, 1. Abschnitt, C III 3.

§§ 55, 65 Abs. 2 BBG — mit dem Rechtsstaatsprinzip im Einklang. Für diese Interpretation des § 66 Abs. 2 HS 2 BBG spricht die Regelung der §§ 65 Abs. 2 BBG, 5 Abs. 3, 4 BNebtVO: da diese Vorschriften ein Recht zum Verbot genehmigungspflichtiger Nebentätigkeiten begründen[30], liegt es nahe, sie analog im Rahmen des § 66 Abs. 2 HS 2 BBG heranzuziehen und zumindest das Verbot einer wissenschaftlichen Nebentätigkeit für zulässig zu halten.

2. Indessen könnte mit der wohl gleichen Überzeugungskraft die Auffassung vertreten werden, daß § 65 Abs. 2 BBG wie auch § 5 Abs. 4 BNebtVO als Ausnahmebestimmungen auf die genehmigungspflichtigen Nebentätigkeiten zugeschnitten seien, zumindest ein Verbot einer genehmigungsfreien Nebentätigkeit daher nicht von § 66 Abs. 2 BBG gedeckt werde. Der Dienstvorgesetzte könnte — wie *Schütz / Ulland* meinen — Mißbräuche mit Maßnahmen der Dienstaufsicht i. S. des § 55 Satz 2 BBG bekämpfen, dürfte dabei aber niemals die Schwelle der mißbilligenden Äußerung i. S. des § 6 Abs. 2 BDO übertreten[31].

Diese Überlegungen rechtfertigen es, der Eingriffsermächtigung des § 66 Abs. 2 HS 2 BBG endgültig den Stempel der Verfassungswidrigkeit aufzudrücken. Der Gesetzgeber hat in § 66 Abs. 2 HS 2 BBG das Recht, die Grenzen der Wissenschaftsfreiheit zu bestimmen, in das „vage Ermessen“ des Dienstvorgesetzten gestellt: selbst bei einer sorgfältigen Auslegung der Mißbrauchsaufsicht ist kein Urteil darüber möglich, ob diese Bestimmung ausnahmsweise auch das Verbot einer wissenschaftlichen Nebentätigkeit deckt. Nimmt man die an den Gesetzgeber gerichtete Mahnung des BVerfG ernst, die Begrenzung der Grundrechte des

[30] Die gesetzliche Regelung ist auch insoweit nicht gelungen. § 65 Abs. 2 Satz 2 BBG bestimmt, daß eine Nebentätigkeitsgenehmigung widerrufen werden kann, wenn die Ausübung der Nebentätigkeit dienstliche Interessen i. S. des § 65 Abs. 2 Satz 1 BBG beeinträchtigt. § 5 Abs. 4 BNebtVO bestimmt insoweit lediglich, daß dem Beamten nach einem Widerruf der Genehmigung eine angemessene Frist zur Abwicklung der Nebentätigkeit einzuräumen ist. Das ausdrücklich nicht verankerte Recht, in diesem Fall die Ausübung der Nebentätigkeit zu untersagen, kann wie folgt konstruiert werden: 1. Im Wege eines Umkehrschlusses aus § 5 Abs. 3 BNebtVO: Kann schon eine Nebenbeschäftigung, die wegen ihres geringen Umfangs keiner ausdrücklichen Genehmigung bedarf (§ 5 Abs. 1 Satz 1 BNebtVO), untersagt werden, so gilt dieses erst recht für sonstige genehmigungspflichtige Nebentätigkeiten; 2. Der Widerruf einer Nebentätigkeitsgenehmigung wäre sinnlos, wenn die Ausübung der Nebentätigkeit nicht verboten werden könnte; 3. Das Verbot könnte auf § 55 BBG gestützt werden (nach der hier vertretenen Auffassung problematisch!). Besser § 12 Abs. 2 BRÄG, der bestimmte, daß der Beamte seine Nebentätigkeit „unverzüglich einzustellen“ hat.

[31] § 6 Abs. 2 BDO bestimmt ausdrücklich, daß mißbilligende Äußerungen keine Disziplinarmaßnahmen sind, die Rechtsgrundlage ergibt sich daher allein aus dem dienstlichen Weisungsrecht i. S. des § 55 BBG; so richtig *Schütz / Ulland*, NWLBG, § 58 Rdn. 9; OVG Münster, ZBR 1967, 383 (nur Leitsatz) und DÖD 1967, 174. Nicht überzeugend *Behnke*, BDO, § 6 Rdn. 4, der von „Maßnahmen der disziplinaren Verfolgung“ spricht.

Strafgefangenen in „möglichst" engbegrenzten „Generalklauseln" zu umschreiben[32], so folgt hieraus — richtig verstanden — die rechtsstaatliche Verpflichtung des Gesetzgebers, nach Möglichkeit einen Numerus clausus der in Sonderstatusverhältnissen notwendigen Grundrechtsbegrenzungen aufzustellen. Gegen dieses Gebot hat der Beamtengesetzgeber in § 66 Abs. 2 HS 2 BBG verstoßen, da er nicht entschieden hat, ob der Dienstvorgesetzte notfalls verpflichtet ist, eine wissenschaftliche Nebentätigkeit zu untersagen.

3. Die Folgen dieser Auslegung des § 66 Abs. 2 HS 2 BBG für die Praxis des Rechts der wissenschaftlichen Nebentätigkeit

Die hier verfochtene Auffassung führt keineswegs zu unhaltbaren Ergebnissen, ja am Beispiel des § 66 Abs. 2 HS 2 BBG bestätigt sich eine Feststellung *Hesses,* daß „die Fälle, in denen sich eine Grundrechtsbegrenzung in Sonderstatusverhältnissen als unerläßlich ausweist, weit weniger zahlreich (sind) als dies bis vor kurzem noch angenommen wurde"[33]. Einem Verhalten, das die h. M. als Mißbrauch i. S. des § 66 Abs. 2 HS 2 BBG wertet, kann der Dienstvorgesetzte in verfassungsrechtlich vertretbarer, ja unangreifbarer Weise „entgegentreten". Die folgenden Beispiele sollen diese These abschließend untermauern:

1. Verletzt ein Beamter bei einer wissenschaftlichen Nebentätigkeit schuldhaft seine Pflichten, so kann er — wie im 1. Abschnitt des 2. Teiles dargelegt wurde — unter den Voraussetzungen des § 77 Abs. 1 Satz 2 BBG disziplinarrechtlich zur Verantwortung gezogen werden.

2. Hat der Beamte nicht schuldhaft gehandelt, so besteht für ein Verbot seiner wissenschaftlichen Nebentätigkeit keine Notwendigkeit. Der Dienstvorgesetzte könnte den Beamten durch eine Mahnung oder eine mißbilligende Äußerung, also Anordnungen i. S. des § 55 Satz 2 BBG, auf diesen Pflichtverstoß hinweisen und damit künftige Verstöße einer disziplinarrechtlichen Ahndung zuführen.

3. Scheidet ein disziplinarrechtliches Einschreiten wegen einer Pflichtverletzung deshalb aus, weil die strengen Voraussetzungen des § 77 Abs. 1 Satz 2 BBG nicht erfüllt sind, so dürfte eine mißbilligende Äußerung ebenfalls ein geeignetes Mittel sein, den Beamten künftig zu einer Erfüllung seiner Pflichten anzuhalten.

4. Soweit ein Beamter im Rahmen einer wissenschaftlichen Nebentätigkeit gegen die Verschwiegenheitspflicht verstößt, können gegen ihn disziplinarrechtliche Maßnahmen verhängt werden. Bestehen Zwei-

[32] BVerfGE 33, 1, 11.

[33] Grundzüge, 131 (4. Auflage, 1970).

fel über den Geheimnischarakter, kann der Dienstvorgesetzte durch eine Weisung die Geheimhaltungsbedürftigkeit konstituieren[34]. Im Falle eines erneuten Verstoßes kann der Beamte zusätzlich wegen Verletzung der Gehorsamspflicht (§ 55 i. V. m. § 61 Abs. 1 BBG) disziplinarrechtlich verfolgt werden. Ein Verbot der wissenschaftlichen Nebentätigkeit könnte die Geheimhaltungsinteressen i. S. des § 61 Abs. 1 BBG kaum effektiver schützen, da allein dieses Verbot den Beamten nicht davon abhalten könnte, die geheimhaltungsbedürftigen Tatsachen auf anderem Wege zu veröffentlichen.

5. Der diffuse Begriff der dienstlichen Interessen scheidet als Maßstab einer Begrenzung der Wissenschaftsfreiheit aus, soweit ein dienstliches Interesse nicht zugleich durch eine Dienstpflicht geschützt ist. Damit dient die hier vertretene Auslegung des § 66 Abs. 2 HS 2 BBG zugleich der Freiheit der Wissenschaft, da der Tatbestand einer „Beeinträchtigung dienstlicher Interessen“ (dazu § 65 Abs. 2 BBG i. V. m. § 5 Abs. 2 BNebtVO) nicht im Rahmen einer „Gemeinwohlanalogie“ zu einer Schranke der Wissenschaftsfreiheit aufgewertet wird.

6. Die vom Ergebnis her gesehen problematischen Folgen der hier vertretenen Auslegung des § 66 Abs. 2 HS 2 BBG bestehen allein darin, daß der Dienstvorgesetzte keine Möglichkeit hat, eine genehmigungsfreie — und daher auch eine wissenschaftliche Nebentätigkeit — zu untersagen, wenn sie wegen ihres Umfanges die dienstlichen Leistungen des Beamten (§ 54 Satz 1 BBG) beeinträchtigt. Diese Privilegierung der genehmigungsfreien Nebentätigkeiten gegenüber genehmigungspflichtigen Nebentätigkeiten[35] ist aber als Preis dafür zu zahlen, daß § 66 Abs. 2 HS 2 BBG aus Gründen der Rechtsstaatlichkeit für verfassungswidrig zu erklären ist; insoweit gilt zugunsten aller Beamten, die eine genehmigungsfreie Nebentätigkeit ausüben, der allgemeine Grundsatz, daß ein Beamter nicht zu einer bestimmten, im dienstlichen Interesse erwünschten Ausgestaltung seiner Freizeit gezwungen werden kann[36].

---

[34] Oben 2. Teil, 1. Abschnitt, C III 3.

[35] Die Ausübung einer genehmigungspflichtigen Nebentätigkeit kann untersagt werden, wenn infolge der Nebentätigkeit die dienstlichen Leistungen des Beamten nachlassen, § 65 Abs. 2 BBG i. V. m. § 5 Abs. 2 Nr. 2 BNebtVO, entsprechendes gilt für die Ausübung einer als genehmigt geltenden Nebenbeschäftigung, § 5 Abs. 3 BNebtVO. Da § 5 BNebtVO nach der hier vertretenen Auffassung auf den Kreis der *genehmigungspflichtigen* Nebentätigkeiten zugeschnitten ist, kann eine schon wegen ihres geringen Umfangs (§ 5 Abs. 1 Satz 1 BNebtVO) als genehmigt geltende *wissenschaftliche* Nebenbeschäftigung nicht etwa nach § 5 Abs. 3 BNebtVO untersagt werden.

[36] Dazu die Beispiele in Fußn. 27 zu diesem Abschnitt. Grenzfälle widerlegen nicht — die hier in konsequenter Anwendung der im Strafvollzugsbeschluß aufgestellten Grundsätze — vorgeschlagene Auslegung des § 66 Abs. 2 HS 2 BBG; sie sollten vielmehr ein Anlaß sein, das Instrumentarium der Mißbrauchsaufsicht in der rechtsstaatlich gebotenen Weise zu umschrei-

7. Entsprechendes gilt für den Fall, daß gegen einen Beamten wegen der Modalitäten oder des Inhalts seiner wissenschaftlichen Nebentätigkeit der Vorwurf der Besorgnis der Unparteilichkeit — Unbefangenheit — erhoben wird[37]. Sieht man einmal davon ab, daß ein derartiger Vorwurf nur selten berechtigt sein dürfte[38], so wäre ein hierauf gegründetes Verbot der wissenschaftlichen Nebentätigkeit weder von § 55 BBG noch — folgt man der hier vertretenen Auffassung — von § 66 Abs. 2 HS 2 BBG gedeckt. Auch dieser Preis ist im Interesse der Rechtsstaatlichkeit zu zahlen!

8. Sollte ein Beamter sein Recht auf genehmigungsfreie Ausübung einer wissenschaftlichen Nebentätigkeit schließlich dadurch „mißbrauchen", daß er im formalen Rahmen einer wissenschaftlichen Nebentätigkeit eine nach § 65 Abs. 1 BBG genehmigungsbedürftige Beschäftigung ausübt[39], so kann ihn der Dienstvorgesetzte anweisen, die Genehmigung nach § 65 Abs. 1 BBG zu beantragen. Mißachtet der Beamte diese „Anordnung" i. S. des § 55 BBG, so kann er wegen Verletzung der Gehorsamspflicht disziplinarrechtlich zur Verantwortung gezogen werden.

---

ben. (Beispiel: Ein Beamter spielt jeden Morgen bis 4 Uhr in einer Jazzband. Nach der hier vertretenen Ansicht kann der Dienstvorgesetzte diese genehmigungsfreie künstlerische Nebentätigkeit [§ 66 Abs. 1 Nr. 2 BBG] nicht verbieten.)

[37] Die Pflicht des Beamten zur Unparteilichkeit hat in jüngster Zeit mehrfach die Rechtsprechung beschäftigt, vgl. etwa VG Bayreuth, BayBZ 1964, 31 (irrtümlich als Entscheidung des VG Ansbach veröffentlicht) und BVerwGE 30, 29 mit Anm. von *Häberle*, JuS 1969, 265. Diesen Entscheidungen lag der folgende Sachverhalt zugrunde: Ein Beamter wirbt in Wunsiedel außerhalb der Dienstzeit in Zivilkleidung für die Zeugen Jehovas durch Hausbesuche; die zuständige Dienststelle untersagte diese Tätigkeit. Das BVerwG hob diese Verfügung auf). Zur Unparteilichkeit des Beamten auch HessVGH, JZ 1971, 257 mit Anm. von *Dagtoglou*, JZ 1971, 259.

[38] So entsteht noch nicht die Besorgnis der Befangenheit, wenn ein Beamter — etwa der Finanzverwaltung — sich wissenschaftlich mit einer Rechtsfrage befaßt, die für den Inhalt seiner Tätigkeit von Bedeutung ist. Zu Recht hat der BFH daher entschieden, daß kein Revisionsgrund vorliege, wenn ein Finanzbeamter in einer Verfügung die Rechtsansicht übernimmt, die er in einem Aufsatz vertreten hatte (BFH, III 93/94 U, zitiert nach *Wilhelm*, Die freie Meinung, 34 und Fußn. 29). Im übrigen könnte ein Konflikt zwischen der Wissenschaftsfreiheit und der Pflicht zur Unparteilichkeit im Zusammenhang mit einer Gutachtertätigkeit entstehen. So hieß es in der Verordnung über die Nebentätigkeit der Beamten (vom 6. Juli 1937, RGBl. I S. 753) zu § 11 Abs. 1 DBG, dem Beamten sei keine Nebentätigkeitsgenehmigung zu erteilen, wenn er eine „Gutachtertätigkeit in einer Sache ausüben will, mit der eine Behörde des Verwaltungszweigs, dem der Beamte angehört, amtlich befaßt ist oder befaßt werden kann ..." (unter 1, Abs. 2).

[39] Beispiel oben 2. Teil, 2. Abschnitt, B I 2, S. 178.

Literaturverzeichnis

Agnoli, Johannes und Peter *Brückner*: Die Transformation der Demokratie, Berlin 1967

Anschütz, Gerhard: Die Verfassung des Deutschen Reiches vom 11. August 1919. Ein Kommentar für Wissenschaft und Praxis, 14. Auflage, Berlin 1933
(zit.: WRV)

— Die Verfassungs-Urkunde für den preußischen Staat. Vom 31. Januar 1850, Erster Band, Berlin 1912
(zit.: Verfassungs-Urkunde)

Anschütz, Gerhard und Karl *Glockner*: Die politische Betätigung der Beamten. Zwei Rechtsgutachten (Sonderdruck aus der „Badischen Schulzeitung" Nr. 50, 51 und 52 von 1930)
(zit.: ... Rechtsgutachten)

Arndt, Gottfried: Die Verfassungstreupflicht im öffentlichen Dienstrecht und das Grundgesetz, DÖV 1973, 584

Azzola, Axel und Gerd *Lautner*: Loyalitätspflicht und politische Kommunikationsrechte der Beamten, ZBR 1973, 125

— Öffentlicher Dienst, „Verfassungsfeinde" und Parteienprivileg, ZRP 1973, 243

Bachof, Otto: Verfassungsrecht, Verwaltungsrecht, Verfahrensrecht in der Rechtsprechung des Bundesverwaltungsgerichts, 2. Auflage, Tübingen 1964
(zit.: Rechtsprechung — BVerwG I)

Badura, Peter: Erläuterungen zu Art. 10 GG, in: Bonner Kommentar, Zweitbearbeitung Art. 10, November 1965

Bank, Bernhard: Zur Einschränkung der Grundrechte im Beamtenverhältnis, ZBR 1963, 227

Battis, Ulrich: Zum Ausschluß „verfassungsfeindlicher" Bewerber vom öffentlichen Dienst, JZ 1972, 384

Behnke, Kurt: Bundesdisziplinarordnung. Zweite, neubearbeitete Auflage, Stuttgart - Berlin - Köln - Mainz 1970

Berg, Wilfried: Konkurrenzen schrankendivergenter Freiheitsrechte im Grundrechtsabschnitt des GG, Berlin und Frankfurt a. M. 1968

Bernard, Hans und Reimund *Hoffmann*: Landesbeamtengesetz für Baden-Württemberg, Kommentar, Berlin - Neuwied 1964

Bettermann, Karl-August: Grenzen der Grundrechte, Berlin 1968 (Schriftenreihe der Juristischen Gesellschaft e. V. Berlin, Heft 33)

Bettermann, Karl-August: Die Universität in der freiheitlich-demokratischen Grundordnung, in: Universitätstage 1963, Veröffentlichung der Freien Universität Berlin, Berlin 1963, 56
(zit.: Universitätstage 1963)

Bluntschli, Johann Caspar: Allgemeines Staatsrecht, 5. Auflage, Band II, Stuttgart 1876

Bochalli, Alfred: Bundesbeamtengesetz, Kommentar, 2. Auflage, München - Berlin 1958

Böckenförde, Ernst-Wolfgang: Das Grundrecht der Gewissensfreiheit, VVDStRL 28 (1970), 33

Böttcher, Reinhard: Die politische Treupflicht der Beamten und Soldaten und die Grundrechte der Kommunikation (Schriften zum Öffentlichen Recht, Band 46), Berlin 1967

Borgs-Maciejewski, Hermann: Radikale im öffentlichen Dienst, Dokumente, Debatten, Urteile, Bonn - Bad Godesberg 1973

Brand, Arthur: DBG, Kommentar, 3. Auflage, Berlin 1940

Brinkmann, Karl: Grundrechtskommentar zum Grundgesetz für die BRD vom 23. Mai 1949, Bonn 1967

Bull, Hans Peter: Staatlich geförderte Forschung in privatrechtlichen Institutionen. Dargestellt am Beispiel der Hamburger Überseeforschungs-Institute, WissR 4 (1971), 35

Claussen, Hans Rudolf und Werner *Janzen:* Bundesdisziplinarordnung, Handkommentar unter Berücksichtigung des materiellen Disziplinarrechts, Köln - Berlin - Bonn - München 1968

Cornelius, Joachim, Heinz *Gester* und Franz *Woschech:* Die Meinungsfreiheit des Beamten (Hrsg.: DGB — Bundesvorstand), Düsseldorf o. J.

Crisolli, Julius und Martin *Schwarz:* Hessisches Beamtengesetz, Kommentar, 1969

Dallinger, Peter: Wissenschaftsfreiheit und Mitbestimmung, JZ 1971, 665

Dicke, Detlev Christian: Radikale im öffentlichen Dienst, ZBR 1973, 1

Diemer, Alwin: Der Wissenschaftsbegriff in historischem und systematischem Zusammenhang, in: Diemer (Hrsg.), Der Wissenschaftsbegriff. Historische und systematische Untersuchungen, Meisenheim am Glan, 1970, 3
(zit.: Wissenschaftsbegriff)

— Grundriß der Philosophie, Band I, Allgemeiner Teil, Meisenheim am Glan 1962
(zit.: Philosophie I)

— Was heißt Wissenschaft? Meisenheim am Glan 1964

Doemming v. / Füsslein / Matz: Entstehungsgeschichte der Artikel des Grundgesetzes, J ö R NF 1, 1

Döring, Paul: Besprechung von Wilhelm, Bernhard, Die freie Meinung im öffentlichen Dienst, ZBR 1968, 293

Donle, Ludwig Ernst: Zur Problematik der besonderen Gewaltverhältnisse unter Berücksichtigung vor allem der Einschränkbarkeit von Grundrechten, Dissjur Würzburg 1960

Droysen, Johann Gustav: Die Verhandlungen des Verfassungsausschusses der Deutschen Nationalversammlung. Erster Theil, Leipzig, 1849 (zit.: Droysen, Verhandlungen)

— (Hrsg.): s. u. Hübner, Rudolf

Dürig, Günter: s. u. Maunz / Dürig / Herzog

— Der Grundrechtssatz von der Menschenwürde, AöR 81 (1956), 117

— Grundrechtsverwirklichung auf Kosten von Grundrechten, in: summum ius, summa iniuria, Tübingen, Rechtswissenschaftliche Abhandlungen, Band 9, 1963, 80 (zit.: Grundrechtsverwirklichung)

Düwel, Peter: Das Amtsgeheimnis, Berlin 1965 (Schriftenreihe der Hochschule Speyer, Band 23)

Ehmke, Horst: Prinzipien der Verfassungsinterpretation, VVDStRL 20 (1963), 53

Eibes, Karlheinz: Die Vereinbarkeit von Maßnahmen des Dienstherrn gegen Beamte wegen ihrer Mitgliedschaft in sog. „verfassungsfeindlichen Parteien" mit dem Grundgesetz, ZBR 1973, 132

Einwag, A.: Die neue Bundesnebentätigkeitsverordnung, ZBR 1964, 228, 263

— Die Rechte der Bundesbeamten auf Ausübung und Genehmigung von Nebentätigkeiten, ZBR 1957, 159

Erbel, Günther: Ein Definitionsverbot für den verfassungsrechtlichen Begriff „Kunst"? DVBl. 1969, 863

— Inhalt und Auswirkungen der verfassungsrechtlichen Kunstfreiheitsgarantie, Berlin - Heidelberg - New York 1966 (zit.: Kunstfreiheitsgarantie)

Eschenburg, Hans-Peter: Das Nebentätigkeitsrecht der Bundes- und Landesbeamten in der Verfassung der BRD — unter Berücksichtigung des für Richter und Hochschullehrer geltenden Sonderrechts, Dissjur Hamburg 1970

Evers, Hans-Ulrich: Beamter und Politik, in: Festgabe für Heinrich Herrfahrdt zum 70. Geburtstag, Marburg 1961, 19 (zit.: Beamter und Politik)

— Weisungsrechte im Hochschulbereich, in: Beiträge zum Hochschulrecht, Festgabe für Hans Gerber zum 80. Geburtstag am 29. September 1969, Tübingen 1970, 41 (zit.: Weisungsrechte)

Finger, Hans-Joachim: Die Meinungsfreiheit des Beamten, ZBR 1965, 225

Fischbach, Oskar Georg: Bundesbeamtengesetz, Kommentar, 1. Halbband, 3. neu bearbeitete und verbesserte Auflage, Köln - Berlin - Bonn - München 1964

Forsthoff, Ernst: Lehrbuch des Verwaltungsrechts, 1. Band: Allgemeiner Teil, 9. neu bearbeitete Auflage, München - Berlin 1966

Friesenhahn, Ernst: Staatsrechtslehrer und Verfassung, Krefeld 1950

Frister, Erich und Luc *Jochimsen* (Hrsg.): Wie links dürfen Lehrer sein? Unsere Gesellschaft vor einer Grundsatzentscheidung, Reinbek bei Hamburg 1972

Frohberg, Günter: Die Bedeutung des Art. 5 Abs. III GG des Bonner Grundgesetzes (Wissenschaft, Forschung und Lehre sind frei) für das Verhältnis Hochschule und Staat und die Lehrfreiheit der Professoren, Diss-jur Kiel 1954

— Zur Rechtsnatur der Wissenschafts-, Forschungs- und Lehrfreiheit (Art. 5 III), RiA 1957, 117

Frowein, Jochen: Die politische Betätigung des Beamten, in: Recht und Staat in Geschichte und Gegenwart, Heft 341/342, Tübingen 1967

Fuß, Ernst-Werner: Verwaltung und Schule, VVDStRL 23 (1966), 199

Gebhard, Ludwig: Handkommentar zur Verfassung des Deutschen Reiches, München - Berlin - Leipzig 1932

Geck, Wilhelm Karl: Die Stellung der Studenten in der Universität, VVDStRL 27 (1968), 143

Gerber, Hans: Die grundsätzliche Bedeutung der beamtenrechtlichen Regelungen des Bonner Grundgesetzes, DVBl. 1951, 489

— Entwicklung und Reform des Beamtenrechts, VVDStRL 7 (1932), 2

Gerhardt, Kurt: Die Genehmigungs- und Ablieferungspflicht bei einer Nebentätigkeit des Beamten, ZBR 1967, 303

Gerhardt, Kurt, Kurt *Hahn* und Adolf *Schäufele*: Landesbeamtenrecht für Baden-Württemberg, Stuttgart 1966

Giese, Friedrich: Die Verfassung des Deutschen Reiches, 8. neu bearbeitete Auflage, Berlin 1931

Görg, H.: Nebentätigkeit und Verfassungsrecht, ZBR 1962, 317

— Zum Nebentätigkeitsrecht der Beamten und Angestellten des öffentlichen Dienstes, ZBR 1961, 161

Grabendorff, Walter: Ist die Beschränkung der staatsbürgerlichen Rechte der Bundesbeamten rechtsgültig? DÖV 1951, 550

Grewe, Wilhelm: Gutachten, in: Politische Treuepflicht im öffentlichen Dienst, Herausgeber: Deutscher Bund für Bürgerrechte, Frankfurt/Main 1951, 35
(zit.: Gutachten)

Habermas, Jürgen: Technik und Wissenschaft als Ideologie, Frankfurt 1969

Häberle, Peter: Exzessive Glaubenswerbung in Sonderstatusverhältnissen — BVerwGE 30, 29, JuS 1969, 265

— Öffentliches Interesse als juristisches Problem. Eine Analyse von Gesetzgebung und Rechtsprechung, Bad Homburg v. d. H. 1970
(zit.: Öffentliches Interesse)

Häntzschel, Kurt: Darf der Beamte einer revolutionären Partei angehören? RuPrVBl. 1930 (51), 509, 669

Hamann, Andreas und Helmut *Lenz*: Das Grundgesetz für die Bundesrepublik Deutschland vom 23. Mai 1949. Ein Kommentar für Wissenschaft und Praxis, 3. völlig neu bearbeitete und wesentlich erweiterte Auflage, Neuwied - Berlin 1970

Hauck, Peter und Jürgen *Lüthje*: Wissenschaftsfreiheit durch Mitbestimmung, Stellungnahme der Beauftragten der BAK zu Verfassungsbeschwerden, Schriften der BAK 9, Bonn 1970

Havemann, Robert: s. u. Preuß, Ulrich K.

Hefele, Ludwig und Johann *Schmidt:* Bayerisches Beamtengesetz, Kommentar, Berlin - Neuwied 1961

Henke, Wilhelm: Das Recht der politischen Parteien, 2. neu bearbeitete Auflage, Göttingen 1972

Herzog, Roman: s. u. Maunz / Dürig / Herzog

Heilfron, Ludwig: Die deutsche Nationalversammlung im Jahre 1919 (zit.: Heilfron, Nationalversammlung)

Hesse, Konrad: Grundzüge des Verfassungsrechts der Bundesrepublik Deutschland, 6. ergänzte Auflage, Karlsruhe 1973 (zit.: Grundzüge)

Hofmann, Werner: s. u. Preuß, Ulrich K.

Holstein, Günter: Hochschule und Staat, in: Das Akademische Deutschland, Band III, Die deutschen Hochschulen in ihren Beziehungen zur Gegenwartskultur, Berlin 1930, 127

Huber, Ernst Rudolf: Deutsche Verfassungsgeschichte seit 1789

Band I: Reform und Restauration 1789 bis 1830. Zweite, verbesserte Auflage, Stuttgart - Berlin - Köln - Mainz 1967;

Band II: Der Kampf um Einheit und Freiheit 1830 bis 1850, Stuttgart 1960;

Band III: Bismarck und das Reich, Stuttgart 1963;

Band IV: Struktur und Krisen des Kaiserreichs, Stuttgart 1969

(zit.: Verfassungsgeschichte . . .)

— (Hrsg.): Dokumente zur Deutschen Verfassungsgeschichte. Band 1: Deutsche Verfassungsdokumente 1803 - 1850, Stuttgart 1961 (zit.: Dokumente 1)

Hübner, Rudolf (Hrsg.): Aktenstücke und Aufzeichnungen zur Geschichte der Frankfurter Nationalversammlung, aus dem Nachlaß von Johann Gustav Droysen, in: Deutsche Geschichtsquellen des 19. Jahrhunderts. Herausgegeben von der historischen Kommission bei der Bayr. Akademie der Wissenschaften, Band 14, Neudruck der Ausgabe 1924, Osnabrück 1967 (zit.: Droysen, Aktenstücke)

Isensee, Josef: Der Beamte zwischen Parteifreiheit und Verfassungstreue, JuS 1973, 265

Jäckel, Hartmut: Keine Angst vor der Freiheit der Wissenschaft (Universität und Revolution), Frankfurter Hefte 24 (1969), 81

Jellinek, Hansjörg: Gutachten, in: Politische Treuepflicht im öffentlichen Dienst, 9 (s. u. Grewe)

Jellinek, Walter: Verwaltungsrecht, 3. Auflage, Berlin 1931 (unveränderter Neudruck 1966)

Jesch, Dietrich: Unbestimmter Rechtsbegriff und Ermessen in rechtstheoretischer und verfassungsrechtlicher Sicht, AöR 82 (1957), 163

Kalisch, Werner: Grundrechte und Berufsbeamtentum nach dem Bonner GG, AöR 78 (1952/53), 334

Kimminich, Otto: Die Rechtsstellung der Studenten im Wandel des Universitätsbegriffs, DVBl. 1968, 679

Kitzinger, Friedrich: Art. 142 Satz 1. Die Freiheit der Wissenschaft und der Kunst, in: Die Grundrechte und Grundpflichten der Reichsverfassung. Kommentar zum zweiten Teil der Reichsverfassung, Zweiter Band, Art. 118 - 142 (Herausgeber: Hans Carl Nipperdey u. a.), Berlin 1930, 449

Knemeyer, Franz-Ludwig: Garantie der Wissenschaftsfreiheit und Hochschulreform. Eine Entgegnung zur Untersuchung Roelleckes „Wissenschaftsfreiheit als institutionelle Garantie", JZ 1969, 780

— Lehrfreiheit, Begriff der Lehre — Träger der Lehrfreiheit, Bad Homburg v. d. H. - Berlin - Zürich 1969
(zit.: Lehrfreiheit)

Knemeyer, Franz-Ludwig und Gottfried *Greiffenhagen:* Über die Schranken der Kunstfreiheit. Zwei Stellungnahmen zu einem Buch von Wolfgang Knies, Der Staat 8 (1969), 240

Knies, Wolfgang: Schranken der Kunstfreiheit als verfassungsrechtliches Problem, Münchener Universitätsschriften, Reihe der Juristischen Fakultät, Band 4, München 1967

Knoke, Thomas: Das „politische Mandat" der Studentenschaft, DÖV 1967, 542

Köhl, Guido: Die besonderen Gewaltverhältnisse im öffentlichen Recht. Dissjur Bern 1955

Köttgen, Arnold: Das Beamtentum des Reichs und der Länder, in: HdbDStR II, 1

— Das Grundrecht der deutschen Universität, Gedanken über die institutionelle Garantie wissenschaftlicher Hochschulen, Göttinger Rechtswissenschaftliche Studien Band 26, Göttingen 1959
(zit.: Grundrecht)

— Deutsches Universitätsrecht, Tübingen 1933
(zit.: Universitätsrecht)

— Die Freiheit der Wissenschaft und die Selbstverwaltung der Universität, in: Die Grundrechte, Zweiter Band, Berlin 1954, 291
(zit.: Freiheit der Wissenschaft)

— Die Meinungsfreiheit des Soldaten, in: Von den Grundrechten des Soldaten. Eine Arbeitstagung des Deutschen Bundes für Bürgerrechte, Freiburg - München 1957, 47

Konow, Karl-Otto: Grenzen der schriftstellerischen Betätigung des Beamten, ZBR 1972, 47

Korn, Herbert: Das Beamtenrecht in Nordrhein-Westfalen, 3. Auflage, Band 1

Kriele, Martin: Das demokratische Prinzip im GG, VVDStRL 29 (1971), 38

— Kommunisten als Beamte? ZRP 1971, 273

Kröger, Klaus: Verfassungsrechtliche Grundfragen des Rechts der Beamten auf „parteipolitische Meinungsäußerungen", AöR 88 (1963), 121

Krüger, Herbert: Die Grundrechte im Beamtenverhältnis, BBZ 1950, 237

— Die Einschränkung von Grundrechten nach dem Grundgesetz, DVBl. 1950, 625

Krüger, Hildegard: Die Grundrechte im besonderen Gewaltverhältnis, ZBR 1956, 309

Küchenhoff, Dietrich: Das Grundgesetz und die Hochschulreform, DÖV 1964, 601

Kümmel, Wilhelm: Kommentar zum Niedersächsischen Beamtengesetz, Band 1, §§ 1 - 123, Hannover 1965 ff.

Kupfer, Hans Wolfram: Informationsverpflichtung für Wissenschaftler? Verfassungsrechtliche Bemerkungen zu § 6 HUG, WissR 4 (1971), 117

v. Ladenberg, Adalbert: Erläuterungen, die Bestimmungen der Verfassungsurkunde vom 5. 12. 1848 über Religion, Religionsgesellschaften und Unterrichtswesen betreffend, 1848
(zit.: Ladenberg, Erläuterungen)

Larenz, Karl: Methodenlehre der Rechtswissenschaft. Zweite, neu bearbeitete Auflage, Berlin - Heidelberg - New York 1969

Leibfried, Stephan: Wissenschaftsprozeß und politische Öffentlichkeit. Zu den Entscheidungen der Verwaltungsgerichte Köln, Berlin und Sigmaringen zum politischen Mandat der Studentenschaft (Juristenzeitung 1968, S. 260 ff.), Kritische Justiz 1 (1968), 29

— Zur Freiheit von submissiver Wissenschaft (Art. 5 Abs. 3 GG), Diskussionsbeitrag zum Urteil des BVerwG vom 26. 9. 1969: Zum „politischen Mandat der Studentenschaft", RdJ 1970, 180

Leibfried, Stephan und Ulrich K. *Preuß*: Wissenschaft als gesellschaftliche Praxis im Interesse der Emanzipation, in: Wider die Untertanenfabrik (Hrsg.: Leibfried), Berlin 1967, 340

Leisner, Walter: Die schutzwürdigen Rechte im besonderen Gewaltverhältnis, DVBl. 1960, 617

Lerche, Peter: Grundrechte des Soldaten, in: Die Grundrechte, Vierter Band, 1. Halbband, Berlin 1960, 447

— Stiller Verfassungswandel als aktuelles Problem, in: Politische Studien 202/1972, 113

Leusser, Claus, Erich *Gerner* und Konrad *Kruis*: Bayrisches Beamtengesetz, Handkommentar, 2. neu bearbeitete Auflage, München 1970
(zit.: Bay.BG.)

Lindgen, Erich: Handbuch des Disziplinarrechts für Beamte und Richter in Bund und Ländern, Erster Band, Allgemeine Lehren, Materielles Disziplinarrecht, Berlin 1966; Ergänzungsband, Berlin 1969
(zit.: Disziplinarrecht I)

— Übernahmepflichtige und genehmigungsbedürftige Nebentätigkeit unter besonderer Berücksichtigung der Bundesnebentätigkeitsverordnung, RiA 1964, 177

Lobkowicz, Nikolaus: Der Wissenschaftsbegriff der Neuen Linken, in: Politische Studien 204/1972, 371

Lochbrunner, Franz Xaver: Handbuch des Bundesdisziplinarrechts für Beamte und Richter des Bundes, Frankfurt/Main 1968

Löffler, Martin: Die Meinungs- und Pressefreiheit im Abhängigkeitsverhältnis, NJW 1964, 1100

— Presserecht, Kommentar, Band I, Allgemeine Grundlagen, Verfassungs- und Bundesrecht, 2. Auflage, München 1969; Band II, Die Landespressegesetze der Bundesrepublik Deutschland mit Textausgabe, 2. Auflage, München 1968
(zit.: Presserecht)

Löwenthal, Richard: Hochschule für die Demokratie, Grundlinien für eine sinnvolle Hochschulreform, Köln 1971

Lüthje, Jürgen: siehe Hauck / Lüthje

Majewski, Otto: Auslegung der Grundrechte durch einfaches Gesetz? Zur Problematik der sogenannten Gesetzmäßigkeit der Verfassung, Schriften zum Öffentlichen Recht, Band 162, Berlin 1971

Mallmann, Walter und Hans-Joachim *Strauch*: Die Verfassungsgarantie der freien Wissenschaft als Schranke der Gestaltungsfreiheit des Hochschulgesetzgebers, Rechtsgutachten (Im Auftrag der Westdeutschen Rektorenkonferenz erstattet), Bonn - Bad Godesberg 1970

Mampel, Siegfried: Die sozialistische Verfassung der Deutschen Demokratischen Republik, Text und Kommentar, Frankfurt 1972

v. Mangoldt, Hermann und Friedrich *Klein*: Das Bonner Grundgesetz, Band I, 2. Auflage, Berlin - Frankfurt/Main 1957; Band II, 2. Auflage, 1964

Martens, Wolfgang: Das besondere Gewaltverhältnis im demokratischen Rechtsstaat, ZBR 1970, 197

Matz, Ulrich: Die Freiheit der Wissenschaft in der Technischen Welt. Ein politisches Prinzip in der Krise, in: Münchener Studien zur Politik, Band 17, Politik und Wissenschaft (Herausgeber: Hans Maier, Klaus Ritter, Ulrich Matz), München 1971, 401

Maunz, Theodor: Deutsches Staatsrecht. Ein Studienbuch, 18. neu bearbeitete Auflage, München 1971
(zit.: Staatsrecht)

Maunz, Theodor, Günter *Dürig* und Roman *Herzog*: Grundgesetz, Kommentar, Band I, München 1958 ff.

Maurer, Hartmut: Die Mitgliedschaft von Beamten in verfassungsfeindlichen Parteien und Organisationen, NJW 1972, 601

Mayer-Tasch, P. C.: Zur Frage der Verfassungswidrigkeit der Bundesprüfstelle für jugendgefährdende Schriften, JZ 1969, 284

Müller, Friedrich: Die Positivität der Grundrechte. Fragen einer praktischen Grundrechtsdogmatik, Schriften zum Öffentlichen Recht, Band 100, Berlin 1969
(zit.: Positivität der Grundrechte)

— Freiheit der Kunst als Problem der Grundrechtsdogmatik, Schriften zum Öffentlichen Recht, Band 102, Berlin 1969
(zit.: Freiheit der Kunst)

Müller, Gerhard und Erwin *Beck*: Das Beamtenrecht in Baden-Württemberg, Band 1, 1971

v. Münch, Ingo: Freie Meinungsäußerung der Beamten, ZBR 1959, 305

— Freie Meinungsäußerung und besonderes Gewaltverhältnis, Dissjur Frankfurt 1957
(zit.: Freie Meinungsäußerung)

Öffentlicher Dienst und politischer Bereich: Vorträge und Diskussionsbeiträge der 35. Staatswissenschaftlichen Tagung der Hochschule für Verwaltungswissenschaften Speyer, 1967 (Schriftenreihe der Hochschule Speyer, Band 37), Berlin 1968
(zit.: Öffentlicher Dienst und politischer Bereich)

Oppermann, Thomas: Kulturverwaltungsrecht (Bildung — Wissenschaft — Kunst) Tübingen 1969

Ossenbühl, Fritz: Probleme und Wege der Verfassungsauslegung, DÖV 1965, 649

— Verwaltungsvorschriften und Grundgesetz, Bad Homburg v. d. H. 1968

Otto, Walter: Von den politischen Pflichten der Beamten, DDB 1960, 19

Perschel, Wolfgang: Die Lehrfreiheit des Lehrers, DÖV 1970, 34

Peters, Hans: Geschichtliche Entwicklung und Grundfragen der Verfassung. Bearb. von Jürgen *Salzwedel* und Günter *Erbel*, Berlin - Heidelberg - New York 1969

Pillat, Franz und Jürgen *Claußen:* Hamburgisches Beamtenrecht, Band 1, Hamburg 1966

Plog, Ernst, Alexander *Wiedow* und Gerhard *Beck:* Kommentar zum Bundesbeamtengesetz, Band I, Berlin 1958 ff.

Plümer, Egon: Mitgliedschaft von Beamten und Beamtenanwärtern in verfassungsfeindlichen Parteien, NJW 1973, 4

Porr, Günter: Die Pflichten des Beamten unter der Verfassung des Grundgesetzes, Dissjur Göttingen 1968

Preuß, Ulrich K.: Das politische Mandat der Studentenschaft (Mit Gutachten von Robert Havemann, Werner Hofmann und Jürgen Habermas / Albrecht Wellmer), Frankfurt am Main 1969

Radbruch, Gustav: Rechtsphilosophie, 6. Auflage, Stuttgart 1963

Ridder, Helmut K. J.: Meinungsfreiheit, in: Die Grundrechte, Zweiter Band, Berlin 1954, 243

Ridder, Helmut K. J. und Ekkehart *Stein:* Die Freiheit der Wissenschaft und der Schutz von Staatsgeheimnissen, DÖV 1962, 360

Rinken, Alfred: Verfassungsrechtliche Aspekte zum Status des Studenten, JuS 1968, 257

Rittstieg, Helmut: Die Weisungsunterworfenheit des Beamten, ZBR 1970, 72

Roellecke, Gerd: Wissenschaftsfreiheit als institutionelle Garantie? JZ 1969, 726

Ropertz, Hans-Rolf: Die Freiheit der Kunst nach dem Grundgesetz, Berlin - Neuwied 1966

Rothenbücher, Karl: Besprechung von Wende, Erich, Grundlagen des preußischen Hochschulrechts, Berlin 1930, in: Beiträge zur Erläuterung des Deutschen Rechts, begründet von Gruchot, Band 72 (1932), 136

— Das Recht der freien Meinungsäußerung, VVDStRL 4 (1928), 6

Rudolph, Wolfgang: Die Mitgliedschaft von Beamten und Angestellten des öffentlichen Dienstes in nicht verbotenen verfassungsfeindlichen Parteien und Vereinigungen, DVBl. 1967, 647

Rüfner, Wolfgang: Überschneidungen und gegenseitige Ergänzungen der Grundrechte, Der Staat 7 (1968), 41

Rupp, Hans Heinrich: Die Stellung der Studenten in der Universität, VVDStRL 27 (1968), 113

— Die Universität zwischen Wissenschaftsverwaltung und Demokratisierung, JZ 1970, 165

Rupp, Hans Heinrich: Demokratie und Wissenschaftsverwaltung, in: Demokratie und Verwaltung, 25 Jahre Hochschule für Verwaltungswissenschaften Speyer (Schriftenreihe der Hochschule Speyer, Band 50), Berlin 1972, 611

Schäfer, Ludwig: Die politische Treuepflicht des öffentlichen Dienstes, BayVBl. 1973, 169

Schelsky, Helmut: Abschied von der Hochschulpolitik oder Die Universität im Fadenkreuz des Versagens, Bielefeld 1969

Scheuner, Ulrich: Gutachten, in: Politische Treuepflicht im öffentlichen Dienst, 65 (s. u. Grewe)

— Pressefreiheit, VVDStRL 22 (1965), 1

Schick, Martin: Der verfassungsrechtliche Begriff des Kunstwerks, JZ 1970, 645

— Der Beamte als Grundrechtsträger, ZBR 1963, 67

Schlink, Bernhard: Das GG und die Wissenschaftsfreiheit. Zum gegenwärtigen Stand der Diskussion um Art. 5 Abs. III GG, Der Staat 10 (1971), 244

Schmidt, August: Über die Freiheit der Kunst, GA 1966, 97

Schmidt, Johann: Politische Betätigungsfreiheit, in: Öffentlicher Dienst und politischer Bereich, S. 55

Schmidt, Rainer: Fehldeutungen der Wissenschaftsfreiheit — Vorläufige Bedenken zum „Grundrecht der deutschen Universität", in: Die andere Bildungskatastrophe, Hochschulgesetze statt Hochschulreform (Herausgeber: Hans Maier und Michael Zöller), Köln 1970, 136
(zit.: Fehldeutungen)

Schmidt, Walter A. E.: Die Freiheit der Wissenschaft. Ein Beitrag zur Geschichte und Auslegung des Art. 142 der Reichsverfassung (Abhandlungen zur Reichsverfassung, Herausgegeben von Dr. Walter Jellinek, Heft 3), Berlin 1929
(zit.: Freiheit der Wissenschaft)

Schmitt Glaeser, Walter: Lehrfreiheit, Meinungsfreiheit und Verfassungstreue, DVBl. 1966, 6, 166

— Mißbrauch und Verwirkung von Grundrechten im politischen Meinungskampf. Eine Untersuchung über die Verfassungsschutzbestimmung des Art. 18 GG und sein Verhältnis zum einfachen Recht, insbesondere zum Strafrecht, Bad Homburg v. d. H. - Berlin - Zürich 1968
(zit.: Mißbrauch)

Schneider, Peter: Wissenschaftstheorie und Verfassungsinterpretation, DUZ 1971, 381

Schröder: Das Deutsche Richtergesetz, RdA 1961, 301

Schütz, Erwin: Dienstverschwiegenheit, Aussagegenehmigung und Zeugnisverweigerungsrecht der Beamten, DöD 1957, 135

— Disziplinarrecht des Bundes und der Länder. Dargestellt an der Disziplinarordnung des Landes Nordrhein-Westfalen unter Berücksichtigung der Abweichungen der Disziplinar (Dienststraf-) -ordnungen des Bundes und der anderen Länder, Bielefeld 1964

Schütz, Erwin: Grundrechte und Beamtenverhältnis, DöD 1968, 23

— Nebentätigkeit und Beamtenrecht, DöD 1959, 121

Schütz, Erwin und Carl *Ulland:* Beamtenrecht des Bundes und der Länder, dargestellt am Beamtengesetz des Landes Nordrhein-Westfalen mit eingehender Behandlung der Beamtengesetze des Bundes und anderer Länder, Band I, Opladen 1968 ff.

Schwinge, Erich: Der Wissenschaftler und die Freiheit der Meinungsäußerung, in: Festgabe für Heinrich Herrfahrdt zum 70. Geburtstag, Marburg 1961, 177

Seiffert, Helmut: Einführung in die Wissenschaftstheorie, 2 Bände, München 1969/70

Semler, Jutta: Dürfen Beamte verfassungsfeindlichen Parteien angehören? ZBR 1971, 107

v. Simson, Werner: Das demokratische Prinzip im GG, VVDStRL 29 (1971), 3

— Die Souveränität im rechtlichen Verständnis der Gegenwart, Berlin 1965

Smend, Rudolf: Das Recht der freien Meinungsäußerung, VVDStRL 4 (1928), 44

Staff, Ilse: Schulaufsicht und pädagogische Freiheit des Lehrers, DÖV 1969, 627

Stein, Ekkehart: Lehrbuch des Staatsrechts, Tübingen 1968

Stellungnahmen von Juristen zu den von der Ministerpräsidentenkonferenz beschlossenen „Grundsätzen zur Frage der verfassungsfeindlichen Kräfte im öffentlichen Dienst“, Blätter für deutsche und internationale Politik, Monatsschrift, 17. Jahrgang, Heft 2/1972, 124 und Heft 3/1972, 246; mit Beiträgen von Wolfgang *Abendroth*, Wolfgang *Däubler*, Heinrich *Hannover*, Friedrich *Müller*, Ulrich K. *Preuß*, Helmut *Ridder*, Peter *Römer*, Hans-Peter *Schneider*, Ilse *Staff*, Gerhard *Stuby*, Frank *Benseler*, Erhard *Denninger*, Erich *Eisner*, Helmut *Gollwitzer*, Dieter-Dirk *Hartmann*, Alfred *Rinken*, Theo *Schiller*, Hans E. *Schmidt-Lermann*, Ulrich *Sonnemann*, Heinz *Wagner*, Roderich *Wahsner*
(zit.: Abendroth usw. . . ., Stellungnahmen)

Stern, Klaus: Zur Verfassungstreue der Beamten, Studien zum öffentlichen Recht und zur Verwaltungslehre, Band 12, München 1974
(zit.: Verfassungstreue)

Stock, Martin: Pädagogische Freiheit und politischer Auftrag der Schule, Rechtsfragen emanzipatorischer Schulverfassung, Heidelberg 1971
(zit.: Pädagogische Freiheit)

Stuby, Gerhard: Disziplinierung der Wissenschaft. Zur Rechtmäßigkeit studentischer Kampfmaßnahmen, Frankfurt 1970

Thiele, Willi: Der Beamte als Repräsentant der Staatsidee, DöD 1960, 61

— Schriftstellerische Privatarbeiten des Beamten, DöD 1958, 186

— Wann ist eine künstlerische Tätigkeit des Beamten nicht genehmigungsbedürftig? DöD 1957, 7

Thieme, Werner: Der öffentliche Dienst in der Verfassungsordnung des Grundgesetzes (Art. 33 GG), Göttingen 1961
(zit.: Der öffentliche Dienst)

Thieme, Werner: Deutsches Hochschulrecht. Das Recht der wissenschaftlichen Hochschulen in der Bundesrepublik Deutschland und im Lande Berlin — mit einem Überblick über das Hochschulrecht Österreichs, der Schweiz und der Niederlande sowie mit einem Anhang hochschulrechtlicher Rechtsquellen, Berlin - Köln 1956
(zit.: Hochschulrecht)

— Meinungsfreiheit und Beamtenrecht, in: Koalitions- und Meinungsfreiheit des Beamten. Protokoll der beamtenpolitischen Tagung des DGB am 10. / 11. 12. 1963 in Bonn, Köln 1964, 18
(zit.: Meinungsfreiheit und Beamtenrecht)

— Welche Grenzen sind Hochschullehrern bei politischen Meinungsäußerungen gezogen? MittHV VII (1959), 93

— Wissenschaftsfreiheit und Beamtenrecht, DUZ 1960, Heft XI, 6

— Wissenschaftsfreiheit und Staatsraison, MittHV IV (1956), 61

Thieme, Hans und Herbert *Wehrhahn:* Die Freiheit der Künste und Wissenschaften, Untersuchungen zu Artikel 5, 3 des Grundgesetzes für die Bundesrepublik Deutschland, in: Schriftenreihe der Niedersächsischen Landeszentrale für politische Bildung — Verfassungsrecht und Verfassungswirklichkeit — 7, Hannover 1967
(zit.: Die Freiheit der Künste und Wissenschaften)

Thoma, Richard: Die Lehrfreiheit der Hochschullehrer und ihre Begrenzung durch das Bonner Grundgesetz, Tübingen 1952
(zit.: Lehrfreiheit)

— Grundrechte und Polizeigewalt, in: Festgabe zur Feier des fünfzigjährigen Bestehens des Preußischen Oberverwaltungsgerichts, 1925, 183
(zit.: Festgabe — Pr.OVG)

Toews, Hans Jürgen: Berufung und politische Treuepflicht, MittHV 1972, 397

Topitsch, Ernst: Die Freiheit der Wissenschaft und der politische Auftrag der Universität, Neuwied und Berlin 1968

Ule, Carl Herrmann: Beamtenrecht, Kommentar, Köln - Berlin - Bonn - München 1970
(zit.: BRRG, BBG)

— Diskussionsbeitrag, in: Von den Grundrechten der Soldaten (siehe unter Köttgen, Die Meinungsfreiheit des Soldaten)

— Öffentlicher Dienst, in: Die Grundrechte, Vierter Band, 2. Halbband, Berlin 1962, 537

Ullmann, Wolfgang: Grundrechtsbeschränkungen des Soldaten durch die Wehrverfassung, Dissjur München 1968

Vervier, Heinrich: Meinungsfreiheit und Beamtenrecht, AöR NF 6 (1924), 1

Voigt, Alfred: Lehrfreiheit und Verfassungstreue, in: Gedächtnisschrift für W. Jellinek, München 1955, 259

Waibel, Wolf-Wilhelm: Die Rechtsprechung auf dem Gebiet des Hochschulrechts seit 1945 — zugleich ein Beitrag zur wissenschaftlichen Bearbeitung des Hochschulrechts, Freiburg im Breisgau 1966

Weber, Max: Wissenschaft als Beruf, in: Gesammelte Aufsätze zur Wissenschaftslehre von Max Weber. Dritte, erweiterte und verbesserte Auflage, herausgegeben von Johannes Winckelmann, Tübingen 1968

Weber, Werner: Neue Aspekte der Freiheit von Forschung und Lehre. Die verfassungsrechtlichen Grenzen der Mitbestimmung im akademischen Bereich, Göttingen 1969 (Gleichzeitig veröffentlicht als Beitrag zur Festschrift für Dr. Wilhelm Felgentraeger)
(zit.: Aspekte)

Wehrhahn, Herbert: Lehrfreiheit und Verfassungstreue, Freiheit und Schranken wissenschaftlichen Lehrens nach Artikel 5 Abs. 3 des Grundgesetzes für die Bundesrepublik Deutschland, in: Recht und Staat in Geschichte und Gegenwart 183/184, Tübingen 1955
(zit.: Lehrfreiheit und Verfassungstreue)

— s. u. Thieme-Wehrhahn

Weimar, Wilhelm: Ist das Halten von Vorlesungen an Verwaltungs- und Wirtschaftsakademien für Beamte genehmigungsfrei? RiA 1956, 8

— Sind dem Beamten bei einer schriftstellerischen Nebentätigkeit Grenzen gezogen? RiA 1963, 230

— Zum Bereich der genehmigungsfreien wissenschaftlichen und Vortragstätigkeit des Beamten: ZBR 1961, 70

Wende, Erich: Grundlagen des preußischen Hochschulrechts, Berlin 1930

Wengler, Wilhelm: Besprechung von Thoma, Richard, Die Lehrfreiheit der Hochschullehrer und ihre Begrenzung durch das Bonner Grundgesetz, Tübingen 1952, in: NJW 1952, 1405

Wernicke, Kurt Georg: Erläuterungen zu Art. 5 GG, in: Bonner Kommentar, 1 1950 ff.

Wiese, Walter: Der Staatsdienst in der Bundesrepublik Deutschland, Grundlagen, Probleme, Neuordnung, Berlin und Neuwied 1972

Wigard, Franz (Hrsg.): Stenographischer Bericht über die Verhandlungen der Deutschen constituierenden Nationalversammlung, 6 Bände, Frankfurt/Main 1848
(zit.: Wigard, Sten. Bericht)

Wilhelm, Bernhard: Bundesnebentätigkeitsverordnung, Kommentar mit Sammlung der wichtigsten Nebentätigkeitsvorschriften der Länder, München 1968
(zit.: BNebtVO)

— Die freie Meinung im öffentlichen Dienst, München - Wien 1968
(zit.: Die freie Meinung)

— Die literarische Meinungsfreiheit des Beamten, ZBR 1963, 367

— Verfassungsrechtliche Probleme im Nebentätigkeitsrecht des Bundes, ZBR 1971, 100

Wohlgenannt, Rudolf: Über eine Untersuchung des Begriffs der Wissenschaft, in: Diemer, Alwin, Der Wissenschaftsbegriff. Historische und systematische Untersuchungen, Meisenheim am Glan, 1970

— Was ist Wissenschaft? Wissenschaftstheorie, Wissenschaft und Philosophie, Band 2, Braunschweig 1969

Wohlmacher, M.: Die Nebentätigkeit der Beamten, DDB 1963, 37

Wolff, Hans-Julius: Verwaltungsrecht II (Organisations- und Dienstrecht), Dritte, durchgesehene und ergänzte Auflage, München 1970

Zwirner, Henning: Politische Treuepflicht des Beamten. Dissjur Göttingen 1956
(zit.: Politische Treuepflicht)

— Zum Grundrecht der Wissenschaftsfreiheit, AöR 98 (1973), 313

FSC
www.fsc.org
MIX
Papier | Fördert
gute Waldnutzung
FSC® C083411

Kolibri 360 GmbH
Ferdinand-Jühlke-Straße 7
99095 Erfurt, Deutschland
produktsicherheit@kolibri360.de

Druck:
CPI Druckdienstleistungen GmbH
im Auftrag der
Kolibri 360 GmbH
Ferdinand-Jühlke-Str. 7
99095 Erfurt